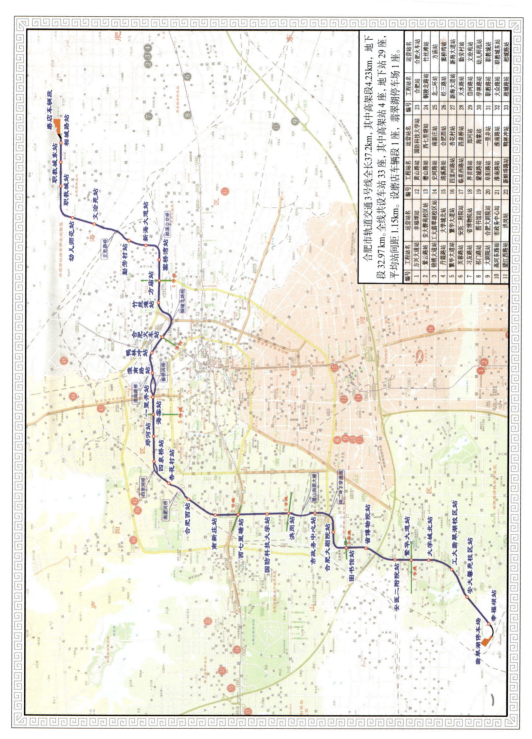

图 1 合肥市轨道交通 3 号线走向示意图

图 2　列车整装待发

图 3　3 号线列车外景

图 4　3 号线列车内景

图 5 高架车站

图 6 相城路站站台层

图 7　锦绣大道站（工大翡翠湖校区站）站厅层

图 8　大剧院站（合肥大剧院站）站厅层

图 9　高河东路站（市政务中心站）站台层

图 10　车站控制室

图 11　大剧院站（合肥大剧院站）
　　　　文化墙－大音希声

图 12　锦绣大道站（工大翡翠湖校区站）
　　　　文化墙－逐梦青春

图 13　祁门路站（图书馆站）
　　　　文化墙－开卷有益

图 14　高河东路站（市政务中心站）
　　　　文化墙－爱莲说

图 15　标准出入口造型

图 16　特色出入口造型

图 17　轨道停车线

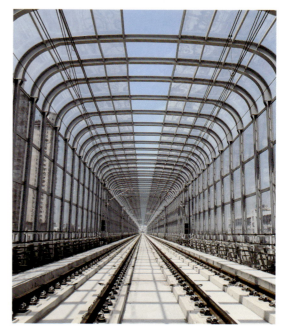

图 18　高架段声屏障

图 19　磨店车辆段

图20　合肥轨道运营指挥中心

图21　列车上线

图22　高架段与市政高架桥

图 23　3 号线主要设计团队（部分）

图 24　磨店车辆段观摩

图 25　3 号线早高峰实景

书香之路

合肥市轨道交通 3 号线工程设计创新与实践

雷 崇 编著

中国建筑工业出版社

图书在版编目（CIP）数据

书香之路：合肥市轨道交通 3 号线工程设计创新与实践 / 雷崇编著 . — 北京：中国建筑工业出版社，2023.11
ISBN 978-7-112-29337-7

Ⅰ . ①书… Ⅱ . ①雷… Ⅲ . ①城市铁路 - 铁路工程 - 工程设计 - 合肥　Ⅳ . ①U239.5

中国国家版本馆 CIP 数据核字（2023）第 205134 号

责任编辑：刘颖超
责任校对：刘梦然

书香之路
合肥市轨道交通 3 号线工程设计创新与实践
雷　崇　编著
*
中国建筑工业出版社出版、发行（北京海淀三里河路 9 号）
各地新华书店、建筑书店经销
国排高科（北京）信息技术有限公司制版
临西县阅读时光印刷有限公司印刷
*
开本：787 毫米 ×1092 毫米　1/16　印张：21　插页：4　字数：465 千字
2024 年 7 月第一版　2024 年 7 月第一次印刷
定价：**199.00** 元
ISBN 978-7-112-29337-7
（42019）

版权所有　翻印必究
如有内容及印装质量问题，请联系本社读者服务中心退换
电话：（010）58337283　　QQ：2885381756
（地址：北京海淀三里河路 9 号中国建筑工业出版社 604 室　邮政编码：100037）

编审委员会

主编单位： 中铁第四勘察设计院集团有限公司

主　　编： 雷　崇
副 主 编： 李志敏　张立琦　夏飞牛　石　鹏

编　　委： 刁维科　万　勇　王连欣　田向阳　何俊文　王　成
　　　　　　曹文轩　汤　笛　孙宗亮　李　贵　许　龙　郭积程
　　　　　　孙　波　雷　铎　李　季　焦　婧　黎顺生　黎三平

审　　查： 何轶鸥　朱　丹　魏进文　周群立　常　青　何　杰
　　　　　　孙文昊　蔡崇庆　袁晓萍　林　飞　郑生全　刘利平
　　　　　　吴树强　王德发　丁亚超　欧阳冬

摄　　影： 欧　巍　王宏智

序 言

党的二十大报告中提出"加快建设交通强国"。习近平总书记指出"城市轨道交通是现代大城市交通的发展方向"。这为轨道交通发展增强了信心，也指明了方向。

在合肥市委市政府的坚强领导下，合肥市轨道交通集团有限公司于2009年成立。十五年风雨兼程，十五年春华秋实，线路"从无到有、连线成网"。截至2024年6月底，合肥轨道共运营5条线路，运营里程约210km，位列全国第17位。

其中，合肥市轨道交通3号线（不含南延线）衔接了西南部大学城、东北职教城与中心城区，于2015年底开工建设，线路全长37.2km，设站33座，2019年12月26日开通初期运营。3号线（不含南延线）与1、2号线连线成网，标志着合肥从地铁"换乘时代"正式跨入"线网时代"。

本书全面总结了合肥市轨道交通3号线建设过程中采用的标准化设计成果与关键技术创新应用，系统梳理了规划、设计、施工、交付全过程建设经验，深入思考了城市轨道交通未来发展方向和路径。

本书致力于将工程实践与理论知识相结合，书中的大量成果已在合肥轨道后续项目中得到了进一步应用，也期待本书能够为轨道交通的高质量发展提供有益的借鉴和参考。

最后，借本书出版之机，对参与3号线项目的建设者以及关心合肥轨道建设发展的社会各界表示衷心的感谢！对在此书编写过程中，提供指导与帮助的轨道建设同仁们，谨表谢忱！

合肥市轨道交通集团有限公司
党委书记、董事长
2024年7月

前　言

2014年12月，国家发展和改革委员会批复《合肥市城市轨道交通近期建设规划（2014—2020年）》，合肥市在1号线和2号线工程基础上，续建合肥轨道交通3号线、4号线和5号线工程，新增建设线路114km，建设总投资787.84亿元，3号线应运而生。2015年7月，安徽省发展和改革委员会正式批复《合肥市轨道交通3号线工程初步设计》，3号线全面开工建设，2019年是合肥市轨道发展史上具有里程碑意义的一年，在1、2号线分别于2016、2017年开通基础上，3号线于2019年12月26日正式开通初期运营，合肥市真正步入网络化运营时代。3号线安全运营近五年来，极大地改善了市民出行条件，被亲切称为"开往幸福坝的地铁"。

合肥市轨道交通3号线作为合肥轨道交通线网中重要的骨干线路，沿线串联了大学城、安徽医科大学、国防科技大学、文化大剧院、市图书馆、职教城等重要站点，是促进合肥文化教育融合发展的"书香之路"。线路全长37.2km，共设站33座，其中地下站29座，高架站4座，换乘站9座，是合肥首条"上天入地"的轨道交通线路。该线衔接高校园区、经济技术开发区、政务区、老城区、合肥站地区和职教园等客流集散重要区域，是衔接西南部经济开发区、东北瑶海地区与中心城区的一条重要客运交通走廊，是形成近期轨道交通骨架网络的重要支撑，对支撑主城区实现"双心两扇两翼"城市空间结构具有重大意义。

合肥市轨道交通3号线工程总结形成了土建及机电标准化设计，采用了多项前沿技术和创新技术。例如国内首例盾构小净距下穿有病害双曲拱桥——二十埠河旧桥；国内首例长距离矿山法截除锚索、盾构拼管片空推技术；国内首次在轨道车辆基地中采用带检修平台的悬挂式综合管廊系统；安徽省首次采用高架鱼腹岛车站与隐形盖梁桥梁设计，打造首条"上天入地"线路；安徽省首座全地下主变电所，实现与城市融合设计；合肥轨道首次在车辆基地采用贯通式洗车模式，作业效率最高;合肥轨道首次采用HPE工法定位、逆作法钢管柱,施工速度快、精度高。

合肥市轨道交通3号线工程创新空间设计理念、艺术和文化设计思路,独树一帜。线路沿线文化教育属性突出,全线车站装修围绕"书香之路"的主题概念展开,以"文化合肥、书香庐州"作为线路艺术创作主题,力求将古老的书院文化与当下的教育文化通过装饰手法加以传承发扬,形成"逐梦青春""开卷有益""大音希声""爱莲说""匠心传承"五大特色主题,尽显经典徽派文化。

合肥市轨道交通3号线工程设计团队积极总结1、2号线建设经验、吸取优点、改善不足,实现线路走向、工程规模、总投资与规划的高度契合,助力合肥城市轨道交通健康、可持续发展。本书是对上述诸多成果的系统梳理与凝练,编纂过程中吸纳多方宝贵意见和建议,编审团队经过数次讨论和修缮最终成书。全书共分5篇29章,分别从概述、标准化设计、关键技术与创新、工程实践与设计提升、思考与展望进行总结和提炼,旨在推进轨道交通设计标准化和技术创新,同时充分贴近现场设计和施工,总结问题和经验,提出解决思路和办法,着力提升本书的实用价值。值此合肥市轨道交通3号线开通运营5周年之际,中铁第四勘察设计院集团有限公司牵头总结编写了《书香之路 合肥市轨道交通3号线工程设计创新与实践》,希望通过本书的出版能够对正在或将要实施的轨道交通工程提供帮助,更主要的是希望广大读者有所受益,共同推动轨道交通高质量建设发展。最后,在此向所有编审人员和支持单位的辛勤付出表示衷心感谢,并致以崇高敬意!

限于作者水平,书中难免存在错漏和不妥之处,恳请各位专家和读者批评指正。

编者

2024年7月

目 录

第1篇 | 概 述

第1章 项目概况 ·········003

第2章 建设历程及主要成果 ·········016

第2篇 | 标准化设计

第3章 线路标准化设计 ·········025

第4章 车辆与限界标准化设计 ·········031

第5章 轨道标准化设计 ·········039

第6章 建筑标准化设计 ·········046

第7章 结构标准化设计 ·········059

第8章 机电系统标准化设计 ·········085

第9章 供电系统标准化设计 ·········101

第10章 弱电系统标准化设计 ·········116

第11章 车辆基地标准化设计 ·········131

第12章 电扶梯与站台门标准化设计 ·········155

第3篇 | 关键技术与创新

第13章 线路技术创新 ·········163

第14章 建筑与装修技术创新 ·········171

第15章 结构关键技术与创新 ·········176

第16章　机电设备系统关键技术与创新·····193

第17章　环保设计关键技术与创新·····203

第18章　总包管理创新·····205

第4篇 | 工程实践与设计提升

第19章　综合类经验总结·····217

第20章　建筑与装修经验总结·····223

第21章　结构工程经验总结·····239

第22章　机电系统经验总结·····267

第23章　供电系统经验总结·····272

第24章　弱电系统经验总结·····275

第25章　车辆基地经验总结·····278

第26章　站台门与电扶梯经验总结·····288

第5篇 | 思考与展望

第27章　运营效果·····293

第28章　沿线站点交通接驳及TOD开发·····303

第29章　启示与展望·····313

参考文献·····321

致谢·····323

第1篇 概　述

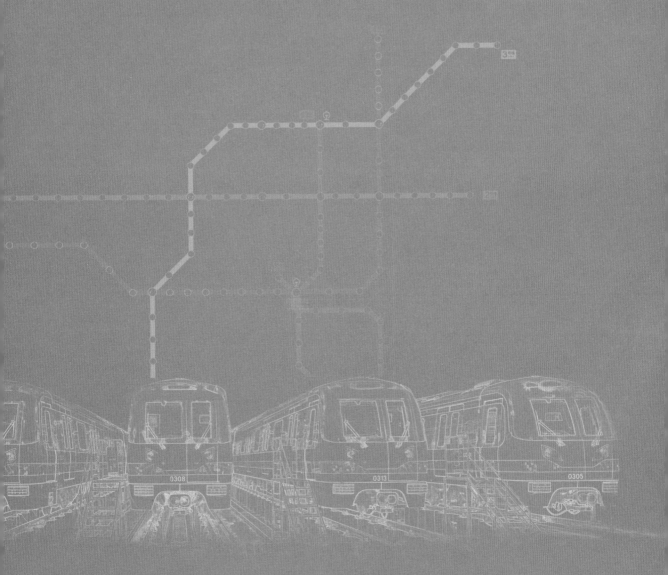

书香之路

合肥市轨道交通3号线工程设计创新与实践

第1章
项目概况

1.1 城市概况

合肥市是安徽省省会，全省政治、经济、文化、信息、交通金融和商贸中心，全国重要的科研教育基地，长三角世界级城市群副中心城市、综合性国家科学中心，位于安徽省中部，长江与淮河之间的皖中腹地，巢湖西北岸，起到承东启西和沟通南北的作用。合肥市与滁州、巢湖、六安、淮南市相邻，地理位置为东经116°40′~117°52′，北纬31°30′~32°32′。

合肥简称"庐"或"合"，古称庐州、庐阳、合淝。合肥地域是中华文明的重要发祥地之一，因东淝河与南淝河均发源于此而得名。合肥市是江淮地区重要的行政中心、商埠和军事重镇，素有"淮右襟喉、江南唇齿""江淮首郡、吴楚要冲""三国故地、包拯故里、淮军摇篮"之称。

合肥市现辖四区、四县、一市，即庐阳区、瑶海区、蜀山区、包河区、肥东县、肥西县、长丰县、庐江县、巢湖市，市域总面积11445km²，市区总面积1339.22km²。

合肥市2022年末全市常住人口963.4万人，增加16.9万人；2023年末全市常住人口985.3万人，增加21.9万人，常住人口城镇化率85.55%，提高0.91个百分点。

合肥市2022年全市生产总值（GDP）12013.1亿元，连续七年每年跨越一个千亿台阶，同比增长3.5%，高于全国0.5个百分点；2023年全市生产总值（GDP）12673.78亿元，同比增长5.8%，按常住人口计算，人均GDP达130074元，首次突破13万元。

1.2 线网及建设规划

1.2.1 线网规划

2008年，合肥市颁布了《合肥市城市轨道交通线网规划》（2008年），根据线网规划，结合城市总体规划"141"组团空间发展战略和用地布局，在远期规划方案的基础上进行了扩展、延伸和加密，最终形成由12条线路组成的远景城市轨道交通网络，总长332.5km，其中市区线路7条，市域延伸线5条（含4条延伸线、1条机场专用线）。

2015年，合肥市颁布了《合肥市城市轨道交通线网规划》（2015年），以适应合肥市市域构建的"1331"城镇空间布局，中心城区形成"双心两扇两翼"的组团型城市空间结构，

2015年线网修编后,合肥市中心城区轨道交通远期(2030年)线网由9条线路组成,全长436.4km(含S1);远景(2050年)线网由15条线路组成,全长578.9km(含S1)。

2023年,为支撑新一轮国土空间开发保护新格局,并强化轨网与空间结构的协同,合肥市政府10月批复了《合肥市城市轨道交通线网规划修编(2021—2035年)》,至2035年,共规划建设23条线路累计里程981km,其中包括5条市域轨道293km、18条城市轨道688km(其中地铁606km),如图1.2-1所示。至2050年,共规划建设25条线路累计里程1116km,包括6条市域轨道396km,19条城市轨道720km(其中地铁624km)。

图1.2-1　合肥市远期城市轨道交通线网规划图(2021—2035年)

1.2.2　建设规划

2010年7月国务院批复《合肥市城市快速轨道交通建设规划》(发改基础〔2010〕1539号)。建设期为2009—2016年,由1号线、2号线工程组成,线路全长55.95km。

2014年12月,国家发展改革委批复《合肥市城市轨道交通近期建设规划(2014—2020)》(发改基础〔2014〕2595号)。合肥市在建设1号线和2号线一期工程基础上,2014—2020

年建设 3 号线、4 号线和 5 号线工程，新增建设线路 114km，建设总投资 787.84 亿元。

2020 年 3 月，国家发展改革委批复《合肥市城市轨道交通第三期建设规划（2020—2025）》（发改基础〔2020〕431 号）。建设 2 号线东延线、3 号线南延线、4 号线南延线、6 号线一期、7 号线一期、8 号线一期等 6 个项目，新增建设线路 109.96km，项目总投资 798.08 亿元。

目前正在编制第四期建设规划，研究的线路为 8 号线二期、12 号线、9 号线一期、2 号线西延、7 号线二期、6 号线西延等。

1.2.3 多层次轨道交通展望

2021 年 6 月 20 日，国家发展改革委印发《长江三角洲地区多层次轨道交通规划》。规划期至 2025 年，展望到 2035 年。在市域铁路规划方面，建设合肥新桥机场 S1 线，同时提出远期布局合肥至巢湖、合肥至庐江等项目。

根据合肥市交通运输局发布的《合肥市"十四五"交通运输发展规划》，"十四五"将持续推进"1155"大交通计划，到 2025 年末，力争建成（含在建）铁路 1000km、高速公路 1000km、轨道交通 500km、城市快速路 500km。构建多层次一体化的轨道网，见表 1.2-1。

合肥市交通运输基础设施板块主要指标表　　　　表 1.2-1

类别	序号	指标名称	2020 年	2025 年	属性
基础设施	1	在建和已建铁路里程（km）	800	1000	预期性
	2	在建和已建高速公路里程（km）	482	1000	预期性
	3	在建和已建一级公路里程（km）	749	1000	预期性
	4	在建和已建城市快速路里程（km）	160	500	预期性
	5	在建和已建城市轨道［含市域（郊）铁路］里程（km）	114.74	500	预期性
	6	高等级航道里程（km）	220	500	预期性
	7	千吨级泊位占比（%）	54.6	65	预期性
	8	国省干线优良路率（%）	90	100	预期性
	9	农村公路优良路率（%）	—	90	预期性
	10	新（改）建综合客运枢纽换乘距离、时间（m；min）	—	300；5	预期性

1.3 本线工程概况

1.3.1 工程简况

合肥市是安徽省省会、长三角副中心城市、综合性国家科学中心。截至 2023 年，合肥市已获批三期轨道交通建设规划，城市发展日新月异，经济增长位居全国前列，3 号线是合肥市第二期轨道交通建设规划中一条重要的骨架线路，途经高校园区、经济技术开发区、政务区、老城区、合肥站地区和职教园区，是衔接西南部经济开发区、东北瑶海地区与中心城区的一条重要客运交通走廊。工程于 2015 年 12 月 2 日开工，2019 年 12 月 26 日开通初期运营，是形成近期轨道交通骨架网络的重要支撑，标志着合肥轨道迈入线网时代，具有里程碑意义。

3 号线全长 37.2km，其中高架段 4.23km，地下段 32.97km。全线共设车站 33 座，其中高架站 4 座，地下站 29 座，平均站间距 1.15km，最大站间距 1812m，最小站间距 821m。设磨店车辆基地 1 座，翡翠湖停车场 1 座；设怀宁路主变电所、四里河主变电所、合肥东主变电所，共享 1 号线滨湖控制中心。本工程车辆选用 B 型车 6 辆编组，采用直流 1500 伏架空接触网授电方式，最高运营时速 80km。初、近、远期均采用大小交路套跑的运行方式，系统设计能力 30 对/h，单向最大运能 4.38 万人/h。初步设计批复总投资 265.32 亿元。

中铁第四勘察设计院集团有限公司承担 3 号线工程可行性研究及总体总包设计工作，铁四院、铁二院、铁五院、北城院、铁六院、中交二院、上城院、苏交科 8 家单位承担土建工点设计任务，铁一院、上隧院 2 家单位承担系统设计任务。历经四年完成总体设计、初步设计及施工图设计等各类设计文件 3005 册，共完成各项专题报告 41 项。项目先后四次获国家及省部级奖项，传承了江淮文化并打造书香之路，首创安徽省轨道建设标准体系，在土建设备系统创新设计等方面取得全面突破，对后续线路建设具有很强的借鉴意义。

1.3.2　主要设计原则

1）根据我国国情，结合城市的具体情况，将全线建成具有较高技术水平，安全可靠、快捷方便、经济实用的轨道交通工程。

2）以城市总体规划及城市轨道交通规划为基础，以提高城市公共交通体系的运营服务水平为目标，以客流预测为依据，结合旧城改造、城市道路和周围用地开发，合理选定站址及建设规模，带动沿线经济的繁荣和发展，为城市创造良好的投资环境。

3）遵守国家经济建设的有关法律、法规，执行运输安全、节约能源、节约用地、保护环境、抗震、人防的相关规定。

4）以工程可行性为前提，不断优化线形，各换乘枢纽和换乘节点设置充分体现"以人为本"的设计理念。

5）设计年度：2019 年通车运营，初期 2022 年，近期 2029 年，远期 2044 年。

6）车辆编组、行车交路应符合本线客流出行特点，系统配置达到满足客流增长和运营成本节省的综合最优，系统设计能力应满足远期高峰小时最大断面客流的要求。

7）行车组织采用全封闭、独立运行的双线线路，右侧行车。设计起点为方兴大道站，终点为相城路站。相城路站至方兴大道站为下行方向，反之为上行方向。

8）系统输送能力应以客流预测为依据，满足各设计年度的客流规模需求，兼顾城市规划和经济发展，并留有一定的运能储备。

9）线路走向应符合城市轨道交通路网规划，并结合沿线具体条件确定线位。对于文物类建筑，地下线路通过时考虑轨道减振措施。

10）根据城市轨道交通网络规划，选择良好的换乘形式，并预留切实可行的换乘接口。

11）线路设计应以运营的需求指导设计，充分体现节能降耗的原则。

12）在保证各系统技术水平和控制车辆与机电设备的平均国产化率不低于70%的情况下，设备选型应体现技术先进、可靠、耐用、管理维修方便、价格经济。

13）根据线路运量、车辆来源、检修设施、综合利用等因素综合分析确定车辆选型。

14）车辆基地应满足车辆停放及检修要求，厂、架修规模设计应综合线网中其他基地或车辆厂的能力分析确定。基地布置在满足功能需求的前提下，力求工艺顺畅，布局合理、紧凑。

15）车辆荷载按远期列车编组考虑。其他荷载按有关规范设计，高架线路还需考虑无缝线路的胀缩力及断轨力。

16）结构应满足强度、刚度、稳定性和耐久性的要求。隧道净空及高架桥宽度应满足建筑限界和有关规定，并考虑施工工艺要求以及施工误差、结构变形和后期沉降的影响。

17）根据建设规划，结合合肥市轨道交通线路建设时序，1、2、3、4、5号线控制中心集中设置在1号线滨湖车辆基地，土建由1号线负责实施，并预留后续线路接入控制中心的条件。

18）同期建设专用通信、民用通信、公安通信三大通信系统，分别满足运营管理部门、乘客和公安（及消防）部门的通信需求；选用技术先进、价格合理、安全可靠、组网灵活、维护简单、升级方便、能适应今后工程扩展的设备。

19）信号系统以安全、可靠、技术先进，实用和经济合理为设计宗旨，确保行车安全、提高运输效率、改善服务质量。

20）设置安全可靠、操作简单、便于维护的自动售检票系统。

21）以乘客、环境及设备的防灾和安全为核心，为安全行车和调度指挥提供应急处理方案及丰富的信息，提高城市轨道交通服务质量和运营管理水平。

1.3.3 技术标准

1. 线　路

1）线路平面

（1）正线数目　　　　　　双线

（2）最小曲线半径

区间正线：350m，   困难地段 300m

辅 助 线：200m，   困难地段 150m

车 场 线：150m

2）线路纵断面

区间正线： 最大坡度不宜大于 30‰

辅助线：   最大 40‰

车场线：   不大于 1.5‰

车 站：   地下站 2‰

　　　　　　地面和高架为平坡

2. 轨道

1）轨距：采用标准轨距 1435mm，半径小于 200m 的曲线地段应按现行国家标准《地铁设计规范》GB 50157—2013 第 7.2.2 条的规定进行轨距加宽。

2）轨底坡：采用 1/40 轨底坡，道岔区及无轨底坡的两道岔间不足 50m 地段，不宜设置轨底坡。

3）正线及配线、试车线采用 60kg/m 钢轨；车场线采用 50kg/m 钢轨。

4）扣件：正线整体道床采用弹性分开式扣件；车场库外线混凝土枕碎石道床地段采用国铁弹条 I 型扣件，车场库内线整体道床采用弹性分开式扣件。

5）道岔：正线及配线、试车线采用 60kg/m 钢轨 9 号道岔；车场线采用 50kg/m 钢轨 7 号道岔。

6）道床：高架线、地下线采用整体道床，试车线采用碎石道床。车场库内线根据工艺要求采用相应的道床形式，库外线采用碎石道床。

7）轨枕铺设数量：正线及配线均采用 1680 对（根）/km。车场库内、外线一般为 1440 对（根）/km。

8）曲线超高：曲线的最大超高值为 120mm，当设置的超高不能满足行车速度要求时，未被平衡的超高值不宜大于 61mm，困难情况下不应大于 75mm，车站站台有效长度范围内的曲线超高不应大于 15mm。超高顺坡率一般不宜大于 2‰，困难地段不应大于 2.5‰；超高值应在缓和曲线内递减，无缓和曲线或其长度不足时，应在直线段递减。

地下线及 U 形槽地段采用外轨抬高超高值一半，内轨降低超高值一半的方法设置超高（半超高方式）；地面线及高架线采用外轨抬高全部超高值的方法设置超高（全超高方式）。

9）轨道结构高度

按不同的铺设地段，轨道结构高度见表 1.3-1。

轨道结构高度表 表 1.3-1

序号	地 段		轨道结构高度（mm）
1	地下线	矩形隧道长枕式整体道床	560（车站 650）
2		马蹄形隧道长枕式整体道床	$560 + f$
3		圆形隧道长枕式整体道床	760
4		矩形隧道钢弹簧浮置板整体道床	750
5		圆形隧道钢弹簧浮置板整体道床	840
6	高架线	短枕承轨台式整体道床	520
7	车场线	出入线、试车线地面线部分混凝土枕碎石道床	840
8		库外线混凝土枕碎石道床	620
9		库内线短枕式整体道床	500

10）道床面低于钢轨底面不小于 70mm，地下线及 U 形槽地段整体道床采用两侧排水沟，道床面横向排水坡不小于 2.5%，道岔道床横向排水坡为 1%～2%。地下线道床排水沟的纵向坡度宜与线路坡度一致，并不宜小于 2‰。

11）整体道床内应布设结构钢筋，并结合防杂散电流要求综合布置。

12）无缝线路：正线及试车线铺设跨区间无缝线路。

3. 行车组织

1）列车在正线上的最高运行速度为 80km/h，并允许瞬时超速 5km/h。

2）远期最小行车间隔为 2min。

4. 车辆

1）B 型车 6 辆编组，长度≤120m。

2）最高运行速度：80km/h。

3）车辆应能适应下列的供电条件：

供电方式：接触网

供电电压：DC1500V

网压变化波动范围：DC1000V～1800V

5. 车站建筑

1）站台：有效站台长度为 120m；站台宽度按设计客流量计算确定，本线岛式站台不小于 10m，侧式站台不小于 2.5m（垂直于侧站台开通道口设梯的侧站台不小于 3.5m）；站台高度为 1.05m（距轨顶面）；线路中心线至站台边缘的距离为 1.5m。

2）装修后净高：车站站厅不小于 3.2m，站台不小于 3.0m。

3）由站台至站厅和站厅至地面按地铁设计规范的规定，并结合本工程的具体情况，合理布置自动扶梯与人行楼梯。

6. 结构工程

1）本工程设计应保证结构具有足够的耐久性，使用寿命为 100 年。

2）隧道净空尺寸应满足建筑限界和有关规定，并考虑测量误差、施工误差、结构变形和位移等因素的影响。

3）合肥地区抗震设防烈度为 7 度，地铁车站为乙类建筑，结构抗震构造措施按 8 度考虑。

4）地下车站及机电设备集中区段的防水等级应为一级，不允许渗水，结构表面无湿渍。地下车站风道与风井、区间隧道及连接通道等结构防水等级应为二级，不允许漏水，结构表面可有少量湿渍。

7. 供电

1）供电系统采用集中供电方式，110/35kV 两级电压供电。

2）牵引供电采用 DC1500V 架空接触网供电方式。

8. 通信

1）通信系统不仅应满足地铁 3 号线工程本身运营和管理的要求，还应与滨湖控制中心轨道交通线网通信系统实现互联、互通。

2）当出现异常情况由正常运行方式转为灾害运行方式时，通信系统应能迅速转变为应急通信，为防灾、救援和事故处理的指挥使用提供方便。

3）通信系统应能全天候运行，并与公众电话网实现衔接。

9. 乘客信息

1）系统需采用先进的图像采集、编辑处理等技术，具有灵活多样的播出控制技术、多路实时视频处理能力。

2）信息的显示具有良好的优先级控制和分区控制，满足紧急情况下的需要。对于火警、暴恐等突发事件应具有优先级控制及疏导功能。

3）系统应有软件调整的能力，预留一定的处理容量，并具有可扩展性，以应对增加的业务播出需求。

4）系统应留有接入线网播控中心（PCC）的条件。

10. 办公自动化

1）办公自动化系统应紧密结合轨道的运营管理特点，具有针对性，可用性强。

2）计算机网络系统应采用可靠性较高的产品和容错较强的网络结构，以使网络具有高度的可靠性。

3）主干网络性能是整个网络良好运行的基础，设计中必须保障网络及设备的高吞吐能力，保证各种信息的高质量传输。

11. 信号

1）正线信号系统采用完整的列车自动控制系统（ATC），列控制式采用基于通信的移动闭塞系统（CBTC）。

2）信号系统满足列车 6 辆编组、初期行车间隔 3.75min、近期行车间隔 2.5min、远期行车间隔 2min 的运营要求。

3）列车区间追踪间隔按照 90s 进行设计；端站折返能力及车辆基地/停车场的出入能力与正线行车间隔相适应，并留有一定余量。

4）正线区段按双线双方向运行设计，反向运行具备列车自动防护功能（ATP）。

12. 通风空调

1）地下站通风空调系统按全封闭站台门制式设计。

2）车站通风空调系统的冷源全部采用分站供冷。

3）地下车站

站厅　　　　干球温度：30.0℃，相对湿度：40%～70%。

站台　　　　干球温度：29.0℃，相对湿度：40%～70%。

出入口通道　干球温度：30.0℃。

温度波动范围　±1℃。

4）新风量标准

地下车站公共区空调季节小新风运行时取下面两者最大值：每个工作人员按 $12.6m^3$/人·h 计；新风量不小于系统总送风量的 10%。

车站公共区空调季节全新风运行或非空调季节全通风：每个工作人员按 $30m^3$/人·h，且换气次数不小于 5 次。

车辆基地、停车场新风按每个工作人员 $30m^3$/人·h 计。

地下车站的设备与管理用房新风量按每个工作人员 $30m^3$/人·h 计，且新风量不应小于总风量的 10%。

5）防排烟主要设计标准

（1）一条线路、换乘车站及相邻区间按同一时间内发生一次火灾原则设计。

（2）本线为 B 型车 6 辆编组，一辆车的火灾规模按 7.5MW 设计（已考虑 1.5 倍的安全系数）。

（3）列车发生火灾且停在区间隧道内时，其控制烟气流动的风速应根据隧道内烟气控制模型的临界风速计算确定，取值应在 2.0～11.0m/s 之间（同时满足临界风速要求）。

（4）地下车站站厅、站台、换乘厅的防烟分区的使用面积不应超过 $2000m^2$；站厅和站台不应划分为同一个防烟分区，站台至站厅楼扶梯开口四周，凡临空面均应设挡烟垂壁；防烟分区不应跨越防火分区，换乘车站的防烟分区不应跨线设置。

地下车站公共区火灾时的排烟量根据一个防烟分区的建筑面积按 $1m^3$/（m^2·min）计

算;当排烟设备需要同时排除两个或两个以上防烟分区的烟量时,其设备能力应按排除所负责的防烟分区中最大的两个防烟分区的烟量配置。当站台发生火灾时,保证从站厅到站台的楼梯和扶梯口处具有不小于 1.5m/s 的向下气流。

(5)地下车站同一防火分区内的设备与管理用房的总面积超过 200m² 或面积超过 50m² 且经常有人停留的单个房间,应设置机械排烟设施,其排烟量应根据一个防烟分区的建筑面积按 1m³/(m²·min)计算,排烟区域的补风量不应小于排烟量的 50%且不宜大于 80%。当排烟设备负担两个或两个以上防烟分区时,其设备能力应根据最大防烟分区的建筑面积按 2m³/(m²·min)计算的排烟量配置。排烟设备考虑 10%的漏风量。

13. 给水排水及消防

1)车站生产、生活给水及消防给水系统在市政管网水压和水量能够满足的情况下就近利用市政管网的水压及设施。

2)用生产、生活和消防分开的给水系统,形成独立可靠给水系统。

3)粪便污水经密闭水箱成套污水提升装置收集后排入市政污水管网,雨水及废水抽升排入市政雨污水管网。

4)车站和地下区间设置消火栓给水系统。地下车站消火栓系统用水量为 20L/s,地下区间消火栓系统用水量为 10L/s。地下车站室外消火栓设计流量按 30L/s 计。

5)地下重要的电气设备用房设置气体灭火系统。

6)地上车站屋面排水管道的排水设计重现期按合肥市 10 年一遇的暴雨强度计算,设计降雨历时按 5min 计算;屋面雨水工程与溢流设施的总排水能力不应小于 50 年重现期的雨水量。高架区间、敞开出入口、敞开风井及隧道洞口的雨水泵站、排水沟及排水管渠的排水能力,按合肥市 50 年一遇的暴雨强度计算,设计降雨历时按计算确定。

14. 站台门

1)站台门的总长度: 约 113.9m
2)每侧滑动门的数量: 24 道(2 扇一道)
3)滑动门打开的净尺寸: 1900mm(宽)
4)每侧端头门数量: 2 扇
5)端头门打开的净尺寸: 不小于 1100mm(宽)
6)每侧应急门数量: 6 道
7)驱动方式: 电动
8)供电制式: 动力-AC380V,三相,50Hz,一级负荷
控制-AC220V,单相,50Hz,一级负荷

15. 站内客运设备

1)自动扶梯

(1)额定运行速度:采用 0.65m/s,客流较少可利用变频器调节运行速度 0.5m/s。

（2）节能运行速度：0.10~0.15m/s。

（3）维修运行速度：0.10~0.15m/s。

（4）速度控制：变频。

（5）驱动方式：采用上端驱动，控制柜及变频器均内置于自动扶梯桁架内。

（6）梯级宽度：1000mm。

（7）倾斜角度：30°，27.3°。

（8）水平梯级数量：4平阶。

（9）最大输送能力：7300人/h（速度为0.65m/s时）。

（10）各构成部件满足重载荷公共交通型扶梯的要求，具有较长的使用寿命。出入口处与站内扶梯桁架要求整体热镀锌以提高使用寿命。

（11）驱动装置：驱动装置均设置不锈钢防水盖板，电机保护等级IP55，端子盒全密封IP65以上，电线出口加密封接头。

（12）电源：AC380V，3相，50Hz；220V，单相，50Hz。

（13）供电等级：二级负荷（有疏散要求的为一级负荷）。

（14）可靠性：MTBF≥2500h、MTTR≤1h。

2）电梯

（1）额定载重：1t。

（2）额定速度：1m/s。

（3）工作时间：每日工作20h，全年工作365d。

（4）开门方式：中分双扇。

（5）轿箱门尺寸：宽1000mm，高2100mm。

（6）开门宽度：≥1000mm。

（7）驱动方式：曳引。

（8）驱动装置位置：上置。

（9）电源：AC380V，三相，50Hz；AC220V，单相，50Hz。

（10）供电等级：二级负荷。

（11）电梯操作、提示部件的配置应方便残疾人使用。

16. 自动售检票

车票制式	非接触式IC卡
自动售票机	4人/分钟·台
进站闸机	25人/分钟·台
出站闸机	20人/分钟·台

17. 火灾自动报警系统

全线火灾自动报警系统由控制中心级和车站级二级监控管理方式构成，控制中心级实现对全线火灾自动报警系统集中监视和管理。车站级在各车站、车辆基地、停车场、主变电所设火灾报警控制器,对其所管辖范围独立执行消防监控和管理。

18. 环境与设备监控系统

环境与设备监控系统采用两级管理三级控制的监控管理模式,整个环境与设备监控系统的架构由中心级、车站级,以及各种现场级设备和通信网络组成。中心级和车站级的系统设置由综合监控系统统一实现,环境与设备监控系统(BAS)仅设置现场级设备。

19. 门禁系统

门禁系统设中央级和车站级二层管理。车站级门禁管理层设置在车站、车辆基地、停车场、主变电所等防护区,各个管理区域设置现场设备层。

20. 综合监控系统

综合监控系统采用两级管理、三级控制方式,系统由控制中心中央级系统、沿线各车站级系统及数据传输骨干网组成。本工程综合监控系统采用以电调、环调为核心,行调相对独立的系统集成模式。

21. 安防系统

1)安检措施应灵活高效,能适应轨道车站"空间封闭、人流密集、流动性大、疏散困难"的特点。

2)车辆基地/停车场系统以规范、可靠、先进、实用为设计原则。系统设计基于国家相关规范和运营使用方及管理要求,在技术上具有先进性,便于扩展和升级,系统操作简单、显示明了,且能实现报警控制设备的联动。

22. 防灾

1)本工程应具有防火灾、水淹、风灾、地震、雷击和停车事故等灾害的功能设施。

2)消防贯彻"预防为主、防消结合"的消防设计原则,并遵循一条线路、换乘车站及相邻区间按同一时间内发生一次火灾原则设计。

3)消防控制中心负责全线的防灾调度控制与指挥及救援事宜,并且具有与上一级防灾指挥中心的联网通信功能。

4)车站及区间应配防灾救护设施、设置火灾报警及消防联动和防排烟联动控制系统,火灾报警系统的控制指令具有优先权。车站控制室与车站消防控制室合设,并由车站值班人员负责本站及区间的消防值班工作。

5)当列车发生火灾在地下段时,原则上驶入前方车站,在前方车站疏散乘客和利用车站隧道排烟系统排除烟气;如果列车不能行驶而停在区间时,根据列车火灾部位确定乘客疏散路径,排烟方向始终与多数乘客疏散方向相反。

6)所有车站及重要的建筑物均设置人员紧急疏散导向系统,本工程全线运营设施均应满足疏散要求。

7)地下车站站厅乘客疏散区、站台及疏散通道内不得设置商业场所。站厅及与轨道相联开发的地下商业等公共场所的防火灾设计，应符合民用建筑设计防火规范的规定。

8）防洪设计应按合肥市 100 年洪水频率标准进行设计。出入口平台的下沿应高出室外地面标高，并应符合洪水频率和区域防涝要求。

9）结构设计应按 7 度地震烈度进行抗震验算，并按 8 度采用抗震措施，以提高结构的整体抗震能力。

23. 车辆基地及停车场

本线设一段一场，其中磨店车辆基地近期按照定临修规模设计，承担 3 号线配属列车的定临修任务，本线近期大架修送 2 号线南岗车辆基地进行；远期承担 3、4、6 号线的大架修任务。除此之外磨店车辆基地还承担 3 号线部分列车的双周/三月检任务及停车列检任务；磨店车辆基地内设综合维修中心及物资总库，负责 3 号线除车辆以外的各项固定设施包括工务、建筑、机电、供电、通信、信号、自动售检票、防灾报警、设备监控等系统的运行管理、维护检修等工作及 3 号线范围内各系统运营、检修所需的各类材料、设备的采购、储备、保管和发放工作；翡翠湖停车场负责 3 号线工程部分列车的停车列检作业；停车场内设综合维修工区，隶属磨店综合维修中心，负责 3 号线工程部分区段的综合维修工作。

第 2 章
建设历程及主要成果

2.1 建设历程及参建单位

2.1.1 项目建设历程

合肥市轨道交通 3 号线工程于 2015 年 12 月 2 日正式开工建设，2019 年 12 月 26 日通车初期运营，总工期 4 年，主要工程节点如下：

2015 年 12 月 2 日，合肥市轨道交通 3 号线中段（黄山路站至蒙城路站）开工建设，标志着 3 号线土建工程正式全面开工建设。

2016 年 3 月 30 日，合肥市轨道交通 3 号线南段（高河东路站至方兴大道站）开工建设。

2016 年 10 月 21 日，合肥市轨道交通 3 号线首台盾构机始发。

2017 年 3 月 10 日，合肥市轨道交通 3 号线高架段开工建设。

2017 年 6 月 20 日，合肥市轨道交通 3 号线首个盾构区间（方兴大道站至紫云路站）实现双线贯通。

2018 年 6 月 6 日，合肥市轨道交通 3 号线开始铺轨施工。

2018 年 7 月，合肥市轨道交通 3 号线首列车开工监造。

2018 年 10 月，合肥市轨道交通 3 号线实现全线车站封顶。

2018 年 12 月 20 日，合肥市轨道交通 3 号线实现全线"洞通"。

2019 年 3 月 26 日，首列车抵达磨店车辆段。

2019 年 6 月 28 日，合肥市轨道交通 3 号线实现全线"轨通"。

2019 年 8 月 1 日，合肥市轨道交通 3 号线实现全线"电通"。

2019 年 9 月 5 日，合肥市轨道交通 3 号线启动空载试运行。

2019 年 12 月 6 日—8 日，合肥市轨道交通 3 号线工程开展并通过竣工验收。

2019 年 12 月 11 日—13 日，合肥市轨道交通 3 号线工程通过初期运营前安全评估。

2019 年 12 月 26 日，合肥市轨道交通 3 号线开通初期运营。

2.1.2 主要设计节点

2013 年 10 月 23 日，中铁第四勘察设计院集团有限公司中标合肥市轨道交通 3 号线工程可行性研究及设计总体总包项目。

2014年7月，合肥市轨道交通3号线工程进行环境影响评价第一次公示。

2014年8月17日—19日，安徽省发展改革委组织召开中铁第四勘察设计院集团有限公司编制的《合肥市轨道交通3号线工程可行性研究报告》专家评审会。

2014年12月8日，国家发展改革委批复《合肥市城市轨道交通近期建设规划（2014—2020年）》（发改基础〔2014〕2791号），3号线在列。

2015年3月19日，安徽省环保厅批复《合肥市轨道交通3号线工程环境影响报告书》（皖环函〔2015〕348号）。

2015年6月2日，安徽省发展改革委批复《合肥市轨道交通3号线工程可行性研究报告》（皖发改基础〔2015〕244号）。

2015年6月14日—16日，《合肥市轨道交通3号线工程初步设计》通过安徽省发展改革委组织的专家审查。随后开展招标图设计。

2015年7月27日，安徽省发展改革委批复《合肥市轨道交通3号线工程初步设计》（皖发改设〔2015〕387号）。

2015年8月至2019年12月26日，开展施工图设计、配合施工。

2.1.3 设计分工

合肥市轨道交通3号线是合肥市第一条采用总体总包设计模式的线路，经过公开招标，中铁第四勘察设计院集团有限公司为工程可行性研究报告编制单位和总体总包单位，中铁第一勘察设计院集团有限公司为设计咨询单位，上海市隧道工程轨道交通设计研究院为施工图强审单位，另有土建工点设计单位7家，供电系统、弱电系统设计单位各1家，具体设计分工详见表2.1-1。

中铁第四勘察设计院集团有限公司作为3号线的总体总包单位，主要承担设计任务包括：

1. 工程可行性研究报告、客流预测报告、环境影响评价报告等专题报告编制；
2. 总体总包（勘察、线路、客流、行车组织、车辆、限界、环评、概算等）；
3. 望江西路站、铜陵北路站等2站2区间土建工点设计；
4. 磨店车辆段及翡翠湖停车场设计；
5. 通风空调、给水排水及消防、轨道、站内客运设备、站台门、交通疏解和管线迁改、人防、主变电所等专项设计。

合肥市轨道交通3号线工程主要设计单位　　　　表2.1-1

序号	设计标段	主要设计范围	设计单位
1	设计总体总包	全线勘测（含勘察、测量）、各阶段总体总包管理、总体设计、专项设计、相关专题研究及标准图设计、通用图设计等	中铁第四勘察设计院集团有限公司
	铁四院工点	望江西路站、铜陵北路站及合肥站—铜陵北路站—北二环站区间、翡翠湖停车场、磨店车辆段、翡翠湖停车场出入场线、磨店车辆段出入段线，共2站4区间和一场一段	

续表

序号	设计标段	主要设计范围	设计单位
2	TJSJ01 标	祁门路站（含）—大剧院站—高河东路站—望江西路站（不含）—黄山路站，共计 4 站 4 区间	中铁二院工程集团有限责任公司
3	TJSJ02 标	北二环站（含）—经三路站—新海大道站—天水路站—岱河路站—学林路站（不含），共 5 站 5 区间	中铁第五勘察设计院集团有限公司
4	TJSJ03 标	蒙城路站（含）—阜阳路站—淮南路站—新蚌埠路站—合肥站（含），共 5 站 4 区间	北京城建设计发展集团股份有限公司
5	TJSJ04 标	黄山路站（不含）—潜山路站—史河路站—清溪路站—四里河路站—临泉西路站—界首路站—蒙城路站（不含），共 6 站 7 区间	中铁第六勘察设计院集团有限公司
6	TJSJ05 标	方兴大道站（含）—紫云路站—锦绣大道站—丹霞路站—繁华大道站（不含），共 4 站 4 区间	中交第二公路勘察设计研究院有限公司
7	TJSJ06 标	繁华大道站（含）—芙蓉路站—习友路站—祁门路站（不含），共 3 站 3 区间	上海市城市建设设计研究总院
8	TJSJ07 标	U 形槽（高架段）—学林路站—职教路站—大众路站—相城路站及站后折返段，共 4 站 4 区间	苏交科集团股份有限公司
9	供电系统	全线供电系统设计任务（含换乘站同步实施部分的供电系统设计）	中铁第一勘察设计院集团有限公司
	设计咨询	全过程设计咨询（包括换乘站、联络线等同步实施部分，不含供电系统）以及弱电系统施工图强审	
10	弱电系统	通信、信号、自动售检票、综合监控、FAS/BAS、门禁等弱电系统设计	上海市隧道工程轨道交通设计研究院
	勘察监理、施工图强审	全过程勘察监理（含勘察强审）工作，供电系统设计咨询、所有设计项目的施工图强审（不含弱电系统设计的施工图强审）工作	

2.2 主要设计创新成果

2.2.1 工程可行性研究及相关配套专题研究

1. 工程可行性研究

3 号线总体组对《合肥市轨道交通线网规划》（2008 年）和《合肥市城市轨道交通近期建设规划（2014—2020 年）》等相关报告和专家评审意见进行了认真分析研究，在线网规划、建设规划基础上，优化城市功能布局，并系统研究论证了线站位方案。

3 号线总体组结合合肥市城市环境、交通状况和经济社会发展等实际情况对工程项目建设的必要性、建设规模、自然条件、工程地质与水文地质、设计原则与主要技术标准、限界、客流预测、线路走向、敷设方式、延伸条件预留、车站布置、换乘节点、行车组织与运营管理、配线、景观影响、车场布置、设备系统水平、车辆选型、资源共享、设备国产化、节能、环境影响分析、防灾与人防、劳动安全与卫生、工程筹划（含招标方案）、工程拆迁及安置方案、投资规模与资金筹措、经济评价、工程风险评价等内容进行了系统研究。

3 号线总体组通过对项目有关的工程技术标准、经济等情况进行科学分析，对建设方案进行了多方案充分的比选论证。

3号线总体组通过对项目建成后的企业财务效益、社会效益、社会影响进行预测及评价，最终选择技术先进实用、财务经济及社会效益可行、投资合理的工程建设方案，为项目进一步决策提供可靠依据。

3号线总体组与市轨道集团一起，通过对线路前期规划的深入研究，并与城市设计成果密切衔接，确保项目的规划落地。

3号线总体组开展了征地拆迁、管线迁改、交通疏解、综合开发研究，确保项目的可实施性。

2. 相关配套专题研究

3号线总体组积极参与、协调、统筹各项专题报告的编制，对各项专题成果进行复核和提供技术支持，确保可研方案和各专题主要结论的一致性，见表2.2-1。

工可阶段支撑性文件清单　　　　　　　　　　　表2.2-1

序号	名称	编制单位
1	合肥市轨道交通3号线工程环境影响报告书	中铁第四勘察设计院集团有限公司
2	合肥市轨道交通3号线工程节能评估报告书	安徽众诚项目管理有限公司 中铁第四勘察设计院集团有限公司
3	合肥市轨道交通3号线工程水土保持专题报告	中铁第四勘察设计院集团有限公司
4	合肥市轨道交通3号线工程可行性研究客流预测报告	东南大学城市规划设计研究院
5	合肥市轨道交通3号线工程下穿5条河流防洪评价报告	安徽江河水文水利工程设计院
6	合肥市轨道交通3号线工程站点设计水位分析报告	安徽江河水文水利工程设计院
7	合肥市轨道交通3号线工程社会稳定风险评估报告	安徽省综合交通研究院股份有限公司
8	合肥市轨道交通3号线工程建（构）筑物基础调查报告	安徽省综合交通研究院股份有限公司
9	合肥市轨道交通3号线工程安全预评价报告	中国安全生产科学研究院
10	合肥市轨道交通3号线工程地质灾害危险性评估报告	安徽省地质调查院
11	合肥市轨道交通3号线工程场地地震安全性评价报告	中国地震局地壳应力研究所
12	合肥市轨道交通3号线工程可行性研究阶段岩土工程勘察报告	中铁第四勘察设计院集团有限公司

2.2.2　设计总体总包

3号线总体总包工作从总体设计开始，直至竣工验收全过程，共完成各类设计文件3005册，专题41册。以下列举各项专题研究报告清单，见表2.2-2。

专题研究报告清单　　　　　　　　　　　表2.2-2

序号	专题类别	专题名称
1	规划部分	沿线交通规划及配套市政设施研究
2		资源共享研究
3		沿线城市规划及土地利用评价分析
4		拆迁范围建议报告

续表

序号	专题类别	专题名称
5	建筑部分	换乘站及枢纽站方案专题研究
6		地铁周边关系分析报告
7		标准站专题研究
8		防灾专题报告
9		防洪专题报告
10		公交一体化报告
11		合肥轨道设备管理用房标准
12	资源开发	轨道交通沿线物业开发专题研究
13		地下空间有效利用专项报告
14	结构工程	工程筹划专题研究
15		主要工法及大型施工设备资源调查与研究
16		施工场地调查及布置专题研究
17		下穿铁路专项设计及咨询
18		下穿市政路桥设施专题研究
19		穿越建（构）筑物检测鉴定及安全评估
20		抗震设防专项论证
21		安全风险评估专题研究（含初步设计安全质量风险评估）
22	机电系统	节能专题报告
23		供电资源共享专题
24		设备国产化专题报告
25		牵引供电制式
26		车辆制式及编组
27		综合维修基地规模及功能研究
28		系统保证
29		设备生命周期管理
30		设备维修模式
31	运营部分	城市轨道交通网络化后资源共享
32		运营管理模式及风险管理
33		全线运营组织方案及运营组织模式研究
34		运营服务标准
35		运营及管理、维护、行车组织
36	其他	非一般环境下车站混凝土耐久性相关问题
37		地下车站钻孔灌注桩围护专题研究
38		通风空调标准化设计
39		给水排水及消防标准化设计
40		合肥城市轨道交通道岔标准研究
41		车辆基地场坪路肩高程专题研究

第 2 篇

标准化设计

书 香 之 路

合肥市轨道交通 3 号线工程设计创新与实践

3号线是合肥市第二期轨道交通建设规划中一条重要的骨架线路,它的开通标志着合肥轨道迈入线网时代,具有里程碑意义。3号线的建设过程实现了合肥轨道"从有到优"的转变。

由于城市轨道交通具有管理层次多、技术专业多、建设运营阶段多、技术产品迭代速度快等特点,致使轨道交通在标准化建设方面尚存在诸多不足,比如:设计标准不够统一、设备管理用房差异较大、设备参数包容性不强等。3号线在设计伊始即高度重视标准化设计,通过对第一期已开通线路进行技术分析,在吸取全国轨道交通建设经验基础上,提炼总结形成标准化设计体系,并在第二期及后续线路建设中积极推广,确保建设与运营无缝衔接,合理地控制轨道交通车站土建规模,满足运营管理及未来技术发展对设备系统的需求,解决网络化建设与运营管理多方面存在的问题,保障实现高质量发展目标。合肥轨道交通标准化设计体系主要成果见表3.0-1。

标准化设计主要成果　　　　　　　　　　表 3.0-1

序号	专业/类别	标准化名称	备注
1	综合类	线路设计标准化	
2		车辆与限界标准化	
3		轨道标准化	
4	建筑与装修	总平面图标准化	
5		车站平面布置标准化	
6		出入口通道布置标准化	
7		装修及材料标准化	
8	结构	地下车站围护结构设计标准化	
9		地下车站主体结构设计标准化	
10		高架车站结构设计标准化	
11		区间隧道设计标准化	
12		区间桥梁设计标准化	
13	机电系统	通风空调机房布置标准化	
14		轨顶风道布置标准化	

续表

序号	专业/类别	标准化名称	备注
15	机电系统	地下车站站台协同排烟模式标准化	
16		车站公共区风管布置标准化	
17		给水排水及消防用房布置标准化	
18	供电系统	变电所用房标准化	
19		变电所设备标准化	
20		电缆及敷设标准化	
21		电力监控系统标准化	
22		接地系统标准化	
23		杂散电流监控系统标准化	
24		接触网系统标准化	
25		变电所设备结构孔洞标准化	
26	弱电系统	通信系统标准化	
27		信号系统标准化	
28		综合监控系统标准化	
29		自动售检票系统标准化	
30		环境与设备监控系统标准化	
31		火灾自动报警系统标准化	
32		门禁系统标准化	
33		设备用房标准化	
34	车辆基地	场段设计标准化	
35	站台门与电扶梯	扶梯设计标准化	
36		电梯设计标准化	
37		站台门设计标准化	

第 3 章
线路标准化设计

3.1 一般规定

1)线路基本走向应在城市发展总体规划和城市路网规划的基础上,与城市规划相结合,顺沿主客流方向,使其充分发挥效能,起到骨干作用。线路走向应符合合肥市轨道交通线网规划,并协调好与其他线路的衔接、换乘关系。

2)线路应尽量沿既有和规划道路布设,如能妥善处理、协调与周边环境的关系,并经规划部门同意,可允许偏离道路红线。

3)线路从地下至地面(或高架)的过渡段位置选择应结合道路规划、周边环境和工程地质条件综合考虑确定。

4)区间线路平面按最高行车速度进行设计,对于不同区间的具体地段,可采用与行车速度相适应的平面设计标准。

5)列车折返线及车站配线的形式应满足列车合理运行及折返能力的需要。

3.2 线路平面

1)线路平面圆曲线半径应根据车辆类型、地形条件、运行速度、环境要求等综合因素比选确定。最小曲线半径应符合表 3.2-1 的规定。

最小曲线半径表(m) 表 3.2-1

	一般	困难
正线	350	300
出入线、联络线	200	150
车场线	150	—

2)新建线路不应采用复曲线,在困难地段,应经技术经济比较后采用。

3)正线、联络线及车辆基地出入线圆曲线最小长度不宜小于 20m,困难情况下不得小于一节车辆的全轴距。正线、联络线及车辆基地出入线上,两相邻曲线间,无超高的夹直线最小长度,应按表 3.2-2 确定;车场线夹直线和圆曲线长度不得小于 3m。

夹直线最小长度(m)　　　　表 3.2-2

正线、联络线、出入线	一般情况	≥0.5V
	困难情况	20m

注:V 为列车通过夹直线的运行速度(km/h)。

4)区间线路直线地段线间距一般宜参照表 3.2-3 确定,采取有效措施后可适当缩小线间距。曲线地段按曲线限界加宽要求加宽线间距。

区间线路最小线间距表　　　　表 3.2-3

线别		最小线间距
地下段	明挖法施工双线隧道	5m
	矿山法施工单线隧道	净距最小为 1D(D:隧道结构宽度),特设段可减少
	盾构法施工隧道	净距最小为 1D(D:盾构外轮廓直径),特设段可减少

注:D 为隧道结构宽度或结构外径。

5)正线和辅助线上采用 9 号道岔(60kg/m 钢轨),车场线采用 7 号道岔(50kg/m 钢轨)。设置交叉渡线时两平行线的线间距宜按下列规定确定:9 号道岔采用 4.6m 或 5.0m;7 号道岔采用 4.5m 或 5.0m。

6)车站站台段线路宜设在直线上,当设在曲线上时,最小曲线半径一般不小于 1500m,困难情况下 1000m。

7)道岔宜靠近车站设置,但岔心与有效站台端部的距离不宜小于 22m,如图 3.2-1 所示。

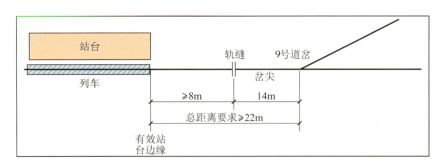

图 3.2-1　道岔距有效站台端部距离要求示意图

8)道岔应设在直线地段。道岔两端与平、竖曲线端部,应保持一定的直线距离,其值不应小于表 3.2-4 的规定。

道岔两端与平、竖曲线端部的最小距离　　　表 3.2-4

项目	至平面曲线端或竖曲线端	
	正线	车场线
道岔型号	60kg/m −1/9	50kg/m −1/7
道岔前端/后端	5m/5m	3m/3m

注：道岔后端至站台端位置应按道岔警冲标位置控制。

9）道岔附带曲线可不设缓和曲线和超高，其曲线半径不得小于道岔导曲线半径。

3.3 线路纵断面

1）应结合车站埋深和地形条件合理运用"高站位、低区间"的原则设计纵断面，以利于运营，减小能耗。根据车站及区间的施工方法和城市规划要求确定合理的埋深。

2）正线的最大坡度宜采用 30‰，困难地段最大坡度可采用 35‰；联络线、出入线的最大坡度宜采用 40‰（均不考虑各种坡度折减值）。

3）区间隧道的线路最小坡度宜采用 3‰，困难条件下可采用 2‰；区间地面线和高架线，当具有有效排水措施时，可采用平坡。

4）道岔宜设在不大于 5‰ 的坡道上，在困难地段应采用无砟道床，尖轨后端为固定接头的道岔，可设在不大于 10‰ 的坡道上。

5）车站站台范围内的线路应设在一个坡道上，坡度宜采用 2‰。当具有有效排水措施或与相邻建筑物合建时，可采用平坡。

6）线路坡段长度不宜小于远期列车长度，并应满足相邻竖曲线间夹直线长度不小于 50m 的要求。

7）竖曲线的设置应符合下列规定：

（1）相邻坡段的坡度代数差大于或等于 2‰ 时，应设圆曲线形竖曲线连接。

（2）竖曲线的半径应不小于表 3.3-1 的规定。

竖曲线半径表（m）　　　表 3.3-1

线别		一般情况	困难情况
正线	区间	5000	2500
	车站端部	3000	2000
联络线、出入线		2000	
车场线		2000	

（3）车站站台计算长度范围、道岔范围内不应设置竖曲线，竖曲线离开道岔端部的距离不应小于 5m。

（4）竖曲线与缓和曲线或超高顺坡段在有砟道床地段不得重叠。在无砟道床地段竖曲线和曲线重叠时，每条钢轨的超高最大顺坡率不得大于1.5‰。

8）具有夜间停放车辆功能的配线，应布置在面向车挡或区间的下坡道上，隧道内的坡度宜为2‰，地面和高架桥上坡度不应大于1.5‰。

9）正线坡度大于24‰，连续高差达16m以上的长大陡坡地段，应根据线路平纵断面和气候条件，核查车辆的编组及其牵引和制动的动力性能，以及故障运行能力。长大坡段不宜与平面小半径曲线重叠；同时，应对道床排水沟断面进行校核。

3.4 配线设置

3.4.1 联络线、出入线

1）凡设置在相邻线路间的联络线，承担车辆临时调度，运送大修、架修车辆，以及工程维修车辆、磨轨车等运行的线路，应设置单线。

2）联络线与正线的接轨点宜靠近车站。

3）在两线同站台平行换乘站，宜设置渡线。

4）出入线宜在车站端部接轨，并应具备一度停车再启动条件。

5）出入线应按双线双向运行设计，并应避免与正线平面交叉，也可根据车辆基地位置和接轨条件，设置八字形出入线。规模较小的停车场，其工程实施确因条件限制时，在不影响功能前提下，可采用单线双向设计。贯通式车辆基地应在两端分别接入正线，主要方向端应为双线，另一端可为单线。

6）当出入线兼顾列车折返功能时，应对出入线与正线间的配线进行多方案比选，并满足正线、折返线、出入线的运行功能要求。

3.4.2 折返线、停车线

1）正线应每隔5~6座车站或8~10km设置停车线，其间每相隔2~3座车站或3~5km应加设单渡线。根据与运营对接要求，一般全线单渡线都按逆岔布置。

2）在采用站后折返的尽端站，宜增设站前单渡线，并宜按逆向布置。

3）线路有效长计算起讫点为信号机至车挡或信号机至信号机长度。停车线、折返线的有效长度（不含车挡长度）应不小于表3.4-1的规定。

折返线、故障列车停车线有效长度（m）　　　　表3.4-1

配线名称	有效长度+安全距离（不含车挡长度）
尽端式折返线、停车线	远期列车长度+50
贯通式折返线、停车线	远期列车长度+60

对停车线（折返线）有效长度的要求：采用9号道岔时，对于停车线（折返线）有效长度，岔心至岔心距离≥车长$L+44$m（列车车钩端部距基本轨轨缝距离≥8m）。

停车线后端基本轨缝至车挡的长度应≥50m，如图3.4-1所示。

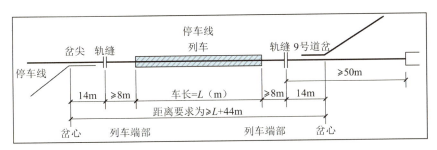

图 3.4-1　停车线长度要求示意图

对站后折返线有效长度的要求：采用9号道岔时，对于尽头折返线长度，岔心至车挡距离≥车长$L+72$m（列车车钩端部距基本轨轨缝距离≥8m，距车挡前部距离≥50m），如图3.4-2所示。

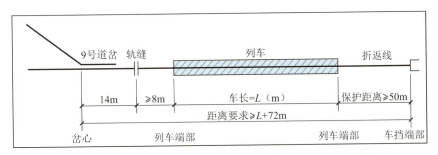

图 3.4-2　站后折返线长度要求示意图

对尽头车站尽头线有效长度要求：列车车钩端部距尽头车挡前部距离≥50m，如图3.4-3所示。

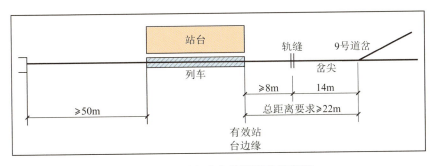

图 3.4-3　逆向道岔设置要求示意图

顺向道岔与站台端距离要求如图3.4-4所示。

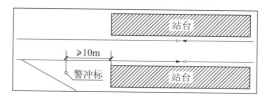

图 3.4-4　顺向道岔设置要求示意图

如相关基础参数发生变化，相关要求可能会做出相应调整。

3.4.3　安全线

1）对于车辆段出入线，在车站接轨前，线路不具备一度停车条件，或停车信号机至警冲标之间小于 50m 时，应设安全线。采用八字形布置在区间与正线接轨时，应设安全线。

2）折返线与停车线末端均应设置安全线。

3）安全线自道岔前端基本轨缝（含道岔）至车挡前长度应为 50m（不含车挡）。在特殊情况下，缩短长度可采取限速和增加阻尼的措施。

|第4章|
车辆与限界标准化设计

4.1 车辆

4.1.1 一般规定

1）车辆应满足客流需要，适应沿线的人文地理及自然环境，适合线路条件，尽量与城市环境和景观相协调。

2）车辆的制造必须采用耐腐蚀、阻燃的材料，以符合相关防火标准，保证旅客安全。车辆外表面应便于清洁。

3）车辆结构和构造应具有较高的舒适性和安全性能。车辆应在风、雨、雾、雪、冰、霜等气候条件下保持正常运行。

4）车辆的使用年限应不小于30年，其技术性能应保证一定的先进性，做到安全可靠、经济实用、维护方便、乘坐舒适。车辆车体材料、空调系统及电气设备应满足合肥地区的气候和自然条件。

5）车辆在保证性能要求的前提下，应符合国家关于城市轨道交通设备国产化的有关规定，车辆国产化率应不小于75%。

6）车辆选型考虑合肥轨道交通线网车辆检修资源的充分利用，以及车辆运营维护人员对车辆的运用、维护的兼容性要求。合肥3号线车辆实景照片如图4.1-1所示。

图 4.1-1　3号线车辆

4.1.2 车辆几何参数

本工程 B 型车辆主要结构尺寸几何参数见表 4.1-1。

车辆主要结构尺寸表 　　　　　　　表 4.1-1

序号	项目名称		尺寸/mm
1	车钩连接面之间长度	端车	20900
		中间车	19520
2	车辆最大宽度		2880
3	车顶至轨面高度（不包括受电弓、空调）		≤3800
4	车辆落弓高度		≤3800
5	客室地板面至轨面高度		1100
6	列车端部车钩中心线距轨面高度		660_{0}^{+10}
7	车辆客室地板面沿车辆中心线到顶棚的最小高度		2100
8	站立区净高度（不包括门区）		≥1900
9	车辆定距		12600
10	转向架固定轴距		2300
11	轮对内侧距		1353_{-2}^{+2}
12	车轮直径	新轮	840
		半磨耗	805
		最大磨耗	770

4.1.3 车辆主要系统和设备

1. 车体

1）车体采用整体承载式结构。车体结构材料采用铝合金。

2）顶棚和内墙板采用具有优良阻燃性能的刚性材料，材料应有良好的隔声、隔热性能。

3）客室地板材料应具有最佳阻燃性能，并具有隔声、隔热性能，一旦燃烧不会产生有毒气体。

4）车窗采用固定式车窗，双层安全玻璃。

5）客室内座椅采用阻燃材料制作，纵向排列布置。

6）客室内站立区设置扶手杆、立柱，采用不锈钢或铝管材料制作。

7）列车设车门开启与列车启动联锁装置，在列车速度大于 5km/h 时不能开启，车门未全关闭时不能启动列车。

2. 车门

1）客室车门采用双开式电动塞拉门。

2）B2 型车每节车设 4 对客室车门，有效开度不小于 1300mm，净高度不低于 1880mm。

3）门页应采用铝合金型材，设安全玻璃组成的固定窗；车门关闭后，单个门页由内向外施加 2000N 载荷，车门仍能保持关闭状态；客室车门应采用微机控制的免维护驱动电机。

4）客室车门的开闭宜采用电控方式，传动和控制应安全可靠；车门应具有关闭缓冲动作、非零速闭锁、单门再开闭、关门障碍物探测及关门警示功能。

5）当紧急解锁装置动作时，静止列车不能牵引起动；运行列车应向司机提供信息，由司机判定是否实施制动，同时车门必须与零速保护联锁。

6）列车应在 ATP 授权下实现列车开门、特定车站的双侧开门。应对左右侧车门进行独立控制和状态显示。

7）对于具有 ATP 自动开关门功能的列车，应设自动开关门和人工开关门选择开关。

8）设 ATP 门控旁路开关、车门安全回路监控旁路开关；车门安全回路监控旁路开关在旁路位时，列车仍可在 ATP 保护下不限速运行。

9）司机室与客室之间设通道门，其开门方向为向司机室侧向开启，开/关状态在受控司机室显示和报警。司机室端门和贯通道净宽不小于 600mm，净高不低于 1800mm。

3. 转向架

1）转向架应采用合金钢焊接结构的无摇枕转向架，且动车转向架和拖车转向架结构应相似。

2）转向架悬挂系统应符合下列规定：

（1）一系悬挂为金属橡胶弹簧或金属螺旋弹簧，应设止挡；采用金属螺旋弹簧时配置液压减振器；

（2）二系悬挂为空气弹簧，应设置应急弹簧和高度自动调整装置。应合理设置液压减震器、止挡以及抗侧滚扭杆；

（3）当二系悬挂系统失效后，列车应能安全运行。

3）转向架应能保证在与车体连接的状态下安全起吊，并满足在隧道区间最小空间内的复轨要求。

4）车轮应采用标准整体碾制降噪钢轮。

5）根据线路条件，配置一定比例轮缘润滑装置。

6）转向架构架设计寿命不小于 30 年。

4. 车钩缓冲装置

1）车钩包括全自动车钩、半自动车钩和半永久牵引杆三种类型。

2）车钩连挂性能应满足最差空气弹簧状态的列车运行在最不利轨道条件和曲线半径的情况下的曲线通过能力。

3）应能承受5km/h速度下的冲撞。

5. 牵引传动系统

1）采用变频变压（VVVF）逆变器调速、鼠笼式三相异步电动机驱动的交流牵引传动系统。逆变器元件采用IGBT功率元件。

2）受电弓与接触网的接触压力应与列车最高运行速度匹配。

3）每个牵引系统应设独立的高速开关，保护参数与牵引供电系统相匹配。

4）系统具有按列车载重量调整牵引力和制动力的功能，并具有防空转、防滑功能。

5）车辆应设制动电阻，制动电阻应能吸收所有的电制动能量。

6）电机容量应满足牵引、电制动性能要求。

6. 辅助电源系统

辅助电源应向辅助负载提供三相380V、单相220V、50Hz的交流电源；同时，还为蓄电池和控制负载提供直流110V电源。

每列车采用不少于两个DC/AC逆变器、两个充电器、两个蓄电池组，DC/AC逆变器和充电器的功率元器件应采用IGBT器件，辅助电源应具有较强的故障冗余能力，以便在故障情况下向另一单元供电。

蓄电池采用铅酸免维护蓄电池，DC110V。蓄电池容量满足45min事故照明、通风和通信、信号设备的需要。

7. 制动系统

1）列车制动由再生制动、电阻制动、空气制动和停放制动4种制动方式组成。列车制动控制系统应能协调电制动与空气制动实现平滑转换，电制动优先采用再生制动，电制动不足时由空气制动补足。紧急制动全部使用空气制动。停放制动采用弹簧储能制动压缩空气缓解，必要时可手动缓解。

2）列车制动应具有常用制动、快速制动、紧急制动和停放制动的功能。

3）基础制动采用单元式踏面制动的形式。

4）制动系统在任何制动方式下都应有防滑保护功能，空气制动和电制动应有各自独立的防滑控制。

5）应有轮径校正、负载检测和制动力负载补偿功能。

8. 空调与供暖

1）列车采用车体顶置单元式空调机组，每辆车的车顶两端各安置一台。每台空调机组具有制冷、通风和紧急通风功能和两个独立的制冷回路，实现多级控制。在AW2载荷下，当环境温度35℃、相对湿度70%时，保证车内温度不大于27℃，车内相对湿度不大于65%。

2）司机室设置一个独立的通风单元，通过风道从相邻的空调机组引入经过处理的空气，实现司机室的空气调节。司机室供暖采用电加热装置。

3）空调机组采用微机控制，每节车辆设一套空调控制柜控制一节车的两台空调机组。可由司机操作 HMI 通过列车总线对整列车的空调机组进行启动、档位设定、温度设定，档位可分为自动和手动。通过对本车控制柜的操作，可脱离驾驶室控制，而完全根据本车的设定要求工作。

9. 车载信息系统

1）有线广播

列车有线广播系统具备如下功能：司机对乘客的语音广播；由 ATO 触发的自动报站广播；采用语音合成技术，用普通话、英语广播固定、常规信息。紧急情况下可以直接由乘客和司机通话。

2）信息显示

车厢设信息显示屏，显示文字信息，包括车内环境信息、前方到站信息、简要新闻；也可以接收控制中心实时信息，包括宣传、广告信息。

4.2 限界

4.2.1 一般规定

1）各种设备和管线的安装位置，应综合布置，互不干扰。不得随意调换和侵占其他工种设备和管线的安装位置。

2）建筑限界和设备限界之间的空间，需满足各种管线和设备安装的要求。各专业设备和管线在任何情况下，均设置在设备限界之外，且须保证 50mm 以上的安全间隙。

3）地下区间内，弱电支架、消防设备及信号灯、电源维修箱、AP 箱等均设在行车方向右侧的结构上；强电支架、区间照明灯、疏散指示灯、区间压力废水管布设在行车方向左侧的结构上。

4）地下车站：岛式车站的广告灯箱、信号机和弱电电缆布置在站台对侧，强电电缆布置在站台板板下的结构墙上。侧式车站的广告灯箱布置在两线之间，信号机布置在站台侧，弱电电缆布置在站台内电缆通道中，强电电缆布置在站台板下的结构墙体外侧。

5）设备及管线由区间进入车站时，需由相关专业统筹考虑合适安装位置，以免与站内各种设备及管线相互产生干扰。

4.2.2 区间建筑限界

1. 圆形隧道建筑限界

根据全线盾构区间平面曲线最小半径确定圆形隧道建筑限界，其有效内径为 $\phi 5200 \sim$

5300mm，疏散平台置于行车方向左侧，区间内的纵向疏散平台应在设备限界外侧设置，直线地段和曲线地段纵向疏散平台距轨道中心线高度应统一按低于车厢地板面高度 150～200mm 确定。在车辆静止状态下，车辆轮廓距离疏散平台间隙，曲线地段不应大于 300mm。地下区间直线地段圆形隧道建筑限界如图 4.2-1 所示。

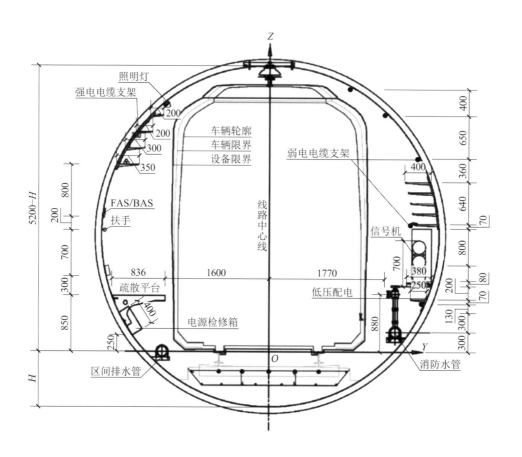

图 4.2-1　地下区间直线地段圆形隧道建筑限界图

2. 矩形隧道建筑限界

矩形隧道直线地段行车方向左侧结构墙至线路中心线的距离为 2300mm，行车方向右侧结构墙至线路中心线的距离为 2100mm。建筑限界轨面以上高度为 4500mm。地下区间直线地段矩形隧道建筑限界如图 4.2-2 所示。

3. 高架区间建筑限界

高架区间采用箱梁设计，直线非安装接触网立柱段，桥侧挡板内侧边缘距离线路中心 2200mm，安装接触网立柱地段桥侧挡板内侧边缘距离线路中心 2900mm。曲线地段与直线地段建筑限界一致，建筑限界高度应满足接触网安装要求。高架区间双线直线地段建筑限界如图 4.2-3 所示。

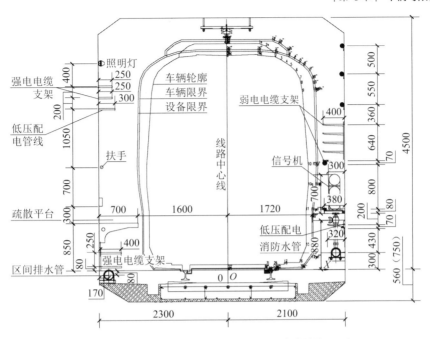

图 4.2-2 地下区间直线地段矩形隧道建筑限界图

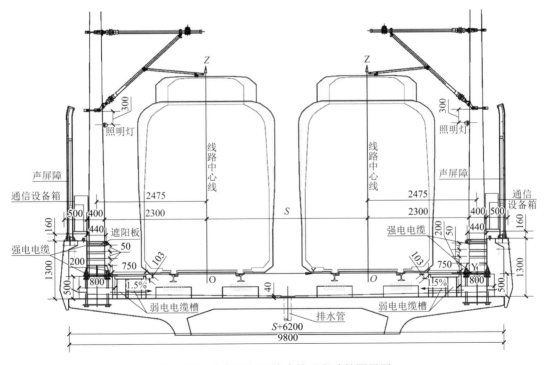

图 4.2-3 高架区间双线直线地段建筑限界图

4.2.3 车站建筑限界

直线地段车站站台对侧结构墙距线路中心距离为 2100mm，站台计算长度内站台边缘到线路中心线的距离为 1500mm。轨顶面至站台面高度为 1050mm，轨顶面以上建筑限界高度为 4500mm，线路中心线到站台门的最外突出点距离为 1570mm。地下岛式车站直线站台计算长度内建筑限界如图 4.2-4 所示。

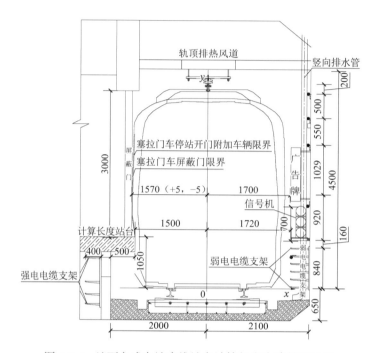

图 4.2-4 地下岛式车站直线站台计算长度内建筑限界图

第5章
轨道标准化设计

5.1 一般规定

1）无砟轨道主体结构及混凝土轨枕的设计使用年限不应低于100年。

2）轨道结构应具有足够的强度、稳定性、耐久性、绝缘性和适量弹性，确保列车运行安全、平稳、快速和乘坐舒适。

3）轨道结构部件的选型应在满足使用功能的前提下，有利于少维修、标准化、系列化，并宜与线网中已建或在建线路轨道结构类型保持一致。

4）轨道结构设计应根据工程环境影响评价的要求，选择经济合理的减振降噪措施，并留有适当裕量。

5.2 基本技术要求

1）轨道应采用标准轨距 1435mm，半径$R < 250$m 曲线地段的轨距加宽值，应符合表 5.2-1 的规定。

曲线地段轨距加宽值　　　　表 5.2-1

曲线半径R（m）	加宽值（mm）	
	A 型车	B 型车
$200 \leqslant R < 250$	5	—
$150 \leqslant R < 200$	10	5

注：轨距加宽值应在缓和曲线范围内递减，无缓和曲线或其长度不足时，应在直线地段递减，递减率不宜大于2‰。

2）钢轨应设置 1/40 的轨底坡；在无轨底坡的两道岔间不足 50m 地段，不宜设置轨底坡。

3）超高设置应符合以下规定：

（1）曲线的最大超高值宜为 120mm；未被平衡的超高值不宜大于 61mm，困难情况下不应大于 75mm；车站站台计算长度范围内曲线超高不应大于 15mm。

（2）超高顺坡率不宜大于 2‰，困难地段不应大于 2.5‰；曲线超高值应在缓和曲线内递减，无缓和曲线或其长度不足时，应在直线段递减。在整体道床地段出现竖、缓两种曲线重叠时，则每条钢轨的超高顺坡率不得大于 1.5‰。

（3）地下线及 U 形槽结构的整体道床地段宜采用外轨抬高超高值一半，内轨降低超高值一半的办法设置（半超高方式）；地面线和高架线宜采用外轨抬高全超高值的办法设置（全超高方式）；同一曲线的超高设置方式应一致。

4）轨枕铺设数量应符合表 5.2-2 的规定。

轨枕铺设数量表　　　　　　表 5.2-2

序号	道床形式	轨枕铺设数量[根（对）/km]				
		正线、出入线、试车线		其他配线	车场线（不含试车线）	
		一般地段	$R \leqslant 400m$ 或坡度 $i \geqslant 20‰$		库外线	库内线
1	整体道床	1600～1680	1680	1600	1440	1440
2	混凝土碎石道床（有缝线路）	1600～1680	1680～1760	1600～1680	1440	1440
3	混凝土碎石道床（无缝线路）	1680～1760	1760～1840	1680	—	—

注：检查坑地段轨枕配置根据工艺要求另行设计（柱式检查坑的扣件间距不宜大于 1.25m，洗车线的扣件间距不宜大于 1m）。

5）轨道结构高度根据不同结构形式宜采用表 5.2-3 的数值。

轨道结构高度表　　　　　　表 5.2-3

序号	地段		H（mm）	备注
1	地下线	车站矩形隧道	650	一般及中等减振地段
2			840	高等及特殊减振地段
3		区间矩形隧道	560	一般及中等减振地段
4			840	高等及特殊减振地段
5		区间马蹄形隧道	$560+f$	一般及中等减振地段
6			$840+f$	高等及特殊减振地段
7		区间圆形隧道	760	一般及中等减振地段
8			840	高等及特殊减振地段
9	高架线	整体道床	560	一般及中等减振地段
10			750	高等及特殊减振地段
11	车场线	出入线地面段整体道床	760	一般及中等减振地段
12		出入线、试车线地面线部分混凝土枕碎石道床	840	非渗水土路基
13		库外线混凝土枕碎石道床	620	—
14		库外线整体道床	560	地下段场
15		库内线整体道床	500	不含轮对踏面检测棚
16		库内线整体道床（轮对踏面检测棚）	650	—

注：1. 地下线轨道结构高度为轨顶面与线路中心线的交点至建筑限界最低点的高差，不含施工误差；如区间圆形隧道的轨道结构高度是指在建筑限界范围内的结构高度。
2. 圆形隧道两种轨道结构高度（760～840mm）过渡时，需在非高等及特殊减振地段按 2‰的坡度用 40m 进行提前过渡。
3. 马蹄形隧道地段线路中心线两侧各 1.6m 范围内，轨道结构高度不小于 560mm 或 840mm。其中，f 为轨道结构底部至隧道底部的矢高，即仰拱底部土建混凝土回填高度。

5.3 轨道部件

5.3.1 钢轨

1. 钢轨类型

1）正线及配线、试车线应采用钢轨材质为 U75V、25m 标准长度的 60kg/m 钢轨；

2）车场线应采用钢轨材质为 U71Mn、25m 标准长度的 50kg/m 钢轨。

2. 钢轨接头

1）正线有缝线路地段的钢轨接头应采用对接，曲线地段内股应采用厂制缩短轨；车场线、配线半径不大于 200m 的曲线地段应采用错接，错接距离不应小于 3m；

2）钢轨接头螺栓和螺母的强度等级及垫圈类型应符合下列规定：

（1）正线及配线、试车线钢轨接头螺栓应采用 10.9 级高强度接头螺栓，螺母应采用 10 级高强度螺母；

（2）车场线钢轨接头螺栓应采用 8.8 级及以上高强度接头螺栓，螺母应采用 10 级高强度螺母。

3）根据运营需求，镟轮库入库轨道上应设置 2 个绝缘接头，第一个绝缘接头设置在距库房不小于 145m 处，第二个绝缘接头设置在距第一个绝缘接头不小于 140m 处，位置在第一个绝缘接头的前方（入库方向）。

5.3.2 扣件

1）整体道床一般地段的扣件选型应符合下列规定：

（1）正线地下段（含 U 形槽）整体道床宜采用 DTⅥ2 型扣件，正线高架段整体道床宜采用 WJ-2A 型扣件；

（2）车场线检查坑、库内整体道床地段宜采用 DJK5-1 型扣件，试车线检查坑宜采用 Ⅱ 型检查坑扣件。

2）铺设 60kg/m 钢轨的碎石道床建议采用国铁弹条 Ⅱ 型扣件，铺设 50kg/m 钢轨的碎石道床建议采用国铁弹条 Ⅰ 型扣件。

3）扣件的绝缘部件工作电阻应大于 $10^8\Omega$。

5.3.3 道岔及钢轨伸缩调节器

1）正线整体道床道岔应采用 60kg/m 钢轨 9 号系列道岔，单开道岔全长 28.3m，前、后长分别为 12.57m、15.73m。道岔导曲线半径为 200m，其直向容许通过速度为 100km/h、侧向容许通过速度为 35km/h。

2）试车线碎石道床道岔应采用 60kg/m 钢轨 9 号系列道岔，单开道岔全长 29.054m，前、后长分别为 13.011m、16.043m。道岔导曲线半径为 200m，其直向容许通过速度为 120km/h、侧向容许通过速度为 35km/h。

3）车场线碎石道床道岔应采用 50kg/m 钢轨 7 号系列道岔，单开道岔全长 23.627m，前、后长分别为 11.194m、12.433m。道岔导曲线半径为 150m，其直向容许通过速度为 60km/h、侧向容许通过速度为 25km/h。

5.3.4 轨枕

1）普通整体道床地段应采用预应力混凝土长枕，混凝土强度等级为 C60；中心水沟及浮置板道床地段可采用钢筋混凝土短枕，混凝土强度等级为 C50。

2）地面线碎石道床地段应采用新Ⅱ型预应力混凝土长枕（研线 0322）。

3）道岔应采用混凝土长岔枕。

5.4 道床结构

5.4.1 道床结构形式应符合的规定

1）地下线宜采用长轨枕式整体道床，在双侧水沟与中心水沟过渡地段可采用短枕式整体道床。

2）高架线宜采用长轨枕式整体道床。

3）库内线宜采用短轨枕式整体道床，工艺检修线应根据检修工艺要求采用相应检查坑整体道床；地下段场的库外线宜采用短轨枕式整体道床。

4）出入线地面段、试车线和库外线宜采用混凝土长枕式碎石道床。

5.4.2 整体道床结构宜符合的规定

1）道床应采用钢筋混凝土结构，除满足承载能力要求外，还应满足杂散电流防护的要求；道床混凝土强度等级：隧道内、U 形槽结构地段以及车场库内不应低于 C40，高架线、地面线以及车场库外线不应低于 C40。轨枕与道床、道床与结构底板或桥面联结处应采取加强措施；道床结构的耐久性应满足设计使用年限 100 年的规定。

2）现浇整体道床应设置道床伸缩缝，隧道内伸缩缝间距不宜大于 12m，U 形槽结构地段、旁通道前后各 30m、隧道洞口内 60m 范围、高架桥上和库内线不宜大于 6m；在结构变形缝和高架桥梁缝处，应设置道床伸缩缝；特殊地段应结合工程特殊设计；伸缩缝宜采用木板加沥青麻筋封顶。

3）地下线道床排水沟的纵向坡宜与线路坡度一致，线路平坡地段，排水沟纵向坡度不应小于 2‰。

4）道床面低于钢轨底面不宜小于 70mm，道床面横向排水坡度不宜小于 2.5%，道岔道床横向排水坡宜为1%～2%。

5.4.3 碎石道床应符合的规定

1）应采用一级道砟。

2）正线无缝线路地段碎石道床的道砟肩宽不应小于400mm，普通有缝线路地段道砟肩宽不应小于300mm；无缝线路半径小于800m、有缝线路半径小于600m的曲线地段，曲线外侧道砟肩宽应加宽100mm，砟肩应堆高150mm；道床边坡均应采用1：1.75。

3）车场线碎石道床道砟肩宽不应小于200mm；曲线半径不大于300m的地段，曲线外侧道砟肩宽应加宽100mm；道床边坡应采用1：1.5。

4）碎石道床顶面应与混凝土轨枕中部顶面平齐；应低于岔枕顶面30mm。

5）碎石道床最小厚度宜符合以下规定：正线、配线和试车线在非渗水土质路基地段采用双层道砟，面砟厚250mm，底砟厚200mm；岩石、渗水土质路基、混凝土基础地段采用单层道床，厚300mm；车场线采用单层道砟，厚250mm。

5.5 无缝线路

1）无缝线路铺设范围：

（1）正线及配线、出入线、试车线在条件允许时应尽量铺设无缝线路。

（2）地下线整体道床的直线和半径不小于300m的曲线地段。

（3）高架线及地面线整体道床的直线和半径不小于400m的曲线地段。

（4）碎石道床的直线和半径不小于600m的曲线地段。

（5）当半径小于以上限值铺设无缝线路时，应进行特殊设计，采取加强措施。

2）地下线由于温差小，宜按跨区间无缝线路设计；道岔内轨缝、道岔与长钢轨之间采用冻结接头进行冻结，其余线路则根据锁定轨温均焊接成无缝线路；焊接优先选用洞内移动式接触焊；全线绝缘接头的设置，除道岔前后可采用绝缘接头夹板外，其余均应采用厂制胶结绝缘钢轨接头。

3）高架线上无缝线路在满足轨道强度、稳定性和长轨断缝等要求下，应尽量减少钢轨伸缩调节器的数量，减少梁轨相互作用力；为减少无缝线路纵向力对道岔的影响，道岔与长轨条之间，设置单向钢轨伸缩调节器；高架线大跨度连续梁应根据计算布置钢轨伸缩调节器。

4）试车线应按区间无缝线路设计，道岔前后各设置两对25m标准轨作为缓冲区。

5）无缝线路设计锁定轨温应根据合肥气象资料确定，并满足无缝线路的允许温升、允许温降要求，且考虑一定的修正量。合肥地区年最高轨温61℃，最低轨温−20.6℃，中间轨温20.2℃，年最大轨温变化幅度81.6℃；因隧道内全年温差变化较小，地下线设计锁定轨温取 25℃±5℃；高架线及地面线整体道床地段设计锁定轨温取 21℃±5℃；试车线碎石道床地段设计锁定轨温取 30℃±5℃。

5.6 轨道减振措施

1）根据预测振动超标值的大小，减振轨道结构等级划分为中等减振、高等减振和特殊减振三级。

2）同种减振措施的减振连续范围应不小于一个远期列车长。

3）轨道减振分级及相应减振措施如下：

（1）中等减振措施采用双层非线性压缩型减振扣件；

（2）高等减振措施采用钢弹簧浮置板（固体阻尼）；

（3）特殊减振措施采用钢弹簧浮置板（液体阻尼）。

4）存在上盖物业开发时，场段按以下原则开展设计：

（1）上盖建筑结构与道床基础结构宜按脱开原则设计；

（2）上盖建筑周界外扩 50m 范围应采取措施降低列车运行振动与噪声影响；

（3）库内线应采用无缝线路设计；

（4）试车线上方存在物业开发时，应采用特殊减振措施。

5）存在线路交叉的换乘站应至少采用中等减振措施。

5.7 轨道安全设备及附属设备

1）高架线路在下列地段应设置防脱护轨：

（1）曲线半径不大于 500m 的缓圆、圆缓点附近缓和曲线部分不小于缓和曲线长的一半并不小于 20m、圆曲线部分 20m 范围内曲线下股钢轨的内侧。

（2）跨越城市干道、铁路及通航航道等重要地段的高架桥，桥梁全长及其以外各 20m 范围内，双线高架桥设于靠近桥梁中线钢轨的内侧，单线高架桥设于上述铺设范围两股钢轨的内侧。

（3）竖曲线与缓和曲线重叠处，竖曲线范围内两股钢轨内侧。

2）正线及出入线半径 $R \leqslant 500m$ 的曲线地段设置钢轨涂油器，安装位置一般在迎车轮端缓和曲线上距离直缓点 20m 左右的位置。

3）在钢轨末端应设置车挡，车挡的安装应符合下列规定：

（1）正线及配线、试车线、牵出线的终端应采用液压缓冲滑移式车挡；地面线和地下线终端车挡应能承受列车以 15km/h 速度撞击的冲击荷载，占用线路股道长度 15m；高架线和试车线终端车挡应能承受列车以 25km/h 速度撞击的冲击荷载，占用线路股道长度 25m。

（2）车场库外线末端宜采用液压缓冲固定式车挡，占用线路股道长度约 3m，应能承受列车以 5km/h 速度撞击的冲击荷载；车场库内线末端宜采用摩擦式车挡（含配套使用的固定挡终端），占用线路股道长度不小于 3m，应能承受列车以 5km/h 速度撞击的冲击荷载。

（3）车挡滑行距离范围内不应存在钢轨接头。

4）正线及车场线应按照《地铁设计规范》GB 50157 要求并结合运营需求设置线路及信号标志。

5.8 备品备件

1）折返线的道岔尖轨、基本轨、辙叉及护轨应按 1∶1 的比例配备，并按尖轨的朝向、开向放置在正线既有道岔旁。配线左、右开道岔尖轨、基本轨、辙叉及护轨备件应按 3∶1 的比例配备，数量应不少于 3 组，存放地点设在车辆段（场）。正线交叉渡线锐角、钝角辙叉及护轨应按照 1∶1 配备，现场存放在既有道岔旁。

2）正线应按左、右开向各备整组道岔 2 组（含导轨及整组道岔配件），存放地点设在车辆段（场）。车辆段（场）左、右开道岔备料应按 3∶1 的比例配备，其中左、右开整组道岔应各备不少于 2 组，包括导轨及整组道岔配件；交叉渡线按照 1∶1 的原则配备，存放地点统一设置在车辆段（场）。

3）正线钢轨应每区间备 7m 长钢轨 2 根，其中大于 2km 的区间应按每公里增设 7m 长钢轨 2 根。正线 25m 长钢轨应按双线 10km 备 40 根的原则配备，其中异形轨应按 1∶1 配备。车辆段（场）25m 长钢轨应按线路铺设长度 10km 备 20 根配备，异形轨应按 1∶1 配备。

5.9 轨道养护维修设备

5.9.1 轨道主要养护维修设备

1）轨道养护维修由车辆段综合维修基地统一考虑；轨道养护维修机构下设工务车间，并将其办公用房设置在车辆段综合维修基地；工务车间按每 6～7km（双线）设置一个工务工区；工务工区负责沿线轨道、道岔的巡检、保养及故障处理。

2）轨道养护维修机械设备（如钢轨打磨车、轨道检测车、轨道车、平板车、维修用汽车等）及其修配，应由车辆段综合维修基地根据线网统筹考虑。

5.9.2 轨道工务维修用房

正线车站生产用房应考虑工务工区的设置（工务工区宜设在站台层，用房面积不小于 20m²）；在每个带有配线的车站设置 1～2 间工务生产用房，且宜靠近道岔区设置，每间工务用房面积不小于 20m²。

第6章
建筑标准化设计

6.1 一般规定

1）站台：有效站台长度为120m；站台宽度按设计客流量计算确定，岛式站台不小于10m，侧式站台不小于2.5m（垂直于侧站台开通道口设梯的侧站台不小于3.5m）；站台高度为1.05m（距轨顶面）；线路中心线至站台边缘的距离为1.5m。

2）装修后净高：车站站厅不小于3.2m，站台不小于3.0m。

3）由站台至站厅和站厅至地面按地铁设计规范的规定，合理布置自动扶梯与人行楼梯。

6.2 总平面图标准化

1）车站站位应符合城市规划和轨道交通线网规划，满足线路设计要求，综合考虑城市交通、客流组织、换乘、既有建（构）筑物和地下管线等因素。

2）车站总体布置应结合道路、建筑、城市公交的布局与规划，合理布置通道、出入口、风亭、冷却塔的位置，充分考虑与地面建筑结合。风亭单独设置时，宜采用敞口低矮风亭以减小对周边景观的影响。多联空调室外机宜设置在新风井、排风井之间。

3）地下车站规模：车站设备小端有效站台距离结构端墙不宜小于15m；带配线车站岔心距离端墙的距离有人防门一端不小于18m，无人防门一端不小于15m；地下二层岛式11m标准站（牵引降压混合变电所车站）长宜控制在210m以内，标准段宽19.7m。

4）车站出地面附属应优先考虑与周边地块合建，在不能合建时应减少侵占产权单位地块，严禁占用消防环道、邻近高层建筑的消防登高场地。地面附属与周边建筑应满足防火间距、环评间距的要求。出入口、风亭与多层建筑的防火间距不小于6m，与高层建筑的防火间距不小于9m。当条件受限无法满足时，防火间距不应小于3.5m，同时应在出入口侧面设置防火墙（3h）、顶面设防火板（1h）等材料。

5）出入口应考虑与地下过街通道、人行天桥、物业开发建筑等结合建设，合理组织进出站及过街客流。出入口与周边地块机动车出入口的距离不应小于15m（参见现行国家标准《民用建筑设计统一标准》GB 50352）。

6）当出入口为楼扶梯组合设置时，楼梯应设置于靠近道路一侧，扶梯位于远离道路一侧。当出入口采用两扶一楼时，土建结构净宽 6m；当采用一扶一楼时，土建结构净宽 5m；当采用纯楼梯时，土建结构净宽不小于 3m。

7）出地面平台尺寸由结构墙内边至踏步边缘 4.5m，出入口前铺装广场宽度宜为 6m。防淹挡板高度需满足防洪要求，一般情况下应为 0.6m，或根据防洪报告中防洪水位要求可按 0.8m、1m 设置。

8）通信手井设置在远离道路一侧。

9）出入口电梯、扶梯的设置标准及原则如下：

（1）车站各出入口均应设置上行、下行自动扶梯。

（2）车站设 2 部出地面的电梯，斜对角布置。电梯宜设置在医院、商场等客流密集的象限。条件困难的情况下，应设置 1 部出地面电梯。

10）出入口风亭编号原则如下：

（1）车站出入口统一按象限位置和功能编号，从东北象限开始，按顺时针顺序字母编号 A、B……号出入口。同一通道有两个以上的出入口，编号顺延。车站风亭统一按从线路右线小里程处起始编号，按逆时针顺序阿拉伯数字编号 1、2……号风亭。

（2）物业开发区出入口、风亭的编号与车站一致，在车站出入口的基础上依次进行累加，但需注明物业出入口或物业风亭，如 E 号出入口（物业）、1 号风亭（物业）。作为战时人防使用的出入口、风亭，附加括号表示，如 A 号出入口（战时主要出入口）。

11）出地面出入口的标准长宽，出地面出入口、风亭侧墙厚度设置如下：

设置双扶梯/单扶梯的出入口，地面亭的尺寸（内结构）为 12.5m×6m 或 12.5m×5m。出入口、风亭出地面结构墙厚为 0.3m。

12）出入口、风亭、冷却塔等出地面附属的退让原则、征地原则如下：

（1）出入口、风亭、冷却塔等出地面附属的退让原则：出入口、风亭原则上应退让道路红线 3m，应避免侵占小区围墙等产权构筑物；条件受限的情况下，出入口宜退让道路红线 1m，条件困难的情况下，可以贴道路红线布置。条件困难的情况下，风亭应退让道路红线 1m，风亭高度 2m（1m 实体墙＋1m 玻璃围栏）。冷却塔原则上设置在道路绿线内且紧贴道路绿线，退道路红线 5～8m。城区地段条件困难的站点冷却塔应结合地块开发裙楼设置，或采用其他通风空调技术。

（2）出入口、风亭、冷却塔等出地面附属的征地原则如下：

①出入口设置平台一侧自台阶外扩 6m，其余三侧为结构边外扩 2m；出入口征地进入道路红线的部分，征地红线自结构边外扩 0.5m；

②2m 高风亭地面轮廓外扩 1m，低风亭地面轮廓外扩 3m；

③室外电梯及坡道、疏散楼梯自结构边外扩 2m；

④冷却塔自围栏外扩 2m，困难情况下，临地块一侧的围栏可与征地线重合。

13）无障碍电梯及坡道的标准化设计。

站内无障碍电梯采用玻璃井道，站外无障碍电梯采用混凝土井道＋磨砂玻璃。推荐电梯与出入口合建，电梯门统一采用贯通门，室外出入口平台宽 2.0m，设 3 级踏步，无障碍坡道土建宽度 1.4m，坡度为 1∶12；周边有找坡条件的出入口可设 2 级踏步，利于减少无障碍坡道长度（无障碍坡道不应紧贴出入口外墙，应退让外挂石材空间），如图 6.2-1 所示。

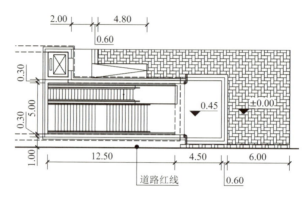

图 6.2-1　电梯与出入口结合布置

14）含排烟机房的出入口标准化设计。

长度超过 60m 的出入口，应设置排烟机房。设备小端的出入口排烟机房与通风空调机房合设，设备大端的出入口应结合出入口尾部设置地面排烟机房。排烟机房应设置挡水坎和防淹挡板，如图 6.2-2 所示。

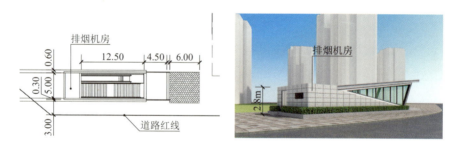

图 6.2-2　排烟机房结合出入口布置

6.3　车站平面布置标准化

6.3.1　公共区布置标准化

6B 编组的标准站站厅公共区长 89m，付费区长 50m；进出站闸机采用中间进两端出；中间设 1 个客服中心，自动售票位于两端非付费区；公共区共设置 3 组楼扶梯组合，分别一楼一扶、中间 T 形楼梯＋电梯、两扶（楼梯净宽分别为 1.8m 和 3.6m），如图 6.3-1 所示。

公共区付费区与非付费区之间设 1.2m 高分隔栏杆，设 4 道宽 1.2m 边门（门禁控制）。两端非付费区之间设置联系通道，通道净宽不小于 2.4m。

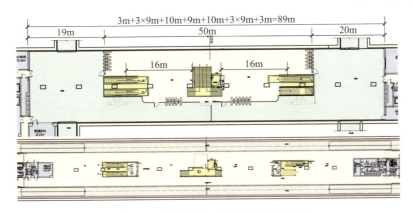

图 6.3-1 站厅站台公共区标准化布置

6.3.2 设备管理区布置标准化

1）车站管理用房、有人值班的设备用房集中在车站一端设置,管理用房宜集中布置。设备管理集中区域设 2.1m 宽主纵向走道、1.8m 宽次纵向走道,并用横通道连通。设备集中端站厅、站台之间设封闭人行楼梯及直通地面的消防专用通道,其装修后净宽度不应小于 1.2m。

2）在充分吸取在建线路经验教训的基础上,结合运营需求,为合理利用车站空间,将站长室与车控室合设,站务员室与会议交接班室合设,综合监控、专用通信及 AFC 专业设备室合设、电源室合设。设备集中端用房布置如图 6.3-2 所示。

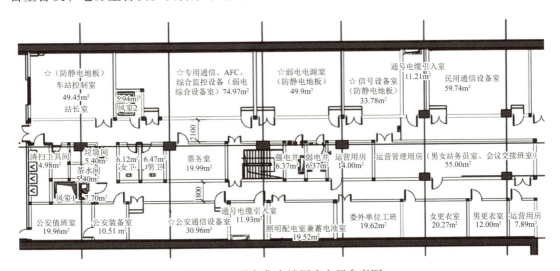

图 6.3-2 设备集中端用房布置参考图

3）换乘站根据资源共享的原则,设备管理用房的面积按 1.5 倍控制。带配线的车站,结合运营部门的相关需求增设相关用房。

4）房间面积控制标准:小于等于 60m² 的房间面积宜在本标准的 10% 以内;大于 60m²、小于等于 100m² 的房间面积宜在本标准的 5% 以内;大于 100m² 的房间面积宜在本标准的 3% 以内;对于不规则的房间按照相关专业设备的工艺布置合理确定面积。

5）房间设置要求如表 6.3-1～表 6.3-10 所示。

建筑房间面积及设置要求　　　　　　　　　　　　　　　　　　　　　表 6.3-1

房间名称	房间面积（m²）	房间设置要求
运营管理用房	55	包括原有的男女站务员室（各 15m²）、会议兼交接班室（25m²），面积应不小于 55m²，内部按人员办公标准进行装修配置
票务室	20	单独设置，宜靠近公共区
男更衣室	12～15	设在站厅层管理区工作人员较多一端，靠近运营管理用房
女更衣室	20	设在站厅层管理区工作人员较多一端，靠近运营管理用房
工作人员卫生间	7	设置在站厅层车控室一端，男女各 1 蹲位，男卫设置 1 个小便斗
公共区卫生间	61	男厕 2 个蹲位、3 个小便器；女厕 5 个蹲位；两个成人洗手盆，两个儿童洗手盆
清扫间	2×4	站厅层、站台层各一间，内设洗涤池
垃圾间	2×4	站厅层、站台层各一间，与清扫工具间相邻
茶水间	4	设在站厅层管理区工作人员较多一端
委外单位休息室	20	设在站厅层管理区工作人员较多一端
设备用房区层高（大端）	5.2	不受外部市政管线等条件限制的车站执行

通风空调房间面积及设置要求　　　　　　　　　　　　　　　　　　　表 6.3-2

房间名称	房间面积（m²）	房间设置要求
通风空调机房	小端不大于 200，大端 350；大端[与冷冻机房合用时]450；排烟机房（20）；补风机房（15）	空调机房：设置在车站两端，紧靠新排风道，空调水系统设备避免设置在电气设备用房上方。靠结构墙设置便于排水 排烟机房：设置在通风空调机房内，紧靠排风道。结合各自车站排烟风机型号，确定房间长宽，布置风机应考虑检修及安装空间 补风机房：设置在通风空调机房内，紧靠新风道。结合各自车站加压送风机型号，确定房间长宽，布置风机应考虑检修及安装空间
隧道机房	—	设置在车站两端，转弯不宜超过 3 个，长度控制在 40m
冷冻机房	120（单独设置时）	宜设置在靠近空调负荷中心的位置，宜与空调机房综合布置。避免设置在变电所及电气房间正上方
蒸发冷凝机房	110/70	1）车站大小端分设蒸发冷凝机房，机房原则上设置在人防外； 2）蒸发冷凝机房设备大端按照 110m² 设置，设备小端按照 70m² 设置，机房边长不小于 8m×8m

给水排水及消防房间面积及设置要求　　　　　　　　　　　　　　　　表 6.3-3

房间名称	房间面积（m²）	房间设置要求
气瓶间 1（大端）	30（大端站厅、站台合设，两套系统） 45（大端站厅、站台合设，三套系统）	气瓶间宜靠近防护区，应有直接通向室外或疏散走道的出口，矩形布置，内部无柱，靠近被保护房间。净高不小于 3.5m。原则上大端只设一个气瓶间。房间禁止跨变形缝设置
气瓶间 2（小端）	15	
消防泵房	30（位于主体内时）； 35（外挂在附属区时）	宜设于设备大端的主通道或消防专用通道旁，且应与车控室同侧布置；应靠结构墙和废水泵房一侧设置，以便排水能沿结构墙接入线路排水沟，其下方不得为电气设备房间。消防泵房原则设置在站厅层且满足埋深不大于 10m 的要求。净高不小于 3.5m

续表

房间名称	房间面积（m²）	房间设置要求
污水泵房	20	底板下沉，梁下翻（含站台卫生间部分），宜设在公共卫生间附近，在工作人员卫生间下方。净高不小于3.5m
废水泵房	20	底板下沉，梁下翻，应设于车站线路下坡方向。净高不小于3.5m
区间废水泵房	10～15	与联络通道结合设置
洞口雨水泵房	45	—

低压配电房间面积及设置要求　　　　　　　　　　　　　　　　　表 6.3-4

房间名称	房间面积（m²）	房间设置要求
照明配电室兼蓄电池室	20	靠近公共区；避免设置在水泵房、卫生间正下方，不宜与上述场所贴邻。室内禁止有给水排水管通过，风管、灯具及气灭喷头不宜在设备正上方
通风空调电控室（小端）	55	设置在通风空调机房附近，避免设置在水泵房、卫生间正下方，不宜与上述场所贴邻，室内禁止有给水排水管通过，风管、灯具及气灭喷头不宜在设备正上方
通风空调电控室（大端，含冷水机组设备控制）	65（设风水联动时，面积为80）	
电缆井	3	在配电室等电缆集中区域设置电缆井，面积3～5m²，内开设两个电缆洞1.5m×0.3m（长×宽），电缆洞前操作净空不低于1.0m

综合监控房间面积及设置要求　　　　　　　　　　　　　　　　　表 6.3-5

房间名称	房间面积（m²）	房间设置要求
车站控制室（标准站）	49	位于车站大端侧，紧挨弱电综合设备室，观察窗应面向公共区，室内及观察窗外必须无柱；原则上垂直于观察窗的进深不小于7m。室内净高不小于2.8m
车站控制室（换乘站）	70	位于车站大端侧，紧挨弱电综合设备室，观察窗应面向公共区，室内及观察窗外必须无柱；室内净高不小于2.8m

通信房间面积及设置要求　　　　　　　　　　　　　　　　　　　表 6.3-6

房间名称	房间面积（m²）	房间设置要求
弱电综合设备室	75	1）专用通信、AFC、综合监控设备室按合设考虑，原则上宽度不小于7m，设备室应分别与电源室、车控室相邻； 2）室内净高不小于2.8m
弱电电源室	50	1）弱电电源室应与弱电综合设备室相邻设置； 2）室内净高不小于2.8m。原则上宽度不小于5m； 3）电源室用电量为不小于120kV·A
公安通信设备室（一般站）	30	1）与公安值班室紧邻； 2）室内净高不小于2.8m
公安通信设备室（换乘站）	40	
公安值班室	30	1）隔成两间，靠近公共区的一间不小于20m²； 2）应与公安通信设备室相邻
民用通信设备室	60	1）应远离通风空调机房、变电站等可能对通信设备造成干扰的区域； 2）不得与茶水间、厕所等易积水房间相邻设置； 3）有利于区间及站台电缆的引入； 4）室内净高不小于2.8m

续表

房间名称	房间面积（m²）	房间设置要求
通信工区	30	—
通信材料室	25	—
弱电井	5	弱电系统合用，在电缆集中区域设置电缆井

自动售检票（AFC）房间及面积要求　　　　　　表 6.3-7

房间名称	房间面积（m²）	房间设置要求
票务室（一般站）	20	设于站厅层车控室一层的设备区；配电箱分别设于弱电综合电源室及站厅层车控室对面侧的照明配电室内
票务室（换乘站）	30	
AFC 维修工区	15	—

信号房间面积及设置要求　　　　　　表 6.3-8

房间名称	房间面积（m²）	房间设置要求
信号设备室（设备集中站）	80	1）设备集中站室内净宽不小于5.6m，室内应无立柱，如无法避免立柱，则室内面积相应增大； 2）信号设备室原则上均要求设置在车站的站厅层，信号电源室需与设备室相邻，尽量靠近车站控制室和弱电综合设备室，并远离通风空调机房及变电所等可能对信号设备正常工作造成干扰的区域； 3）室内净高不小于2.8
信号电源室（设备集中站）	30	
信号设备室（非设备集中站）	35	
信号值班室	15	设置于设备集中站，要求同一般办公房间，并要求与信号工区相邻
信号工区办公室	30	1）设置于邻近OCC的车站； 2）装修标准同设备用房
信号工区材料室	20	要求与设备室同层
通号电缆引入间	12	上、下行应各设一间通号电缆间，尽量位于信号、弱电综合设备室的中间部位，通信、信号合用。宽度不小于2.2m

站台门房间面积及设置要求　　　　　　表 6.3-9

房间名称	房间面积（m²）	房间设置要求
站台门控制室	21	位于与车控室同一端，房间最小宽度3.5m

供电房间面积及设置要求　　　　　　表 6.3-10

房间名称	房间面积（m²）	房间设置要求
控制室	30	避免设置在水泵房、卫生间、冷冻机房、消防水池、集水井、废水池、扶梯基坑、电梯基坑等积水区域的正下方，不宜与上述场所贴邻。室内禁止有给水排水管通过。风管、灯具及气灭喷头不宜在设备正上方。风口不应在设备正上方
交直流开关柜室	130	
0.4kV 开关柜室	140	
1号整流变压器室、2号整流变压器室	30	避免设置在水泵房、卫生间、冷冻机房、消防水池、集水井、废水池、扶梯基坑、电梯基坑等积水区域的正下方，不宜与上述场所贴邻。室内禁止有给水排水管通过。风管、灯具及气灭喷头不宜在设备正上方。风口不应在设备正上方。两个整流变压器分别设置在两个房间

续表

房间名称	房间面积（m²）	房间设置要求
再生能量设备室（预留）	60	避免设置在水泵房、卫生间、冷冻机房、消防水池、集水井、废水池、扶梯基坑、电梯基坑等积水区域的正下方，并不宜与上述场所贴邻。室内禁止有给水排水管通过。风管、灯具及气灭喷头不宜在设备正上方。风口不应在设备正上方
跟随所	125	
检修储藏室	15	宜于变电所设备房间集中布置

备注：所有强弱电设备用房均不允许跨变形缝设置，在本书中规定冷水机房、变电所等设备房间所在端为"大端"。

6.3.3 站内商铺布置标准化

每个站厅商铺的总面积不应大于 100m²，单处商铺面积不应大于 30m²，商铺应采用耐火极限不低于 2h 的防火隔墙或耐火极限不低于 3h 的防火卷帘与其他部位分隔。商铺与公共区之间采用防火卷帘+甲级防火门分隔。商铺统一命名为"车站商铺1、2……"。

6.3.4 观察窗布置标准化

车控室 IBP 盘采用一体化模式，为避免防火观察窗与盘面的侧面冲突，观察窗边距离 IBP 盘布置一侧的墙体距离不小于 1.8m。防火观察窗的尺寸统一为 2.4m×1.5m。

6.3.5 三角机房布置标准化

楼扶梯下部的三角机房统一设置钢筋混凝土顶板，侧面采用砌体墙+干挂材料。

6.3.6 变电所区站台板上抬及外走道坡度衔接标准化、与区间疏散平台衔接标准化

1）为保证变电所下电缆夹层 1900mm 的净高要求，变电所区的站台板上抬 300mm，同时变电所区的结构底板下沉 200mm，废水泵房尽量设置在变电所设备集中端，否则应增设集水井，集水井上部考虑水泵的检修孔布置。

2）变电所设备区外走道采用 1:8 的建筑找坡衔接高差。车站无人防门的端部，设备区外走道应与区间疏散平台顺接，高差采用缓坡衔接，如图 6.3-3 所示。

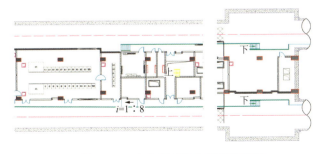

图 6.3-3 变电所区站台板高差衔接

6.3.7 公共区卫生间布置标准化

1. 装修材质要求

1）所有使用的材料应符合国家有关标准和设计要求，产品质量为优等品，以美观、耐用、环保、防污、抗菌为原则，统一规格、统一标准。

2）卫生间四周做 200mm 高混凝土泛水台，墙面 2m 以下及地面须做防水处理，天花吊顶净高宜为 2.8～3.2m。

3）卫生间隔断板采用同一标准，隔断板宜采用不锈钢材质或铝蜂窝板等标准更高的板件，配件（支座、把手、直角、隔断门锁、合页）宜采用不锈钢材质，固定螺栓宜采用贯穿式并设置弹簧垫圈，卫生间隔间门板高度为 1600mm，门距离地面完成面 100mm。

4）洗手槽：公共卫生间需设置高低位洗手槽，低位洗手槽高度为 600mm，高位洗手槽高度为 850mm；洗手槽台面为白色或米黄色系天然大理石或人造石，墙面设挡水线；洗手槽支架须采用 SUS316 不锈钢材质。

5）银镜：洗手槽上方镜面要求采用 8mm 钢化银镜，并设置镜前灯。

2. 辅助设施

1）在蹲位隔间应设置一个安装牢固、位置合理的抗菌尼龙扶手。

2）小便斗前方应设置宽度≥200mm 置物平台，放置小件随身物品。

3）每个厕位内设不锈钢材质挂衣钩，承重不小于 6.8kg。

4）采用双挂钩形式，安装在隔间的门背后，设置在方便所有使用者的高度。

5）前室设置纸巾盒、烘手机、弃物篓、洗手液等。

3. 第三卫生间（含部分母婴室功能）

1）位置宜靠近公共卫生间入口，方便行动不便者进入。

2）内部设置包括：成人坐便器、儿童坐便器、无障碍小便器、无障碍洗手盆、儿童洗手盆；折叠婴儿护理台、挂钩、安全抓杆、紧急呼叫器等；纸巾盒设计应确保单手取得厕纸。

3）成人坐便器、洗手槽、安全抓手、挂衣钩、呼叫按钮应符合现行国家标准《无障碍设计规范》GB 50763 的规定。

4）第三卫生间门采用触碰式电动平移门，门锁要有内外控制按钮，内部具备锁闭功能，紧急情况外部可打开。门及开关按钮设有醒目相关标识，门的自动开启及闭合速度应符合使用者正常要求，不得出现急开、急停的现象。

4. 五金配件

1）五金配件必须是已通过国家级检验中心（包括消防产品检测机构）检验合格的产品，

并具有相应的检验报告。

2）产品宜采用同一品牌产品，以便于保养维修和降低运营成本。

3）便于统一管理、维护、维修、更换。

5. 通风空调标准

1）为最大限度地避免卫生间污浊气体对卫生间的影响,卫生间排风量按每小时不小于20次换气量计算。

2）公共卫生间的排风口设置点：每个蹲位均设置一个排风口,排风口设置在蹲位上方。

3）卫生间接入排风道的要求：接入排风道的位置应合理,同时建议适当加大风机风压。

4）公共卫生间设置空气净化除臭装置。公共区卫生间采用空气净化除臭装置,有效地消除异味、杀菌,为了降低产品对人体健康影响风险,产品应采用非化学（不能采用化学喷香剂代替）产品,产品必须具备长期保持高效杀菌及分解有害气体的功效；具有主动净化功能,安装及维护方便；为保证设备安装与环境协调,设备体积不宜过大。

6. 卫生间布置图

11m宽站台卫生间布置如图6.3-4所示，12m宽站台卫生间布置如图6.3-5所示，独立设置母婴室车站卫生间布置如图6.3-6所示。

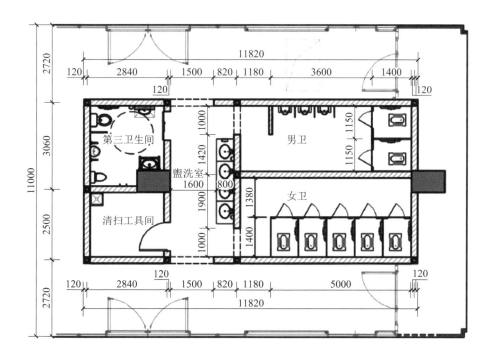

图 6.3-4　11m 宽站台卫生间布置图

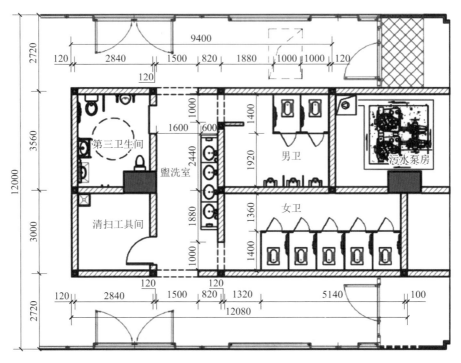

图 6.3-5 12m 宽站台卫生间布置图

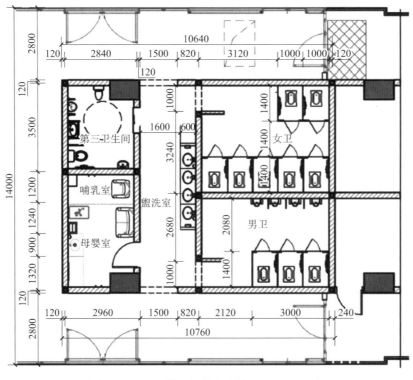

图 6.3-6 独立设置母婴室车站卫生间布置图

6.4 出入口通道布置标准化

1）出入口通道与车站主体接口处结构净高宜为 4~4.1m。接口处的吊顶衔接关系详见图 6.4-1。

2）出入口通道的纵坡不宜大于 3%，困难情况下不宜大于 5%。为便于排水，出入口通道应设 0.5%的横坡。

3）电梯与出入口合设，电梯与楼扶梯之间不设结构梁柱体系。扶梯范围底板与电梯基坑底平齐，电梯范围的顶板与扶梯上部斜板平齐。

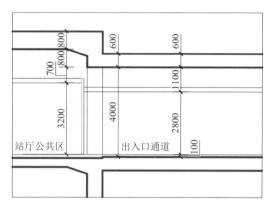

图 6.4-1 出入口通道与车站主体吊顶衔接图

6.5 高架车站建筑标准化

1）为缩短车站端部区间喇叭口过渡段长度，使区间桥梁和车站轮廓在整体造型上连续流畅，在未设置配线时，路中高架三层车站采用高架三层鱼腹岛式车站，岛式站台长度为 120m，宽度不应小于 10m。

2）高架车站结构采用"桥-建"合一的框架结构体系，站厅至站台的层高宜控制在 6m 以内，减少扶梯提升高度和扶梯数量。

3）路中高架车站站厅层及天桥的结构下部净高，跨越高速公路、一级公路、二级公路不小于 5.0m，跨越三级公路和四级公路不小于 4.5m，跨越城市机动车道不小于 4.5m，跨越非机动车道不小于 2.5m，跨越人行道不小于 2.5m。

6.6 装修

1）设备管理用房墙、地、顶等装饰材料除防静电地板为 B_1 级外，其余均采用 A 级装修材料，并应符合现行国家标准《建筑内部装修设计防火规范》GB 50222 的要求。

2）主要房间的装修材料如下：

（1）管理用房：600mm×600mm 防滑地砖（地砖踢脚）、功能性合成树脂乳液涂料墙面、铝合金穿孔铝板吊顶（有水房间：铝合金方板无孔板吊顶）；

（2）变电所、电力用房等：600mm×600mm 预制水磨石地砖（预制水磨石踢脚）、涂料墙面、刮腻子涂料顶棚；

（3）风道：细石混凝土楼面、涂料墙面、刮腻子涂料顶棚。

6.7 导向

1）站外导向牌及地徽的位置，应经现场确认，尽量避开地下管网、地面检查井。

2）站内导向标识要鲜明醒目、标识要有连续性、标牌的设置要与监控探头等合理避让。

6.8 绿化

1）绿化常用树种的选择，执行《合肥市城市道路绿化设计导则》的规定。

2）冷却塔周边绿化的标准化设计：2m 宽的夹竹桃 + 2m 宽的高杆法青，条件允许的，应在临道路一侧种植香樟、栾树等高大乔木，搭配桂花等隔离。

6.9 其他

1）砌体材料统一化

（1）地下车站后砌内隔墙将根据设备管理用房对墙体要求分别采用加气混凝土砌块墙和混凝土实心砖墙。车站内的厕所、消防泵房、污水泵房、废水泵房、冷水机房等有水房间和需挂重物的车控室、电缆间、照明配电室、风道两侧墙体、设备区与公共区临界防火墙体等采用混凝土实心砖墙。

（2）站台层设备区临轨行区墙体、配线区隔墙采用钢筋混凝土墙，变电所运输门洞采用加筋砌体墙。

2）设备用房地坪标高标准化

（1）站厅层（含高架站）的地坪装修厚度 150mm，站台层装修厚度 100mm。

（2）弱电用房的架空地板高度 400mm，通风空调机房等有水的房间装修厚度 130mm，风道等地坪装修厚度 100mm。

第 7 章
结构标准化设计

7.1 一般规定

1）主体结构和使用期间不可更换的结构构件，应根据使用环境类别，按设计使用年限为 100 年的要求进行耐久性设计，使用期间可以更换且不影响运营的次要结构构件（如地面四小件等），可按设计使用年限 50 年的要求进行耐久性设计，临时结构宜根据其使用性质和结构特点确定其使用年限。

2）车站结构主要构件的安全等级为一级。按荷载效应基本组合进行使用阶段承载能力计算时，相应的重要性系数为 1.1；进行施工阶段承载能力计算时，构件的重要性系数取 1.0；其他构件取 1.0。按荷载效应的偶然组合进行承载力计算时，结构重要性系数取 1.0。

3）按《建筑工程抗震设防分类标准》GB 50223—2008 的规定，工程抗震设防分类为重点设防类（乙类）。地下结构的抗震设防烈度为 7 度，抗震设防分类属交通运输类，车站主体结构抗震等级为三级，按抗震等级为二级进行抗震构造措施设计；附属结构抗震等级为三级，结构设计采取的抗震构造措施为二级。

4）受弯构件的最大挠度：当 $l_0 < 7m$ 时为 $l_0/250$；当 $7m \leqslant l_0 \leqslant 9m$ 时为 $l_0/300$；$l_0 > 9m$ 时为 $l_0/400$。

5）地下车站和机电设备集中区段的防水等级应为一级，区间隧道及连接通道等附属结构防水等级应为二级。

6）地下结构主要构件的耐火等级为一级，其他构件应满足相应的室内防火规范要求。

7）地下工程防水应遵循"以防为主，刚柔结合，多道设防，因地制宜，综合治理"的原则，采取与其相适应的防水措施。防水设计应定级准确、方案可靠、施工简便、经济合理。

7.2 车站结构

7.2.1 地下车站围护结构设计标准化

1）地下结构的基坑支护结构按荷载效应的基本组合进行极限状态承载能力计算，作用基本组合的综合分项系数取 1.25。对安全等级为一级、二级、三级的支护结构，其结构重要性系数分别不应小于1.1、1.0、0.9。

2）基坑变形控制保护等级

按场地的地质状况、周边环境安全的重要程度和坑内永久性结构变形允许条件等因素，对基坑支护工程划分为四个级别。沿车站基坑整个长度范围，周边条件可能有较大变化，应按具体情况根据表7.2-1对基坑的不同区段确定不同等级。

基坑变形控制保护等级标准表　　　　　　　　　　　　　　　　　表 7.2-1

保护等级	地面最大沉降量及围护结构水平位移控制要求	周边环境条件
特级	1. 地面最大沉降量≤0.1%H； 2. 支护结构最大水平位移≤0.1%H，或≤30mm，两者取最小值	1. 距基坑0.75H范围内有地铁、煤气管、大型压力总水管等重要建筑市政设施； 2. 开挖深度≥18m，且在1.5H范围内有重要建筑（含古建筑）、重要管线等市政设施或0.75H范围内有非嵌岩桩基础埋深≤H的建筑物
一级	1. 地面最大沉降量≤0.15%H； 2. 支护结构最大水平位移≤0.15%H，且≤30mm	1. 距基坑H范围内有重要干线、在用的大型构筑物、建筑物或市政设施； 2. 开挖深度≥14m，且在3H范围内有重要建筑、重要管线等市政设施或在1.2H范围内有非嵌岩桩基础埋深≤H的建筑物
二级	1. 地面最大沉降量≤0.3%H； 2. 支护结构最大水平位移≤0.4%H，且≤50mm	仅基坑附近H范围外有必须保护的重要工程设施
三级	1. 地面最大沉降量≤0.6%H； 2. 支护结构最大水平位移≤0.8%H，且≤100mm	环境安全无特殊要求

注：1. 表中H为基坑开挖深度（m）；
　　2. 桥基附近的基坑允许变形量，以满足桥梁使用安全为标准；
　　3. 建筑物附近的基坑允许变形量，以满足建筑物使用安全为标准。

3）基坑支护方案

应根据基坑周边环境、开挖深度、工程地质与水文地质、施工机具等条件，结合既有工程经验，通过技术经济论证选择合理的支护方案。一般情况下支护结构可参考表7.2-2选择。

主要支护结构选型表　　　　　　　　　　　　　　　　　表 7.2-2

结构形式	适用条件	参考参数
钻孔灌注桩	1. 适用于基坑保护等级特级、一级、二级、三级； 2. 当地下水位高于基坑底面时，宜采取止水或降水措施； 3. 适用于明挖顺作法、盖挖顺筑法、盖挖逆作法	1. 地下两层车站主体基坑：ϕ1.0m@1.2~1.4m； 2. 地下三层车站主体基坑：ϕ1.2m@1.4~1.6m； 3. 单层附属基坑：一级阶地，ϕ0.8m@1.1~1.3m；二级阶地，ϕ0.8m@1.2~1.3m； 4. 一般情况下桩插入比：0.45~0.55；桩底为完整中风化或微风化岩层时，插入比结合岩石坚硬程度选取，单支点支挡式结构不宜小于0.3，多支点支挡式结构不宜小于0.25；且不宜小于3m针对所有情况桩插入深度
地下连续墙	1. 适用于基坑保护等级特级、一级、二级； 2. 当地下水位高于基坑底面时，宜采取降水措施； 3. 宜适用于河漫滩、一级阶地地下二、三层车站主体基坑	1. 地下两层车站墙厚一般取0.8m，地下三层车站墙厚一般取1.0m； 2. 一般情况下桩插入比：宜不大于0.7

续表

结构形式	适用条件	参考参数
土钉墙	1. 一般适用于基坑保护等级二级、三级； 2. 基坑深度不宜大于10m，不应大于12m； 3. 当地下水位高于基坑底面时，应采取降水措施	—
放坡	1. 基坑保护等级宜为三级； 2. 施工场地应满足放坡条件； 3. 当地下水位高于坡脚时，应采用降水措施	当有条件时，基坑优先考虑采用放坡方案
组合支护结构	根据基坑工程的具体情况，可选择以上各种形式的不同组合	—

4）推荐围护结构主要材料选用可参考表7.2-3（必要时可根据实际情况进行调整）。

主要支护结构材料表　　　　　　表7.2-3

序号	构件	材料	序号	构件	材料
1	围护桩、冠梁（非永久结构）、混凝土支撑、冠梁上挡墙	C30	4	基底垫层	C20
2	围护桩、冠梁（永久结构）	C35	5	桩间喷射混凝土	C25（早强）
3	地下连续墙	C35（P6）	6	围护结构钢筋（含箍筋）	HRB400

5）综合合肥地区地下车站围护结构设计情况，对于11m、12m站台宽度标准地下2层车站（覆土3.5m左右），主要设计标准可参考以下原则执行：

（1）主体围护结构

①围护结构方案：标准2层站，一般采用1道混凝土支撑+2道钢支撑，围护桩一般采用$\phi1000mm@1300mm$，11m站台车站标准段一般不设置临时立柱，端头井处设置的直撑可对应设置一根临时立柱，每个车站共设置2根临时立柱，典型剖面图如图7.2-1所示；12m站台车站标准段根据需要（如地质条件较差，周边环境比较复杂时，风险源较多且等级较高时）设置临时立柱，如不设置临时立柱，混凝土支撑截面应适当加大，设置临时立柱典型剖面图如图7.2-2所示。

②冠梁：当冠梁不兼作压顶梁、围护桩径为1000mm时，冠梁截面可取为$1200mm \times h$，与围护桩居中布置，h同混凝土支撑高度。

③角撑：混凝土角撑可统一为$1500mm \times 1500mm$，厚度可取为200~300mm；钢角撑可统一为双拼三角形钢板角撑，规格为$1500mm \times 1500mm \times 20mm$。

④临时立柱截面规格、临时立柱桩径：路面盖板临时格构柱一般采用截面600mm×

600mm，立柱桩桩径1200mm，第一道混凝土撑作为主梁、混凝土撑间距及路面板次梁间距根据计算确定；仅作内支撑竖向支撑作用，临时格构柱一般采用截面460mm×460mm，立柱桩桩径1000mm。

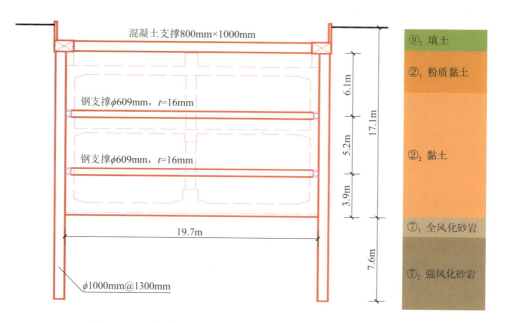

图 7.2-1　二级阶地 11m、12m 岛式站台主体围护典型剖面图

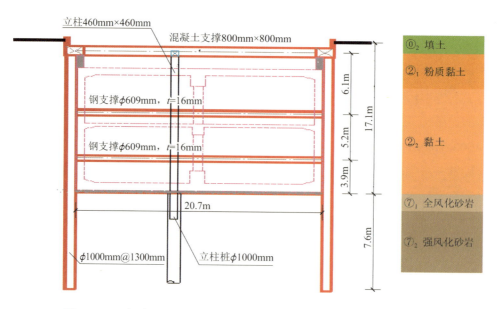

图 7.2-2　二级阶地 12m 岛式站台主体围护典型剖面图（设临时立柱）

⑤抗拔桩、压顶梁：抗拔桩桩径注意与底纵梁宽协调，综合考虑地层条件、受力等，采取合适桩径；压顶梁截面一般可取 600mm×800mm（h），具体梁高 h 根据抗浮计算确定。

⑥倒撑：原则上各车站均不应大量设置倒撑，标准 2 层车站端头井埋深较大时，可在端头井区域局部设置倒撑。

⑦混凝土撑截面、形式：原则上设置临时立柱时，混凝土撑可取 800mm×800mm，无临时立柱时，混凝土撑可适当放大至 800mm×1000mm，兼做路面系统支撑梁的混凝土撑截面根据具体情况确定。

⑧钢支撑、钢腰梁、连系梁：钢支撑水平间距一般取为 3m，截面原则上选用 ϕ609mm×16mm，部分车站支撑轴力较大时，可选用 ϕ800mm×16mm。钢腰梁一般可选用 45C 型工字钢双拼（对应钢支撑 ϕ609mm×16mm）、56C 型工字钢双拼（对应钢支撑 ϕ800mm×16mm），具体根据基坑受力要求等来选用；钢连系梁可选用 40b 型双槽钢，混凝土连梁可选用 600mm×600mm，并与混凝土撑中心对齐。

（2）附属围护结构

①围护结构方案：一般采用 ϕ800mm@1200mm，设两道钢支撑 ϕ609mm×16mm，周边环境复杂，风险源较多等级较高时，第一道支撑可采用混凝土支撑，以增加围护结构刚度。

②出入口口部围护方案：可采用放坡和悬臂桩。

6）围护结构插入深度要求：合肥地区以二级阶地为主，地表为第四系黏性土覆盖，大部分地段为老黏性土，地下水不发育，车站基坑支护主要采用钻孔灌注桩。围护结构插入深度要求如下：

（1）当嵌固深度范围内地层为硬塑状土层、全/强风化岩层时，插入比取为 0.45～0.55，嵌固深度不宜小于 5m。

（2）当嵌固深度范围内地层为中风化岩层时，结合岩石坚硬程度选取，单支点支挡式结构不宜小于 0.3，多支点支挡式结构不宜小于 0.25，且均不宜小于 3m。

（3）对基坑底为砂层或风化岩，且侧向截水的围护结构底部未穿越强透水层时，嵌固深度设计应满足现行《建筑基坑支护技术规程》JGJ 120 的要求，并通过周边环境分析对采用基坑外降水和增加围护结构插入深度进行比较。对基坑外不具备降水条件且经验算需要将基坑围护结构及其止水帷幕穿越强透水层时，围护结构及其止水帷幕应嵌入强透水地层（如粉砂层）底面以下不小于 2.0m。

7）围护结构参与抗浮设计要求：考虑经济合理性，围护结构宜参与结构抗浮，要求如下：

（1）坑底以上围护结构与土体侧摩阻力不宜考虑、坑底以下宜考虑，考虑侧摩阻力后抗浮安全系数不小于 1.15。

（2）顶板与冠梁距离 ≤1.2m 时冠梁兼作压顶梁，但需注意第一道支撑与上翻梁的竖向关系；顶板与冠梁距离 >1.2m 时，宜独立设置压顶梁，如图 7.2-3 所示。

（3）围护结构参与抗浮仍不能满足要求时，采用抗拔桩，有条件时采用抗浮墙趾，如图7.2-4所示。

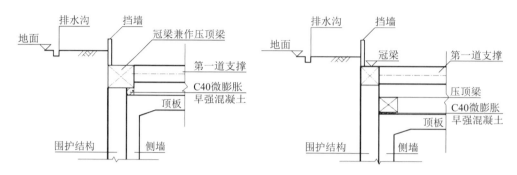

图7.2-3　围护结构参与抗浮大样图

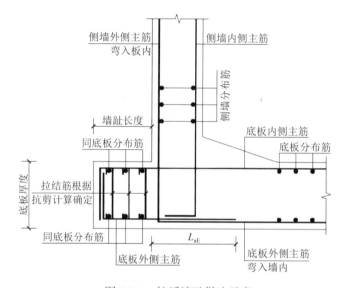

图7.2-4　抗浮墙趾做法示意

7.2.2　地下车站主体结构设计标准化

1）城市轨道交通车站结构设计一般采用现浇钢筋混凝土框架结构，对于长条状结构的车站，可沿车站纵向取单位长度按底板支承在弹性地基上的平面框架分析，计算时应考虑柱和楼板压缩的影响；逆筑法施工时，同时应考虑立柱施工误差造成的偏心影响和立柱与外侧围护墙的沉降差；当车站外部荷载突变（如局部建有建筑物或构筑物、纵向地层参数有显著差异、纵向覆土厚度有较大变化等）、结构形式有较大变化等情况导致结构局部或整体空间受力明显时，宜按空间结构进行分析。

2）结构设计时，车站顶板可按纯弯构件计算，中板、底板宜按压弯构件设计，侧墙应按压弯构件设计。

3）综合合肥地区地下车站主体结构设计情况，对于11m、12m站台宽度标准地下2层车站（覆土3.5m左右），各主要构件截面尺寸可参考以下原则选取：

（1）主体结构

①车站结构形式：一般标准站采用的是双层双跨结构或双层三跨结构，部分换乘车站及埋深较大的车站采用双层多跨箱形框架结构和三层三跨箱形框架结构，其中11m、12m宽站台车站均设单柱，13m、14m宽站台车站设双柱。车站侧墙与围护结构采用复合式结构方案，设全外包防水层。

②处在一般环境条件中的永久结构构件，在永久荷载和可变荷载组合作用下，应按荷载的准永久组合进行结构构件裂缝验算。迎土面及地表附近干湿交替环境裂缝宽度应不大于0.2mm，非迎土面及内部混凝土构件的裂缝宽度均应不大于0.3mm，钢筋混凝土管片内外侧的裂缝宽度应不大于0.2mm。当计及地震、人防或其他偶然荷载作用时，可不验算结构的裂缝宽度。

③各层板墙厚：一般覆土在3.0~3.5m、车站埋深在17m左右时，可根据横剖面计算结果按以下厚度参考选用：对于11m岛式地下2层车站，底、中、顶板可分别取900mm、400mm、800mm，侧墙700mm，对于12m岛式地下2层车站，底、中、顶板可分别取1000mm、400mm、800mm（900mm），侧墙700mm；以上2种情况端头井区域侧墙、端墙均取800mm。其中12m岛式车站单排柱区域中板可根据计算采用400mm或450mm。

④框架柱：按轴压比控制要求选用，一般覆土在3.0~3.5m、车站埋深在17m左右时，对于11m岛式地下2层车站，单排柱一般可选用800mm×1200mm；12m岛式地下2层车站，单排柱一般可选用800mm×1300mm，双排柱根据实际情况选用。轴压比控制：不能完全满足二级抗震0.75要求时，可将轴压比限值根据规范提高0.1至0.85，但要在有关说明中指出采用与规范要求对应的措施（如沿柱全高采用井字复合箍，且箍筋间距不大于100mm、肢距不大于200mm、直径不小于12mm）。

⑤纵梁：标准段底纵梁尽量上翻至站台板底，顶纵梁尽量下翻，各层纵梁截面宜比柱宽200左右。一般11m单柱段底纵梁/中纵梁/顶纵梁：1100mm×2300mm/900mm×1200mm/1100mm×1800~2000mm，12m单柱段底纵梁/中纵梁/顶纵梁：1200mm×2300mm/1000mm×1200mm/1200mm×2000mm。

⑥端头井区域底板：尽量避免二次高差，统一将底板做平并进行回填，为满足轨道及隧道专业对土建要求，该高差暂定为2200mm。

⑦腋角：各层板墙交接处均设置腋角，腋角尺寸一般取为900mm（宽）×300mm（高）。底纵梁上翻、顶纵梁下翻时设置加腋并注意底板加腋不应与扶梯底坑冲突，中纵梁处不设置加腋，底纵梁下翻、顶纵梁全上翻时不设置加腋。

⑧构造配筋：纵向分布筋一般选用HRB400，间距一般选用150mm，配筋率宜按0.2%

控制；中板拉结筋选用直径 10mm（HPB300），顶底板、侧墙拉结筋选用直径 12mm（HPB300），拉结筋间距及布置方式应满足人防规范双向间距不大于 500mm、梅花形布置的要求；腋角纵向分布筋同各层分布筋，顶底板一般取ϕ（20～22）mm@150mm（底板：22mm，顶板：20mm），中板一般取ϕ14mm@150mm。

⑨中板扶梯、电梯孔洞横梁：均采用明梁，截面形式较多，建议扶梯孔洞横梁变截面，轨顶风道段采用 1000mm×600mm，出轨顶风道采用 1000mm×800mm。

⑩盾构出土孔：一般设置有盾构始发井的车站均设置盾构出土孔，出土孔设置应满足隧道对土建的要求。

（2）附属结构

①单层附属风道与主体结构之间设置变形缝应慎重，避免后期渗漏水隐患。

②附属风道避免采用 900mm 厚的底板，一般可通过优化风道的板跨，选用底板 700～800mm，顶板 600～700mm，侧墙 600mm 较合理。

③净宽度在 6000mm 及以下的出入口，标准段底板、顶板和侧墙可选用 600mm、600mm、500mm，净宽度在 6500～7500mm 的出入口，标准段底板、顶板和侧墙可选用 700mm（800mm）、700mm、600mm。

4）车站主体与附属接口要求：

（1）侧墙的出入口及风道开洞位置在洞口两侧设置暗柱，暗柱尺寸与墙厚匹配（图中仅为示意），如图 7.2-5 所示。

（2）主体结构与出入口通道接口处设置变形缝，变形缝一般设于围护结构外侧不小于 300mm（图中为桩径≥1000mm 时，变形缝≥1500mm），如图 7.2-6 所示；具体位置根据结构受力并与建筑专业沟通后确认。

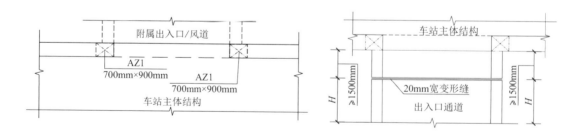

图 7.2-5 车站主体与附属接口做法平面图　　图 7.2-6 出入口变形缝设置示意图

（3）主体结构与车站出入口/风道不明确接口标高时，建议采用平接，预留后期接驳条件，详见图 7.2-7，主体结构与车站出入口/风道明确接口标高时，建议明确接口高度，详见图 7.2-8；具体位置根据结构受力并与建筑专业沟通后确认。

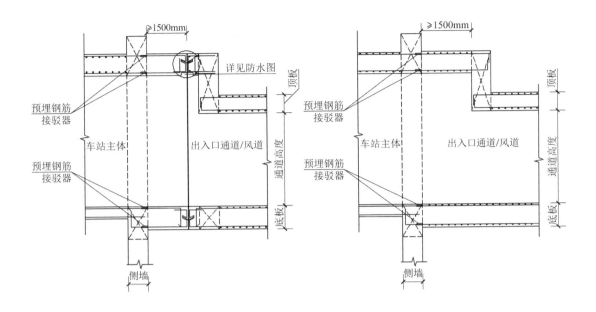

图 7.2-7 车站主体与附属接口做法断面图示意图 1

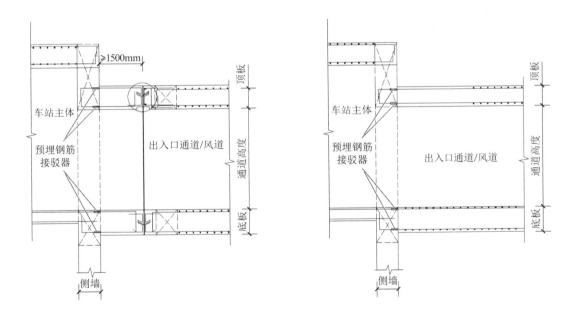

图 7.2-8 车站主体与附属接口做法断面图示意图 2

5）单柱车站楼扶梯开孔位置梁建议做法：扶梯孔洞横梁变截面，轨顶风道段采用 1000mm × 600mm，出轨顶风道采用 1000mm × 800mm，扶梯孔侧边采用 1000mm × 800mm，如图 7.2-9 所示。

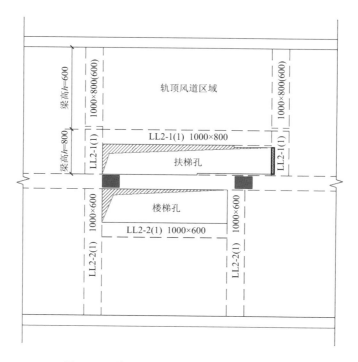

图 7.2-9 单柱车站楼扶梯开孔位置梁布置图

6）车站单柱变双柱结构梁建议做法：车站单柱变双柱过渡段位置结构纵梁也需进行过渡，通常做法有 Y 形梁或 T 形梁，考虑到车站纵向受力传递的连续性，提高车站抗震能力，建议该处按 Y 形梁考虑。但当中板、顶板受开孔（如排热风孔等）影响，无法设置 Y 形梁时也可设计成 T 形梁，如图 7.2-10 所示。当设计成 T 形梁时，建议提高横梁刚度以承担纵梁端部荷载及发挥更大抗扭作用。

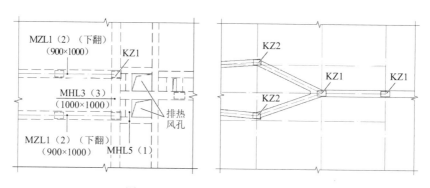

图 7.2-10 Y 形梁和 T 形梁布置图

7）针对非一般环境地下结构混凝土耐久性相关问题，可参照以下执行。

（1）考虑高强度等级混凝土会存在浇捣质量难以保证、水化热引起裂缝等问题，不建议单独提高混凝土强度等级满足耐久性要求，综合考虑优化混凝土配合比、结构构造、施工工艺等其他措施。

（2）结合合肥轨道交通既有线路建设经验，建议以 C35 为主，结合超标情况可适当提高，但不宜超过 C40。

（3）针对合肥后续建设规划线路混凝土构件所处非一般环境情况，建议参照其他城市开展混凝土耐久性试验专题研究，提出混凝土耐久性技术要求。

7.2.3 高架车站结构设计标准化

根据 3 号线经验，沿路中设置的三层双柱车站，局部设夹层，车站主体结构采用"桥建合一"纯框架结构，轨道梁采用框架梁与车站框架柱墩整体现浇。站台雨棚采用轻钢结构，人行天桥主体采用钢筋混凝土柱＋钢箱梁的混合结构。车站主体柱墩采用桩基础，人行天桥、设备房屋等可根据上部结构类型及工程地质条件选用桩基础或浅基础，如图 7.2-11 所示。

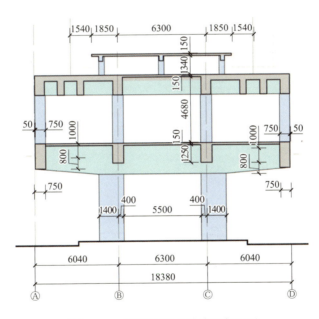

图 7.2-11　高架车站主体典型断面图

车站主要构件截面尺寸如表 7.2-4 所示。

高架车站主要构件截面尺寸及强度等级（参考 3 号线）　　表 7.2-4

序号	构件名称	截面尺寸（mm）	混凝土强度等级
1	基础	φ1200 钻孔灌注桩	C35
2	框架柱（纵向柱距 12m）	1200×1200	C50
3	站厅层盖梁	1400×(1200～2000)（预应力）	C40
4	站厅层纵梁	800×1400，800×1800	C35
5	站台层盖梁	1400×(1300～1000)	C35

续表

序号	构件名称	截面尺寸（mm）	混凝土强度等级
6	站台层纵梁（轨道梁）	600×1200	C35
7	站台层纵梁（框架梁）	800×1200	C35
8	楼板	轨行区400，其余150	C35
9	绿岛宽度	11500	—

7.3 区间隧道设计标准化

7.3.1 盾构法区间设计标准化

1）根据3号线车辆限界及行车时速，3号线盾构隧道管片统一采用内径5400mm、外径6000mm的标准，如图7.3-1所示。根据工程地质、水文地质条件、隧道埋深并结合工程经验，将盾构隧道管片分为4种配筋类型，分段配筋，每种配筋类型的主筋配置如表7.3-1所示。

管片4种配筋型式的主筋配置表　　　　表7.3-1

配筋类型	内侧钢筋（mm）	外侧钢筋（mm）	配筋类型	内侧钢筋（mm）	外侧钢筋（mm）
A型配筋	8φ18+2φ16	12φ16	C型配筋	8φ22+2φ20	4φ18+8φ16
B型配筋	8φ20+2φ18	12φ16	D型配筋	8φ25+2φ22	4φ20+8φ18

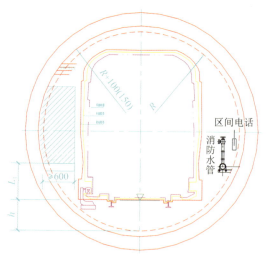

图7.3-1　隧道断面图

2）3号线盾构隧道管片采用6块模式，即3块标准块，2块邻接块，1块封顶块。封顶块采用半纵向插入式，即小封顶块径向先搭接2/3，再纵向推入1/3。

3）区间隧道的线路由直线及曲线组成，为了满足盾构隧道在曲线上偏转及纠偏的需要，设计楔形管片。楔形管片的组合有三种：通用型管片与直线管片的组合、楔形管片与直线管片的组合、楔形管片之间相互组合。3 号线盾构隧道管片采用单层通用型管片，管片楔形量为 40mm。

4）管片拼装方式通常有通缝拼装和错缝拼装两种方式。3 号线盾构隧道管片采用错缝拼装方式，如图 7.3-2 所示。

5）根据工程经验，外径 6000mm 量级的隧道衬砌环宽度多采用 1000mm、1200mm、1500mm 三种宽度。3 号线盾构隧道管片环宽度为 1500mm。

通缝拼装管片

错缝拼装管片

图 7.3-2　管片拼装方式示意图

6）管片厚度一般根据计算并结合工程经验确定，3 号线盾构隧道管片厚度为 300mm。

7）适合管片的连接方式有：直螺栓连接、弯螺栓连接和斜螺栓连接。3 号线盾构隧道管片采用弯螺栓连接。

8）环与环间除封顶块采用 1 个纵向螺栓外，其余每片采用 3 个纵向螺栓连接，共 16 根 M27 的纵向螺栓；块与块间采用 2 个环向螺栓连接，每环共 12 根 M27 的环向螺栓；螺栓强度 6.8 级；螺栓均须采用锌基铬酸盐涂层或无铬锌片铝片涂层作防腐蚀处理。

9）弹性密封垫槽为管片外侧第一道辅助防水措施，内安装环形止水带（三元乙丙橡胶止水带），弹性密封垫槽如图 7.3-3 所示。

图 7.3-3　弹性密封垫槽

10）螺栓手孔设计中应以方便施工、少削弱管片为原则，根据管片环结构计算及管片结构特点选择螺栓数量和手孔位置。管片纵向螺栓布置尚需结合管片环分块及拼装等布置。管片边缘以及手孔等所有棱角处均应做倒角或圆角。螺栓手孔如图 7.3-4 所示。

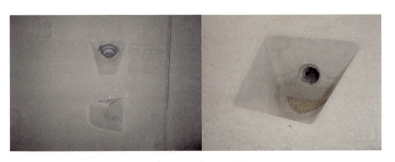

图 7.3-4　螺栓手孔

11）在管片内侧环纵缝一般均设置嵌缝槽，其深宽比大于 2.5，槽深宜为 25~55mm，单面槽宽宜为 3~10mm。嵌缝槽断面可根据隧道特点选择，一般采用收口型嵌缝槽。嵌缝槽构造如图 7.3-5、图 7.3-6 所示。

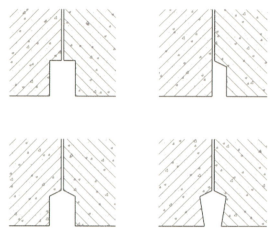

图 7.3-5 管片嵌缝构造形式示意图

12）盾构管片拼装前，管片环纵接缝中部应粘贴衬垫，使管片柔性连接，均匀传递管片压力避免管片的局部挤压破坏，如图 7.3-7 所示。

图 7.3-6 管片嵌缝槽　　　　图 7.3-7 管片衬垫粘贴

13）管片标示分为永久标示和临时标示。永久标示在钢模制造时就镜像铸于钢模上，主要反映模具编号、管片环类型、块类型、管片端面对接标志及螺栓孔对接标志等信息；临时标示为管片脱模后喷涂，主要标示管片流水号码、生产日期，如图 7.3-8 所示。

图 7.3-8 管片标识［永久标识（左）及临时标识（右）］

14）联络通道及废水泵房通道与正线隧道相接处的管片，当位于岩层或硬塑黏土地层时，可采用普通的钢筋混凝土管片，当位于粉土粉砂的富水地层时，需采用钢管片，确保开洞的安全。

7.3.2 矿山法区间设计标准化

1）矿山法适用范围较广，一般在硬岩地层或具备一定自稳能力的第四纪硬塑土质地层中的隧道施工中选用。另外，盾构法的联络通道及个别受环境限制不能明挖的渡线、存车线等大断面或变断面隧道也可采用矿山法施工，同时区间隧道范围内存在锚索等障碍物时可采取矿山法清障。

2）矿山法隧道结构断面一般采用马蹄形。根据地质情况及断面尺寸，侧墙可采用曲墙或直墙形式，底板可采用平底板或仰拱形式；遇无条件起拱等特殊情况，亦可采用矩形框架结构。

3）矿山法隧道一般采用复合式衬砌，初期支护宜采用钢拱架（钢筋格栅拱架或型钢拱架）+钢筋网喷射混凝土，二次衬砌采用模筑钢筋混凝土。单洞单线Ⅴ级围岩衬砌断面如图7.3-9所示，联络通道衬砌断面如图7.3-10所示。

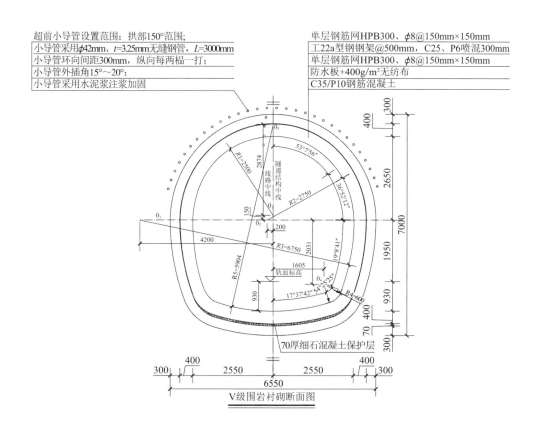

图 7.3-9 单洞单线Ⅴ级围岩衬砌断面图

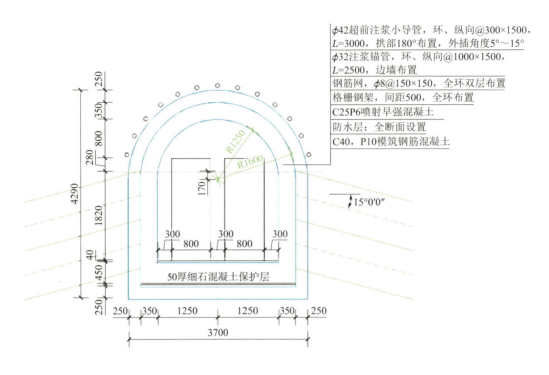

图 7.3-10 联络通道衬砌断面图

4）区间矿山法隧道断面较小，很难实现二衬紧跟，一般都要区间贯通或分段贯通不影响开挖的情况下才能施工二次衬砌，故初期支护要承担施工期间的全部荷载，初支厚度等支护参数较铁路、公路等山岭隧道要强。

5）根据地层条件和施工方法，对于软弱地层或地层沉降要求比较严的矿山法区间，可采用注浆止水、人工降水、加固地层、管棚、超前锚杆或小导管、隔离桩等辅助措施，以提高周围地层的稳定性。施工过程应及时向地层与初衬之间、初衬与二衬之间的空隙注浆填充，保证围岩与结构的共同作用。

6）盾构区间联络通道及泵房的施工一般采用矿山法施工，并辅以一定的加固措施。

7）根据勘察资料情况，沿线主要地貌为河流二级阶地，参照合肥既有线工程的经验，联络通道加固措施主要有：

（1）联络通道位于黏土层、中风化岩层时，不采用主动加固措施。

（2）联络通道位于粉土层、粉砂层时，采用地面旋喷桩注浆加固。

（3）联络通道位于全、强风化岩层时，采用全断面洞内注浆加固措施。

8）平面加固范围为两侧初支外轮廓外扩 3m 范围，竖向加固范围为拱顶初支外轮廓顶以上 3m 或进入黏土层 1m（二者取小值），拱底初支外轮廓底以下 3m 或进入中风化岩以下 1m（二者取小值），联络通道洞内注浆加固如图 7.3-11 所示。

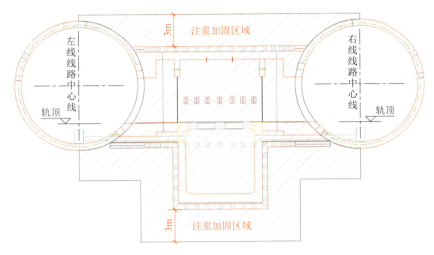

图 7.3-11 联络通道洞内注浆加固示意图

9）矿山法区间施工方法应根据工程地质和水文地质条件，开挖断面大小、衬砌类型、隧道埋深、隧道长度、工法转换的难易、机械设备的配置、工期要求及环境制约等因素综合研究确定。对地质条件变化较大的隧道，选用的施工方法应有较大的适应性，当需要变更施工方法时，以工序转换简单和较少影响施工进度为原则，一般不宜选用多种施工方法。

7.4 区间桥梁设计标准化

7.4.1 一般规定

1）高架桥梁主体结构设计使用年限为 100 年。

2）桥梁结构宜构造简洁、美观、力求标准化，便于施工和养护维修。

3）一般地段宜采用等跨简支梁式桥梁结构；桥梁上部结构应优先采用预应力混凝土结构，并宜推广采用预制架设、预制节段拼装的设计、施工方法；桥墩宜采用钢筋混凝土桥墩，桥墩类型宜分段统一。

4）桥梁结构应具有足够的强度、刚度、稳定性、耐久性和良好的动力特性，应符合轨道稳定性、平顺性的要求，满足列车运行安全性和旅客乘坐舒适度的要求。

5）桥梁的建筑结构形式应满足城市及城市周边景观和减振、降噪的要求。

6）桥梁跨越铁路、公路、城市道路时，跨径、墩台布置及桥下净空应满足相关设施的限界要求，并预留一定的余量。跨越排洪河流的高架桥桥下净空应按 1/100 洪水频率标准进行设计；技术复杂，修复困难的大桥、特大桥应按 1/300 洪水频率标准进行检算；跨越通航河流时，其桥下净空应根据航道等级确定，满足现行国家标准《内河通航标准》GB 50139 的要求。

7）桥面系布置应满足轨道类型和其他设备系统的使用要求，同时还应满足桥上设备维修、更换和乘客紧急疏散的要求。

8）城市轨道交通的高架桥应注重结构造型和桥梁景观，应结合城市规划及所处地段环境，合理选择梁式、跨径、墩台和基础形式，应力求构造简洁、构件标准化，便于施工。

9）结构设计应根据城市规划及轨道交通路网要求，并考虑城市综合开发的多功能性和发展的可持续性，选用适宜的结构形式和施工方法。

7.4.2 设计荷载

1）桥梁结构设计应根据结构的特性，就其可能出现的最不利组合情况进行计算，区间桥梁荷载分类如表 7.4-1 所示。

区间桥梁荷载分类　　　　　　　　　表 7.4-1

荷载分类		荷载名称
主力	恒载	结构自重 附属设备和附属建筑自重 预加应力 混凝土收缩及徐变影响 基础变位的影响 土压力 静水压力及浮力
	活载	列车竖向静活载 列车竖向动力作用 列车离心力 列车横向摇摆力 列车竖向静活载产生的土压力 人群荷载
附加力		列车制动力或牵引力 支座摩擦阻力 风力 温度影响力 流水压力
特殊荷载		列车脱轨荷载 船只或排筏的撞击力 汽车的撞击力 施工临时荷载 地震力 长钢轨纵向作用力（伸缩力、挠曲力和断轨力）

注：1）如杆件的主要用途为承受某种附加力，则在计算此杆件时，该附加力应按主力考虑；
　　2）无缝线路纵向水平力不与本线制动力或牵引力组合；
　　3）无缝线路断轨力及船只或汽车撞击力，只计算其中一种荷载与主力相组合，不与其他附加力组合；
　　4）流水压力不与制动力或牵引力组合；
　　5）地震力与其他荷载的组合应按现行国家标准《铁路工程抗震设计规范》GB 50111 的规定执行；
　　6）计算中要求考虑的其他荷载，可根据其性质，分别列入主力、附加力和特殊荷载三类荷载中。

2）设计应根据各种结构的不同荷载组合，将材料基本容许应力和地基容许承载力乘以不同的提高系数。

3）计算结构自重时，一般材料重度应按现行行业标准《铁路桥涵设计规范》TB 10002 的规定取用；对于附属设备和附属建筑的自重或材料重度，可按所属专业的设计值或所属专业现行规范、标准取用。

4）列车竖向活载应包括列车竖向静活载及列车动力作用。

列车竖向静活载确定应符合下列规定：

（1）列车竖向静活载图式应按本线列车的最大轴重、轴距及初期、近期和远期中最长的列车编组确定；

（2）单线和双线高架结构，应按列车活载作用于每一条线路确定；

（3）多于两线的高架结构，应按下列最不利情况确定：

①应按两条线路在最不利位置承受列车活载，其余线路不承受列车活载；

②所有线路在最不利位置承受75%的活载。

（4）影响线加载时，活载图式不可任意截取，但对影响线异符号区段，轴重应按空车重计，还应计及本线初、近、远期中最不利的编组长度；

（5）桥涵结构计算应考虑列车竖向活载动力作用，可按竖向静活载乘以动力系数$(1+\mu)$确定。实体墩台、基础计算可不考虑动力作用。

5）位于曲线上的桥梁应考虑列车产生的离心力，离心力应作用于轨顶以上车辆重心处，其大小应等于列车竖向静活载乘以离心力率C。C值可按式(7.4-1)计算：

$$C = V^2/127R \tag{7.4-1}$$

式中：V——本线设计最高列车速度（km/h）；

R——曲线半径（m）。

6）列车横向摇摆力应按相邻两节车四个轴轴重的15%计，并应以横桥向集中力形式取最不利位置作用于轨顶面。多线桥只计算任一条线上的横向摇摆力。

7）列车制动力或牵引力应按列车竖向静活载的15%计算，当与离心力同时计算时，可按竖向静活载10%计算。

（1）区间双线桥应采用一条线的制动力或牵引力；三线或三线以上的桥应采用两条线的制动力或牵引力。

（2）高架车站及与车站相邻两侧100m范围内的区间双线桥应按双线制动力或牵引力计，每条线制动力或牵引力值应为竖向静活载的10%。

（3）制动力或牵引力作用于轨顶以上车辆重心处，但计算墩台时应移至支座中心处，计算刚架结构应移至横梁中线处，均不应计移动作用点所产生的力矩。

8）断轨力为特殊荷载，单线及多线桥应只计算一根钢轨的断轨力。

9）伸缩力、挠曲力、断轨力作用于墩台上的支座中心处，不计其实际作用点至支座中心的弯矩影响。需要计算对梁的影响时应做专门研究。

10）同一根钢轨作用于墩台顶的伸缩力、挠曲力、断轨力不应叠加。

11）风荷载应按现行行业标准《铁路桥涵设计规范》TB 10002的规定执行。

12）温度变化的作用及混凝土收缩徐变的影响，可按现行行业标准《铁路桥涵设计规范》TB 10002 和《铁路桥涵混凝土结构设计规范》TB 10092 的有关规定执行。

13）作用于桥梁上的风力、流水压力、船只或排筏的撞击力、施工临时荷载，应按现行行业标准《铁路桥涵设计规范》TB 10002 的规定计算。

14）桥墩有可能受汽车撞击时，应设防撞保护设施。当无法设置防护设施时，应计入汽车对桥墩的撞击力。撞击力顺行车方向可采用 1000kN，横行车方向可采用 500kN，作用在路面以上 1.2m 高度处。

15）地震力的作用，应按现行行业标准《铁路工程抗震设计规范》GB 50111 的规定计算。

16）桥梁结构检算应考虑施工机械和养护维修荷载，且应按不同施工阶段的施工荷载加以检算。

17）当桥面上布置有作业通道时，作业通道设计应符合下列规定：

（1）竖向静活载应采用 4kPa。主梁设计时作用通道的竖向静活载可不与列车荷载同时计算。

（2）桥上走行检查小车时应考虑检查小车的竖向活载，主梁设计时应与列车荷载同时计算。

18）桥梁挡板结构，除考虑其自重及风荷载外，尚应考虑 0.75kN/m 的水平推力和 0.36kN/m 的竖向压力，该项荷载作为附加力应与风力组合。水平推力作用于桥面以上 1.2m 高度处。

19）不设护轮轨或防脱轨装置的区间桥梁应计算列车脱轨荷载作用，可按下列情形进行结构强度和稳定性检算：

（1）车辆集中力直接作用于线路中线两侧 2.1m 以内的桥面板最不利位置处，应检算桥面板强度。检算时，集中力值为本线列车实际轴重的 1/2，不计列车动力系数，应力提高系数宜采用 1.4；

（2）列车位于轨道外侧但未坠落桥下时，应检算结构的横向稳定性。检算时，可采用长度为 20m、位于线路中线外侧 1.4m、平行于线路的线荷载，其值应为本线列车一节车轴重之和除以 20m，不应计列车动力系数、离心力和另一线竖向荷载。倾覆稳定系数不得小于 1.3。

7.4.3 结构刚度限值

1）桥跨结构竖向挠度的限值应符合下列规定：

（1）在列车静活载作用下，桥跨结构梁体竖向挠度不应大于表 7.4-2 的规定。

（2）对于特殊结构或大跨度桥梁，按实际运行列车进行车桥系统耦合振动分析后，梁体竖向挠度可低于表 7.4-2 规定。分析得出的列车安全性及乘客乘坐舒适性指标应满足下列规定：

梁体竖向挠度的限值 表 7.4-2

跨度L（m）	竖向挠度容许值
L ≤ 30m	L/2000
30 < L ≤ 60m	L/1500
60 < L ≤ 80m	L/1200
L > 80	L/1000

①脱轨系数： $Q/P \leqslant 0.8$ (7.4-2)

②轮重减载率： $\Delta P/\overline{P} \leqslant 0.6$ (7.4-3)

③车体竖向加速度： $a_z \leqslant 0.13g$（半峰值） (7.4-4)

④车体横向加速度： $a_y \leqslant 0.10g$（半峰值） (7.4-5)

式中：Q——轮对一侧车轮的横向力；

P——轮对一侧车轮的垂直力；

ΔP——一侧车轮轮重减载量；

$\overline{P}$——车轮的平均轮重；

g——为重力加速度，$g = 9.8 m/s^2$。

2）在列车静活载作用下，有砟轨道桥梁梁单端竖向转角不应大于5‰，无砟轨道桥梁梁单端转角不应大于3‰。无砟轨道梁单端竖向转角大于2‰时，应检算梁端处轨道扣件的上拔力。

3）在列车横向摇摆力、离心力和风力和温度作用下，桥跨结构梁体的水平挠度应小于等于计算跨度的1/4000。

4）在列车活载作用下，桥跨结构梁体同一横断面一条线上两根钢轨的竖向变形差形成的两轨动态不平顺度不应大于6mm。计算时，列车活载应计动力系数。不能满足时，应进行车桥或风车桥系统耦合振动分析。

5）铺设无缝线路及无砟轨道桥梁的桥墩纵向水平线刚度限值，应符合下列规定：

（1）桥墩线刚度限值应根据工程条件及扣件阻力经钢轨动弯应力、温度应力、制动应力和制动附加应力的计算确定。

（2）不作计算时，可按下列规定取值：

①双线及多线简支梁桥墩墩顶纵向水平线刚度限值可按表7.4-3采用。单线桥梁桥墩纵向水平线刚度可取用表7.4-3中值的1/2。

桥墩墩顶纵向水平线刚度限值 表 7.4-3

跨度L（m）	最小水平线刚度（kN/cm）
L ≤ 20	240
20 < L ≤ 30	320
30 < L ≤ 40	400

②梁跨大于 40m 的简支结构，其桥墩纵向水平线刚度可按跨度与 30m 比增大的比例增大。

③不设钢轨伸缩调节器的连续梁，当联长小于列车编组长度时，可以联长为跨度，按跨度与 30m 比增大的比例增大刚度；当联长大于列车长度时，可以列车长为跨度，按跨度长与 30m 比增大的比例增大刚度。

④连续刚构可采用结构的合成纵向刚度。

6）区间桥梁墩顶弹性水平位移应符合下列规定：

顺桥方向：$\Delta \leqslant 5\sqrt{L}$

横桥方向：$\Delta \leqslant 4\sqrt{L}$

式中：L——桥梁跨度（m），当为不等跨时采用相邻跨中的较小跨度，当 $L < 25$m 时，L 按 25m 计；

Δ——墩顶顺桥或横桥方向水平位移（mm），包括由于墩身和基础的弹性变形及地基弹性变形的影响。

7）跨度小于等于 40m 的简支梁和跨度小于等于 40m 的连续梁相邻桥墩，其工后沉降量之差应符合下列规定：

（1）有砟桥面不应超过 20mm，无砟桥面不应超过 10mm。

（2）对于外静不定结构，其相邻墩台不均匀沉降量之差的容许值还应根据沉降对结构产生的附加影响确定。

7.4.4 结构设计

1）区间桥梁的钢筋混凝土结构和钢结构，应按容许应力法设计。其材料、容许应力、主力与附加力组合下的应力提高系数、结构计算方法及构造要求，以及特殊荷载（地震力除外）参与组合时，容许应力提高系数应符合现行行业标准《铁路桥涵混凝土结构设计规范》TB 10092 和《铁路桥梁钢结构设计规范》TB 10091 的规定。

2）桥梁基础设计和地基的物理力学指标，应符合现行行业标准《铁路桥涵地基和基础设计规范》TB 10093 的规定；当特殊荷载（地震力除外）参与荷载组合时，地基容许承载力［σ］和单桩轴向容许承载力的提高可按现行行业标准《铁路桥涵地基和基础设计规范》TB 10093 的相关规定执行。

3）桥墩抗震设计时，盖梁、结点和基础应作为能力保护构件，按能力保护原则设计。

4）箱型梁应考虑纵向和横向温差应力，并应分别计算日照温差和降温温差产生的应力。

5）混凝土主梁计算时应充分考虑受压翼缘有效宽度的影响，其取值应参照现行行业标准《铁路桥涵混凝土结构设计规范》TB 10092 的相关规定执行。

6）桥梁结构的构造要求应遵循现行行业标准《铁路桥涵设计规范》TB 10002、《铁路桥涵混凝土结构设计规范》TB 10092、《铁路桥涵地基和基础设计规范》TB 10093、《铁路桥梁钢结构设计规范》TB 10091 等规范的相关规定。桥梁抗震构造应满足现行行业标准《铁路工程抗震设计规范》GB 50111 的相关规定。

7）桥梁混凝土的环境类别、作用等级、原材料性能、配合比、抗压强度、耐久性指标、裂缝宽度、施工控制措施和构造要求，应符合现行行业标准《铁路混凝土结构耐久性设计规范》TB 10005 以及现行国家标准《地铁设计规范》GB 50157 的相关规定。

8）预应力混凝土梁的封锚及接缝处，应在构造上采取防水措施。对于结构有可能产生裂缝的部位，应适当增设普通钢筋防止裂缝的发生。

9）箱形结构应有进入箱内检查的孔道；箱梁腹板上应设置适当数量的通风孔。

10）桥梁梁型应在考虑满足使用功能及受力需要的前提下，力求经济、简洁、美观，且方便施工。3 号线高架桥的标准跨度采用 30m，局部地段采用 25m 进行孔跨调整，标准梁采用箱型梁，支架现浇施工，标准断面尺寸如图 7.4-1 所示。

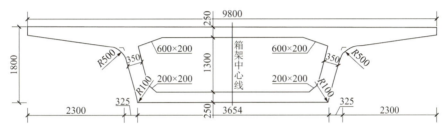

图 7.4-1　箱梁标准断面

11）高架桥墩型的选择除必须满足上部结构的受力要求，满足结构本身强度、刚度和稳定性外，还应配合地面道路交通和规划的要求，与上部结构及周边环境和谐统一，并注重当地人文景观的特点。3 号线桥墩采用 Y 形独柱墩，采用"一"字形桥台。桥墩标准断面尺寸如图 7.4-2 所示。

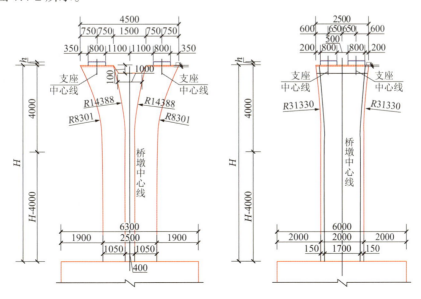

图 7.4-2　桥墩标准断面图

12）3号线基础采用群桩基础，标准墩桩基础采用ϕ1m或ϕ1.25m钻孔灌注桩。

7.4.5 桥面布置及附属设施

1）桥梁的桥面宽度应根据建筑限界、应急疏散、设备布置等因素计算确定，并应预留设备的安装、检修和更换条件。

2）桥梁应设置性能良好的防、排水设施，并应符合下列规定：

（1）桥面应设置防水层，桥梁桥面防水层技术要求应符合现行行业标准《铁路桥梁混凝土桥面防水层》TB/T 2965的规定。

（2）桥梁应设置性能良好的排水系统，排水设施应便于检查、维修与更换，防止桥面出现积水。双线桥桥面横向宜采用双侧排水坡，单线桥可设单向排水横坡，坡度不应小于2%。桥面纵向宜设不小于3‰的排水坡。桥面积水不宜直排到道路路面上，可用排水管将雨水排入市政管网，当不具备接入条件时，应设置散水构造。

（3）排水管管道直径与根数应根据计算确定，且直径不宜小于150mm，排水管出水口边缘不得紧贴混凝土构件表面，应设滴水檐防止水从侧面淌入梁、板底面。

（4）墩柱顶面应预留更换支座时顶梁的位置，且桥梁墩台的顶面应设置不小于3%的排水坡。

3）梁缝处应设伸缩缝，伸缩缝除保证梁部能自由伸缩外，还应能有效防止桥面水渗漏，并且便于更换。

4）桥梁支座宜选用盆式橡胶支座或球形钢支座。

5）桥梁栏板、栏杆、声屏障、泄水管及区间变电所上桥电缆支架等结构构件，应注意美观；栏板和栏杆高度不应小于1.1m；泄水管外观颜色宜与主体结构协调。

6）采用直流电力牵引和走行轨回流的高架结构，应根据现行行业标准《地铁杂散电流腐蚀防护技术标准》CJJ/T 49的规定，采取防止杂散电流腐蚀的措施。钢结构及钢连接件应进行防锈处理。

7）桥下应设养护、维修便道，便道的宽度应满足自行走行升降式桥梁检修车能进行检修作业要求；高度超过20m、桥下无条件设置养护维修便道处，宜设置专门检查设备。

7.5 结构防水

1.明挖法施工结构

1）明挖结构采用不小于C35钢筋混凝土，混凝土的抗渗等级不小于P8。

2）明挖地下结构采用全包防水设计方案，详见表7.5-1。

3）施工缝采用混凝土接口剂（水泥基渗透结晶型防水涂料）和钢边橡胶止水带；变形缝采用钢边橡胶止水带，变形缝（伸缩缝）的宽度一般为20mm。结构设计时变形（伸缩）缝内侧的两边须留槽，考虑后装式止水带和接水槽的安装。明挖地下结构防水典型断面如

图 7.5-1 所示。

全包防水设计方案　　　　　　　　　　　　　　　　　表 7.5-1

施工方法	防水等级	防水方案
明挖法	一、二级设防	顶板：环氧树脂防水涂料 + 单面粘沥青基聚酯胎防水卷材
		侧墙（灌注桩围护结构）：双面粘沥青基聚酯胎防水卷材
		侧墙（地连墙围护结构）：预铺高分子（非沥青基）防水卷材
		底板：预铺高分子（非沥青基）防水卷材

注：以上为合肥第三期线路防水方案。

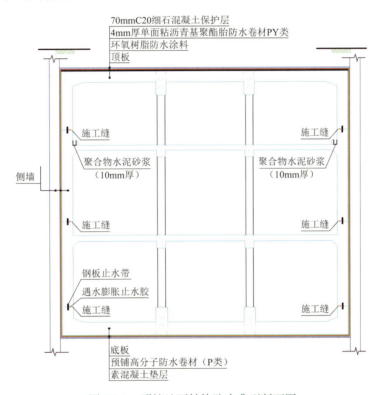

图 7.5-1　明挖地下结构防水典型断面图

4）根据现行《建筑与市政工程防水通用规范》GB 55030 中要求，防水等级为一级时，防水做法不应少于三道。主体结构防水应符合表 7.5-2 要求。

主体结构防水做法　　　　　　　　　　　　　　　　　表 7.5-2

防水等级	防水做法	防水混凝土	外设防水层		
			防水卷材	防水涂料	水泥基防水材料
一级	不应少于 3 道	为 1 道且应选	不少于 2 道；防水卷材或防水涂料不应少于 1 道		
二级	不应少于 2 道	为 1 道且应选	不少于 1 道；任选		
三级	不应少于 1 道	为 1 道且应选	—		

注：水泥基防水材料指防水砂浆、外涂型水泥基渗透结晶型防水材料。

2. 矿山法施工结构

1）矿山法施工结构采用复合式衬砌，初期支护采用 C25 早强喷射混凝土，抗渗等级不小于 P6，联络通道二次衬砌采用 C40 钢筋混凝土，混凝土的抗渗等级不小于 P10。

2）初支和二衬间铺设全包防水层，并设置注浆系统。防水板与喷射混凝土基层之间应设置缓冲层。

3. 盾构法隧道

1）盾构法隧道管片采用 C50 高强度混凝土制成的高精度管片，抗渗等级不小于 P10。

2）管片之间设置密封垫沟槽，其内设置高弹性三元乙丙橡胶密封垫。

3）管片内侧预留嵌缝沟槽，但是一般不做嵌缝处理；待隧道贯通后，若局部有渗漏水，根据渗漏水治理的需要确定是否需要进行局部嵌缝。

4）手孔及吊装孔（注浆孔）采用遇水膨胀橡胶圈止水。

5）盾构进出洞时，用特殊的帘布橡胶圈以及可靠的固定装置，减少漏泥、漏水。

第 8 章

机电系统标准化设计

8.1 通风空调系统一般规定

8.1.1 主要设计原则

1）地下车站通风空调系统按站台设置全封闭站台门设计。

2）通风空调系统应按远期运营条件（预测的远期客流和最大通过能力）进行设计。在不影响使用功能的前提下，设备应考虑近期和远期分期实施的可能性。

3）列车火灾发热规模按 7.5MW 计算（已考虑 1.5 倍的安全系数）。

8.1.2 主要设计标准

1. 室外参数

1）地下车站公共区：夏季空调干球温度 33.7℃，夏季空调湿球温度 28.1℃；夏季通风温度 29.0℃，冬季通风温度 2.9℃。

2）地下车站设备与管理用房、高架车站、主变电所：夏季空调干球温度 35.0℃，夏季空调湿球温度 28.1℃；夏季通风温度 31.4℃，冬季通风温度 2.6℃。

3）地下区间隧道：夏季通风温度 29.0℃，冬季通风温度 2.9℃。

2. 内部设计参数

1）地下车站站厅层：夏季空调设计干球温度 30℃，夏季空调设计相对湿度 40%～70%；冬季不宜低于 12℃。

2）地下车站站台层：夏季空调设计干球温度 29℃，夏季空调设计相对湿度 40%～70%；冬季不宜低于 12℃。

3）地下车站设备与管理用房：按具体工艺要求或现行国家标准《地铁设计规范》GB 50157 规定执行。

4）高架车站站厅层的夏季空调设计温度 29～30℃，相对湿度不应大于 70%；高架车站设备与管理用房按工艺要求及现行国家标准《民用建筑供暖通风与空气调节设计规范》GB 50736 执行。

8.1.3 隧道通风系统

隧道通风系统采用分段式纵向通风设计。正常运行时，利用列车运行的活塞效应，使隧道与外界通风换气，维持温度不超过 40℃；如果超温，则需要开启为该区间服务的机械通风系统。行车阻塞时，需要开启相应的隧道风机进行机械通风，控制隧道内最不利点温度不超过 45℃，以维持列车空调器的正常运行，并为人员提供新风。列车在区间隧道发生火灾时，联动开启本区间的通风设施，合理组织气流，控制烟气流向，为人员疏散提供迎面气流，使相邻列车不受烟气侵袭。列车停站时，开启车站隧道排热风机，通过轨顶和站台板下风道就近排除列车发热；火灾时可利用轨顶风道和排热风机、隧道风机参与排烟运行。典型车站隧道通风系统原理图如图 8.1-1 所示。

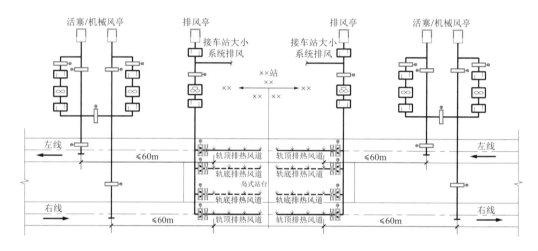

图 8.1-1　典型车站隧道通风系统原理图

车站隧道排风系统主要由排风机、站台板下及轨顶风道和风道上设置的电动调节阀和防火阀组成。一般情况下，系统设两组，分别布置在车站两端设备房内，每组设一台风机，各负责半个车站隧道的排风，气流组织采用轨顶和站台板下排风，补风来自车站两端的活塞风井、相邻区间隧道和站台门的漏风。

车站隧道排风系统排风比例为轨顶排 60%，站台板下排 40%，均采用土建结构风道，排风口的位置根据列车发热设备的位置确定。风道断面面积按远期排风量控制。排热风机采用变频运行，在初近期低频运行，以达到节能运行的目的。停车线复杂配线处隧道通风系统原理图如图 8.1-2 所示。

8.1.4 车站通风空调系统

1. 公共区通风空调系统

高架车站公共区采用自然通风、自然排烟，结合车站建筑造型，站厅层设置冷风降温，采用变频多联空调＋新风形式，出入口及楼梯口设置风幕。

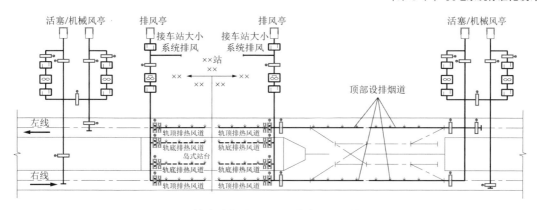

图 8.1-2　停车线复杂配线处隧道通风系统原理图

地下车站公共区通风空调系统采用集中式全空气一次回风低速风管系统，设备集中布置在站厅两端的机房内，各负担车站一半的空调负荷。车站公共区通风空调系统由组合式空调器、回/排风机、消防专用排烟风机、风管、风阀及消声器等部件构成。组合式空调器送风机、回/排风机采用变频器控制。典型车站公共区通风空调原理图如图 8.1-3 所示。

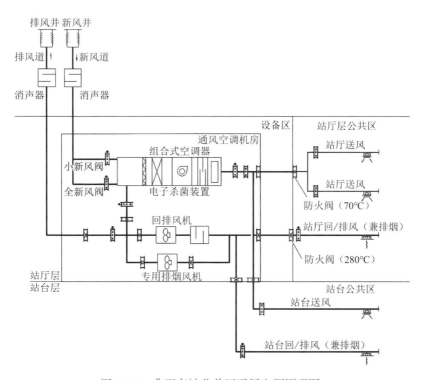

图 8.1-3　典型车站公共区通风空调原理图

空调排风管路兼站厅、站台的排烟管路。原则上回/排风机不兼火灾时的排烟风机，并联 1 台专用排烟风机。

地下车站连续长度大于 60m 的出入口通道、换乘通道或连接物业开发的地下通道设置通风或降温措施，系统独立设置。

2. 设备与管理用房通风空调系统

地下车站设备与管理用房主要采用全空气双风机一次回风空调系统，系统主要由空调机组、回/排风机、送回风管及阀门组成。

高架车站设备与管理用房主要采用变频多联空调＋新风系统。

为确保夜间、过渡季节负荷偏小及常规空调故障、检修无法启动冷水机组时重要设备用房的供冷需求，设置夜间用变频多联空调系统。管理房间根据运营冬季供暖需求设置变频多联空调（可供暖）系统。

高架车站变电所采用机械通风＋冷风降温排除余热，自然进风，满足室内温度要求。

3. 空调制冷系统

每座车站设一处冷冻机房，为车站空调系统提供冷源，冷冻机房内布置冷水机组、冷冻水泵、冷却水泵。冷冻机房的位置应尽可能靠近空调负荷中心，与空调机房综合布置。冷却塔就近设于风井附近地面上，并注意避开噪声敏感点。

冷水机组的选用不宜少于2台，不设置备用机组；冷冻水泵、冷却水泵均与冷水机组一一对应，不设置备用泵，但应考虑相互备用。

冷冻水系统采用闭式循环系统，在各空调系统末端冷冻水系统的回水管上设置电动阀，可根据负荷变化调节冷冻水量，冷冻水总供/回水干管或集水器和分水器间设置压差式旁通阀。典型车站空调水系统原理图如图8.1-4所示。

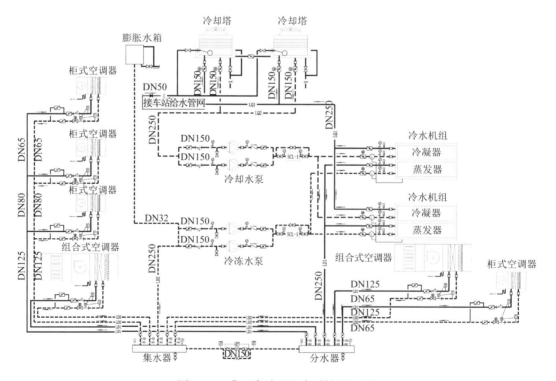

图 8.1-4　典型车站空调水系统原理图

8.2 通风空调标准化

8.2.1 通风空调机房布置标准化

1）通风空调机房宜邻近新排风道、冷源和空调房间设置。

2）通风空调机房不宜与综合管理室相邻布置，机房内设备应采取消声减振措施，机房邻近公共区、车站主要设备和管理用房区的墙面应采取隔声吸声措施。

3）通风空调机房应具有良好的排水条件和地面防水措施，地面及水沟内均应设置地漏。

4）通风空调机房、新风道宜采用水磨石或其他便于清洗不易起尘的地面。

5）车站主要设备和管理用房区通风空调机房面积不宜大于 340m²，通风空调机房与冷冻机房合用时面积不宜大于 450m²，其他通风空调机房面积不宜大于 200m²。通风空调机房形状宜按矩形设置。通风空调机房单独设置典型布置如图 8.2-1 所示。

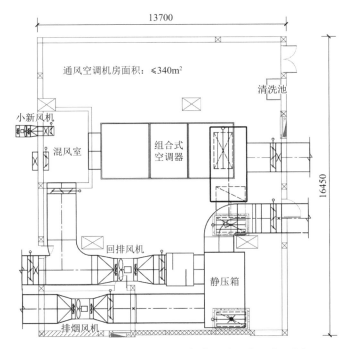

图 8.2-1 大端通风空调机房单独设置典型布置图

6）排烟机房面积不宜小于 20m²，短边不宜小于 3m，补风机房、加压机房不宜小于 15m²，短边不宜小于 3m，风机两侧应有 0.6m 以上的检修空间。

7）通风空调机房主要检修通道宽度不宜小于 1.5m，其他通道不宜小于 0.8m。

8）组合空调机组进风端距离墙面不应小于 0.8m，表冷器检修空间不应小于机组宽度，机组侧面检修通道宽度不宜小于 0.6m。组合空调机组检修门不应被影响检修的水管、支架、结构柱等遮挡。

9）通风空调机房运输通道宽度不宜小于 2.5m，净高不宜小于 3m，设备吊装孔尺寸应满足设备吊装要求。

10）地面设置的加压送风机房宜与安全出口合建；出入口地面设置的排烟风机房宜与出入口合建，并应满足排烟出口与出入口的消防距离要求。

11）地上车站

（1）通风空调设备宜集中设置，采用多联空调系统时，应预留室外机安装平台。

（2）通风空调机房面积不宜小于 20m²，短边不宜小于 3.5m。

12）冷冻机房面积不宜大于 120m²，短边不宜小于 4.8m，冷冻机房独立设置典型布置如图 8.2-2 所示。

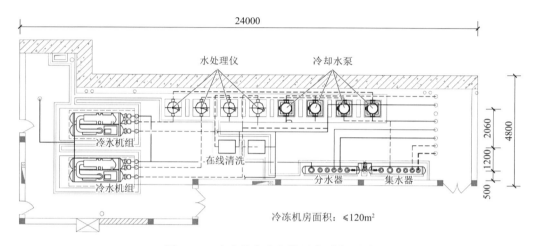

图 8.2-2　冷冻机房独立设置典型布置图

13）冷冻机房内主要检修通道宽度不宜小于 1.5m，其他检修通道宽度不宜小 0.8m。

14）冷水机组布置时，机组与墙面之间距离不应小于 1m，与配电柜的距离不应小于 1.5m；机组与机组或与其他设备之间应有不小于 1.2m 的检修、操作空间；机组顶部距离障碍物不应小于 1m。

15）冷冻机房运输通道宽度不宜小于 2.5m，净高不宜小于 3m，设备吊装孔尺寸应满足设备运输要求。

16）冷冻机房宜采用水磨石或其他便于清洗、不易起尘的地面。

17）冷冻机房邻近公共区、车站主要设备和管理用房区的墙面应采取隔声、吸声措施。

18）车站隧道通风一般按双活塞风道布置，隧道机房典型布置如图 8.2-3 所示。

8.2.2　公共区风管布置标准化

1）当车站公共区通风空调系统采用一次回风系统时，车站站厅层采用两送两回的布管方式，排烟管靠车站中部布置，并避开楼扶梯，典型车站站厅层公共区风管布置如图 8.2-4 所示，典型车站站台层公共区风管布置如图 8.2-5 所示。

2）公共区空调系统送回风管应贴顶布置，且送回风管在公共区不宜横穿结构纵梁。

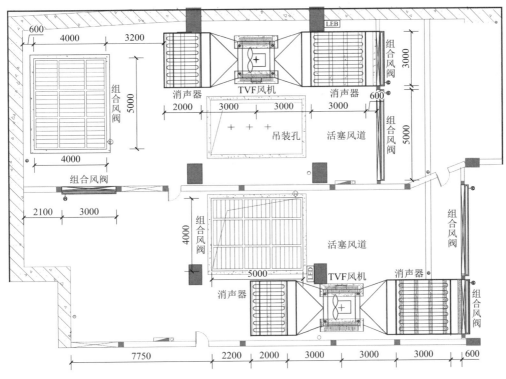

图 8.2-3 隧道机房典型布置图

3）车站公共区气流组织采用上送上回。车站公共区送风口宜按 4~5m 间距布置，回排风（兼排烟）口宜按 6~8m 间距布置并满足排烟口间距要求。有条件时，优先考虑在风管侧面设置回排风口。站厅层公共区送风口不应设在进出站闸机、售票机等带电设备上方。站台层送风口布置应避开滑动门，且远离站台门。

4）公共区车站工作人员长时间停留区域不宜布置空调顶送风口。

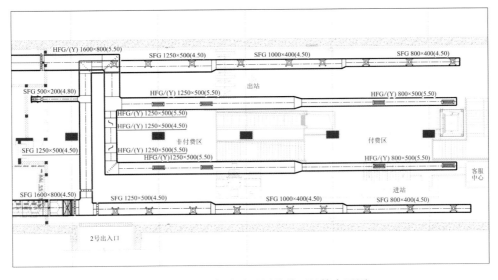

图 8.2-4 典型车站站厅层公共区风管布置图

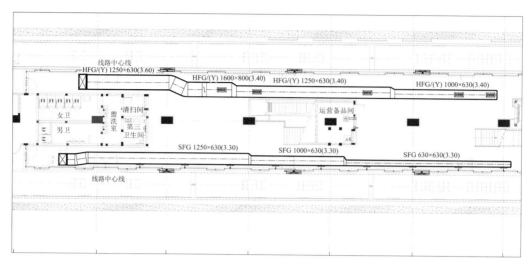

图 8.2-5 典型车站站台层公共区风管布置图

8.2.3 轨顶风口布置标准化

轨顶风口布置标准化可以使轨顶风道与结构中板同步实施，降低实施难度，缩短工期，结合合肥市轨道交通1~5号线车辆技术资料，轨顶风口布置标准化，本标准适用于6B编组轨道交通地下车站排热风系统中轨顶排热风孔的设置。排热风机位于车站有效站台两端的地下车站预留轨顶排热风孔标准化布置如图 8.2-6 所示，排热风机位于车站有效站台中心的地下车站预留轨顶排热风孔标准化布置如图 8.2-7 所示，地下车站预留轨顶排热风孔大样如图 8.2-8 所示。

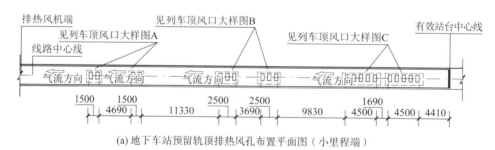

(a) 地下车站预留轨顶排热风孔布置平面图（小里程端）

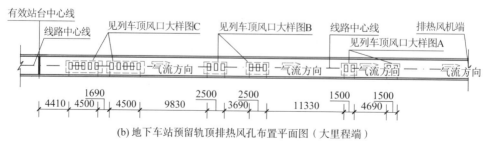

(b) 地下车站预留轨顶排热风孔布置平面图（大里程端）

图 8.2-6 地下车站预留轨顶排热风孔标准化布置示意图一

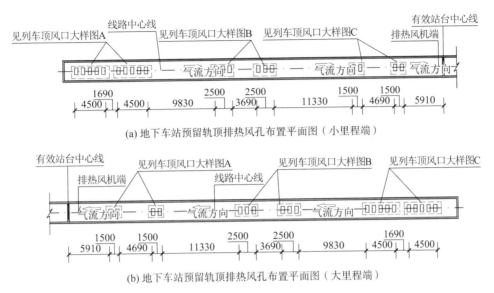

(a) 地下车站预留轨顶排热风孔布置平面图（小里程端）

(b) 地下车站预留轨顶排热风孔布置平面图（大里程端）

图 8.2-7　地下车站预留轨顶排热风孔标准化布置示意图二

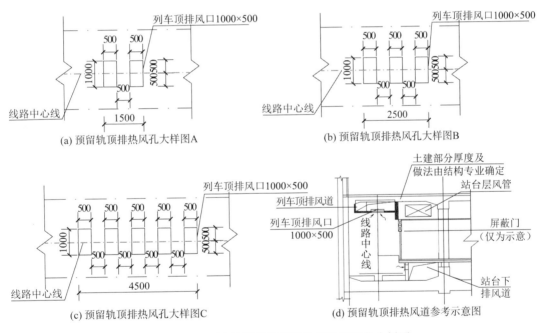

图 8.2-8　地下车站预留轨顶排热风孔标准化大样图

8.2.4　站台协同排烟模式标准化

1）本站台协同排烟模式标准化轨顶风道侧壁常闭排烟阀按照6B编组有效站台长度进行布置。

2）排烟阀尺寸为1600mm×630mm，阀门底边距站台层装修完成面3.70m。左右线各6个，沿有效站台长度布置，站台层小里程端公共区轨顶风道侧壁常闭排烟阀布置如图8.2-9

所示,站台层大里程端公共区轨顶风道侧壁常闭排烟阀布置如图 8.2-10 所示,站台层公共区轨顶风道侧壁常闭排烟阀布置剖面如图 8.2-11 所示。

3)排烟阀侧边管线与排烟阀之间预留不小于 500mm 的检修距离。

4)站台公共区发生火灾时,开启左、右线各 6 个常闭排烟阀,关闭送风系统、轨底排热风道,开启车站两端各 1 台隧道风机、排热风机、大系统排烟风机进行排烟。

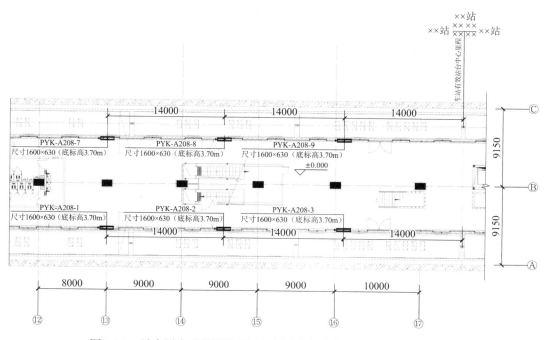

图 8.2-9　站台层小里程端公共区轨顶风道侧壁常闭排烟阀布置平面图

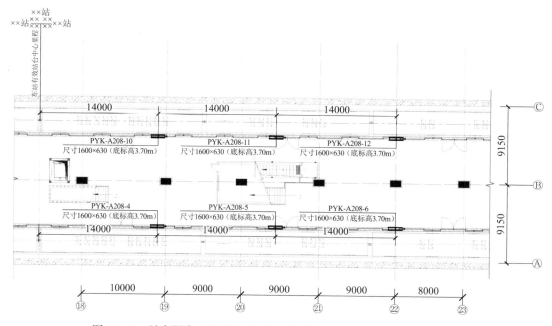

图 8.2-10　站台层大里程端公共区轨顶风道侧壁常闭排烟阀布置平面图

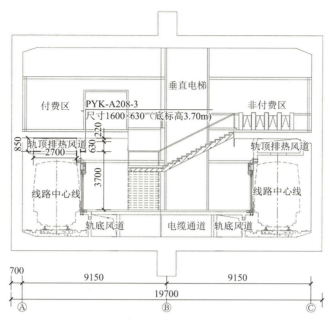

图 8.2-11 站台层公共区轨顶风道侧壁常闭排烟阀布置剖面图

8.3 给水排水及消防一般规定

8.3.1 主要设计标准

1）车站工作人员生活用水定额采用 50L/（人·班），小时变化系数采用 2.5。
2）车站公共区及出入口通道冲洗水量按 2L/（m^2·次），按一天一次计。
3）空调冷却循环水系统的补充水量按循环水量的 2%计。
4）不可预见水量按生活、生产总用水量的 10%计。
5）生活排水系统定额按生活用水量的 95%计算，小时变化系数为 2.5。
6）生产排水量按工艺要求确定。
7）结构渗漏水量按 0.1L/（m^2·d）计。
8）冲洗和消防废水量与用水量相同。
9）高架车站屋面排水管道的排水设计重现期按合肥市 10 年一遇的暴雨强度计算，设计降雨历时按 5min 计算；屋面雨水工程与溢流设施的总排水能力不应小于 50 年重现期的雨水量。
10）气体灭火系统灭火介质采用 IG541。最小设计灭火浓度为 37.5%（16℃时），最大设计灭火浓度为 43%（40℃时）。

8.3.2 生产、生活给水系统

1）各车站水源均采用城市自来水，接管压力不小于 0.2MPa。
2）生产、生活给水系统应满足站内工作人员的生活用水、卫生间用水、空调水系统补水、车站站厅层、站台层公共区、通风空调机房及泵房等处冲洗用水的要求。

3）车站给水系统布置

（1）生产、生活给水引入管与消防引入管在室外分开，各自单独设置水表后进入车站，为保证水质，在引入管上均设置倒流防止器。

（2）车站内卫生间生活用水，车站冲洗用水、空调冷却补水等生产用水均由引入的给水管上直接接出，生产、生活给水管线按枝状布置。

（3）车站站厅层、站台层两端各设一套冲洗用洒水栓，洒水栓从给水管上接出。污水、废水泵房及通风空调机房内设冲洗龙头。

（4）当市政压力能够满足车站各用水点的供水压力时，采用直接供水。当市政压力不能满足用水点的供水压力时，应设置变频加压设备和贮水箱。

8.3.3　排水系统

1）排水系统应分类集中，污水系统必须单独排放，其他废水（包括清扫废水、空调冷凝水、空调泄水和消防废水等）排入市政污水管网，雨水排入市政雨水管网。不能重力流排放时，应就近提升排放。

2）每座地下车站卫生间处均设污水泵房；污水泵房应在卫生间附近或在其正下方设置，主要排除卫生间污水和卫生间的地面冲洗水；高架车站卫生间污水重力排放。地下车站污水排放采用密闭水箱污水提升装置，并设辅助排水泵。

3）车站及区间低点设置废水泵房，电缆夹层、出入口扶梯基坑、敞口风井和其他线路相交预留的结构段位置设置局部排水泵房。

4）在区间出入洞口处，应设置洞口排雨水泵房，洞口雨水通过横截沟排入雨水集水池内。

5）地下车站的站厅层公共区，每隔不超过30m在离壁墙内设置DN100的排水地漏，该地漏兼顾离壁墙内水沟及公共区的排水，并设阻燃型UPVC立管接入线路排水沟，设备与管理用房区离壁墙内地漏应根据电缆井位置灵活设置，在地漏所在位置的离壁墙上设置检修孔；站台层公共区两侧，每隔不超过40m设排水地漏接入线路排水沟，站台地漏中心线距离站台门距离不小于2m，同时应考虑车站绝缘带宽度、结构梁、柱等影响。

6）地下车站出入口通道、消防疏散口通道、消防救援专用通道与主体结构连接处设横截沟，沟内设排水地漏，经阻燃型UPVC立管接入线路排水沟。风道与主体结构连接处设置地漏。

8.3.4　消火栓给水系统

1）消防给水系统从室外两条不同的市政给水管上分别引入1根给水管，供车站及区间消防给水用，引入管上设置水表和倒流防止器。

2）车站设消防泵房，泵房内设两台消防泵，互为备用，稳压采用稳压泵+稳压罐形式。

3）消防泵的服务范围一般为地下车站本身及其前或后一个区间。车站及地下区间的消防给水系统均设置为环状管网。

4）消火栓的布置应保证每一个防火分区同层有两股水柱同时到达室内任何部位。站厅层采用单口单阀消火栓箱，间距不大于30m。消火栓箱为消火栓与灭火器共箱设置，箱内配备衬胶水龙带和水枪、自救式消防软管卷盘和灭火器。站台层公共区等特殊位置设室内双栓消火栓，间距不大于50m。消火栓旁设置报警按钮及消防水泵启动按钮。

5）地下区间消防水源来自车站消防管网。地下区间消防干管设在区间线路行车方向的右侧，疏散平台对侧。

8.3.5 气体灭火系统

1）IG541气体灭火系统由气体灭火管网系统和自动控制系统两部分组成。气体灭火管网部分主要由钢瓶及瓶头阀、就地手动启动器、电磁释放阀及组件、手动装置、逆止阀、选择阀及其组件、节流孔板减压装置、压力开关、喷头及管道组成。自动控制部分主要包括控制盘、智能感烟探测器、智能感温探测器、紧急启动开关、紧急停止开关、警铃、蜂鸣器及闪灯、手动/转换开关等组成。

2）IG541系统采用全淹没、组合分配式气体灭火系统。允许若干个防护区共用一套系统灭火药剂（钢瓶），一个系统所保护的防护区不超过8个。组合分配系统的灭火剂储存量按所需灭火剂量最大的防护区确定。

8.3.6 灭火器配置

灭火器的设置根据国家现行灭火器规范要求进行设计，地铁按严重危险级配置，扑救A、B、C类火灾和带电火灾选用充装5kg的磷酸铵盐干粉灭火器，灭火器的最大保护距离为15m。人行通道、主排水泵站、洞口雨水泵站、区间风道内设置磷酸铵盐干粉灭火器。在车站各电气设备用房适当增设灭火器。

8.4 给水排水及消防标准化

1）地下车站的消防泵房应设置在站厅层及以上楼层，且应设置在车站主要设备和管理用房区。

2）消防泵房疏散门宽度不宜小于1.5m，且应满足设备运输要求。

3）消防泵房地面至梁等突出构件底部的净高应根据起重吊装形式计算确定，不应小于3m。

4）消防泵房内主要通道宽度不应小于1.2m。

5）消防成套设备机组间距不宜小于1.2m，机组与墙面的距离不宜小于1.5m。消防水泵需就地检修时，应至少在每个机组一侧设消防水泵机组宽度加0.5m的通道。

6）消防泵房内控制柜宜单排布置，落地式安装检修空间不宜小于1.5m，壁挂式安装检修空间不宜小于 1m。

7）消防水泵基础高度不应小于 0.1m，消防水泵落地式安装控制柜的基础高度不应小于 0.2m。

8）消防泵房面积不宜小于 30m²；当泵房内设置集水坑时，其面积不宜小于 35m²，短边不宜小于 4m。消防泵房典型布置如图 8.4-1 所示。

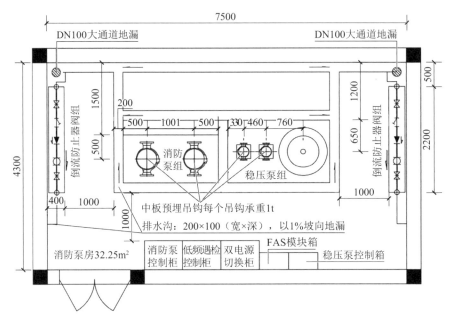

图 8.4-1　消防泵房典型布置图

9）消防泵房内起重设备设置，当消防水泵的重量小于 0.5t 时，宜设置固定吊钩或移动吊架；当消防水泵的重量为 0.5～3t 时，宜设置手动起重设备；当消防水泵的重量大于 3t 时，应设置电动起重设备。

10）消防泵房内应有地面排水设施，排水沟起点深度应不小于 100mm，排水沟的坡度应不小于 5‰，排水沟内地漏不少于 2 个；当排水不能重力排出时，应设集水池及排水抽升设备。

11）车站废水泵房应设在低点，宜结合车站盾构工作井设置；区间废水泵房宜设在线路实际坡度最低点。

12）车站废水泵房面积不宜小于 20m²，短边不宜小于 2.5m。废水泵房典型布置如图 8.4-2 所示。

13）车站主废水泵房应避免设置在交叉渡线区域。

14）双停车线等复杂配线车站应增设废水泵房加强轨行区排水。

15）废水泵房应与变电所同侧设置，加强电缆夹层排水。

16）区间隧道洞口雨水泵房面积不宜小于 45m²，短边不宜小于 4m。洞口雨水泵房典型布置如图 8.4-3 所示。

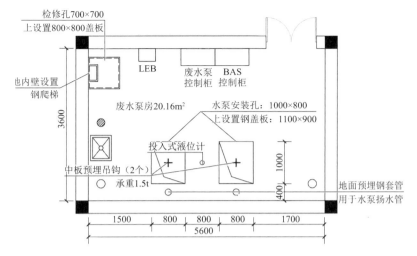

图 8.4-2 废水泵房典型布置图

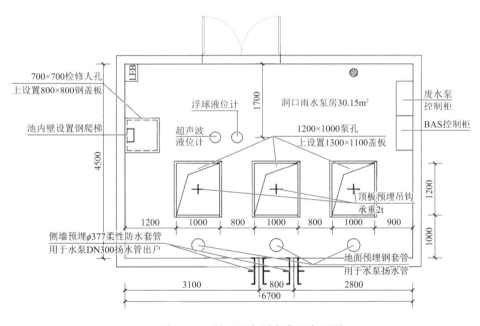

图 8.4-3 洞口雨水泵房典型布置图

17）区间隧道洞口雨水泵房内宜设置三台雨水泵，最大水量时三台泵应同时工作，每台泵的排水能力应大于最大小时排水量的 1/2。

18）车站污水泵房宜邻近卫生间设置。

19）污水泵房内应设置检修楼梯。

20）地下车站生活污水的收集、提升宜采用密闭污水提升装置或其他适合轨道交通工程的污水排水系统。

21）车站污水泵房面积不宜小于 20m²，短边不宜小于 2.8m。污水泵房典型布置如图 8.4-4 所示。

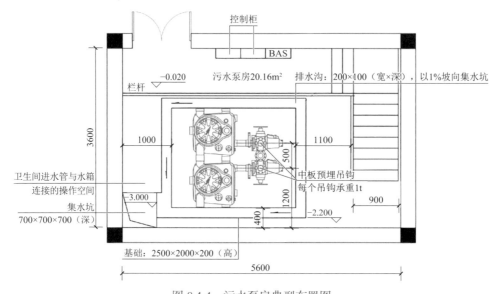

图 8.4-4 污水泵房典型布置图

注：本图所注尺寸单位除标高以米计外，其余均以毫米计。

22）车站废水泵房、污水泵房的门宽不宜小于 1.2m。泵房净高不宜小于 3m。

23）排水泵房内落地式安装控制柜（箱）检修空间不宜小于 1.5m，壁挂式安装检修空间不宜小于 1m。

24）气瓶间应邻近气体灭火防护区设置。

25）气瓶间门宽不应小于 1m。

26）储气瓶操作面距离墙面或两操作面之间的距离不应小于 1m。

27）气瓶间内每套组合分配系统占用的面积不宜小于 15m²，短边不宜小于 2.5m。气瓶间典型布置如图 8.4-5 所示。

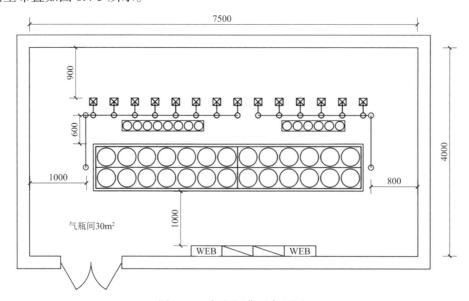

图 8.4-5 气瓶间典型布置图

第 9 章

供电系统标准化设计

9.1 一般规定

1）供电系统容量按远期运营高峰小时负荷设计。

2）供电系统采用 110/35kV 两级电压集中供电方式。在经济合理的前提下，主变电所的设置位置、容量和 35kV 馈线间隔数量充分考虑后续延伸线的供电要求，并结合合肥市轨道交通规划线网及建设时序，充分考虑为相邻线路供电的条件，以实现资源共享。

3）每座主变电所由城市电网提供两回独立可靠的 110kV 进线电源，两回进线电源可以来自不同地区变电站，也可来自同一地区变电站的不同母线。两回进线电源至少有一回为专线电源，以保证供电可靠性和质量。当一回进线电源解列时，另一回进线电源能承担该所正常供电范围内的牵引负荷和动力照明一、二级负荷。

4）主变电所设备容量的选择：

（1）每座主变电所设置两台主变压器。

（2）主变电所的设备容量，满足近期高峰小时负荷的要求，即近期正常运行方式下，满足其向所在供电区域内的牵引负荷及动力照明负荷供电的要求。

（3）当主变电所任一台主变压器故障解列时，另一台主变压器承担该所正常供电范围内的牵引负荷和动力照明一、二级负荷。

5）全线只考虑一座主变电所解列的情况。当一座主变电所解列时，不考虑其 35kV 母线（包括供电环网电缆）同时故障的情况，此时，相邻的主变电所能承担解列主变电所和参与支援主变电所正常供电范围内的牵引负荷和动力照明一、二级负荷。

6）35kV 供电网络方案按技术经济指标综合最佳考虑。在任何运行方式下，35kV 供电网络各节点的电压损失不大于额定值的 5%。

7）牵引供电制式采用 DC1500V 接触网供电、走行轨回流方式。牵引供电系统电压的允许波动范围为 DC1000~1800V。

8）牵引供电系统按远期运营高峰小时负荷设计。每座牵引变电所设置两套 12 脉波牵引整流机组、并联运行构成等效 24 脉波整流。当一套牵引整流机组解列时，另一套牵引整流机组在具备运行条件时，可继续运行。100%额定负荷——连续；150%额定负荷——2h；

300%额定负荷——1min。

9）牵引网总截面满足牵引网最大持续载流的需要。正常运行时，正线牵引网采用双边供电方式。当一座牵引变电所解列时，由相邻的牵引变电所越区供电。

10）牵引变电所设备容量选择时，只考虑全线同时段任意一座牵引变电所解列的情况。

11）每座车站一般设置一座35/0.4kV降压变电所，规模较大的车站根据具体情况增设35/0.4kV跟随式降压变电所。换乘车站降压变电所设置方案结合车站规模和建设周期统筹考虑，以实现资源共享。

12）降压变电所的设备容量：

（1）每座降压变电所设置两台配电变压器。

（2）正常运行方式下，两台配电变压器分列运行，设置母线分段开关，单台配电变压器负荷率约为70%。

（3）降压变电所一台配电变压器退出运行时，另一台配电变压器能负担供电范围内的远期一、二级负荷。视变压器过负荷情况决定三级负荷的投切。

13）为保证供电的可靠性，每座牵引变电所及降压变电所有两回独立可靠的进线电源。当一回进线电源故障时，另一回进线电源承担该所供电范围内的牵引负荷和动力照明全部负荷。

14）低压配电电压采用220/380V，宜采用TN-S系统（正线）接地形式。

9.2 变电所用房标准化

1）主变电所对外大门建议配置电动机构，安装牢固、强度可靠、便于车辆进出，可远程开启或闭合大门。大门设置门禁系统，便于人员凭有效证件进出。并安装可视门铃对讲机，能实现双向对讲。

2）主变电所（除主变压器室及110kV GIS室）及场、段地面变电所各设备房应设置空调，便于夏季高温时设备降温、散热。

3）主变电所各设备房间应具有巡检门（通道门），巡检门应是防火门，满足相应规范要求，便于设备巡视及维护。

4）全线变电所（含主变电所）设备房摄像头应能看到人员操作设备，满足监控设备要求。

5）主变电所电缆层内不同防火分区应设置独立的摄像头。

6）主变电所各功能房间应设计预留电话网口和OA办公网口（小房间各3个，大房间各4个）。

7）主变电所内各功能房间应为独立分开房间，各房间内应配置空调。

8）主变电所洗手间不应布置在控制室内。

9）地下主变电所应增设民用通信，覆盖800M手持台，地上变电所应考虑增设终端加强民用信号；确保在地上地下任何房间可接收到移动手机信号。

10）主变电所及场、段地面变电所一层设备间的对外窗户宜配备防蚊虫细目钢丝网窗。

11）主变电所百叶窗配置钢丝网。

12）变电所设备房通风管道应避免在设备正上方。

13）主变电所各设备房配备防鼠挡板（含主变压器室），防鼠挡板应配备手提装置。变电所设备房应设置全线统一的可拆卸防鼠挡板。

14）变电所设备房应设置插座（有门和窗的墙面至少设置一处插座，其他墙面至少两处插座，每处按五孔插座配置），方便运营检修工具取电使用。

15）主变电所户外爬梯采用不锈钢爬梯，并配置防护笼，防护笼高度适宜，不应影响人员检修。

16）主变电所各功能房间窗户宜加装遮阳窗帘。

17）主变电所控制室与二次设备室间宜设置通道门，并在控制室预留五防模拟盘或液晶显示屏位置。

18）主变电所内通风空调安装高度不宜过高，高度超过 5m 应考虑加装检修爬梯。

19）主变电所各设备房除了照明、空调插座之外，负荷配电箱宜采用防爆式航空插座配电箱。

20）主变电所内电缆层应设置专用巡视通道，如钢结构跨桥。

21）主变电所 SF6 设备间装设 SF6 检测仪时，安装位置应合理、安全并且不影响值班人员日常巡视。

22）主变电所 SVG 设备室应安装足够数量的通风风机和空调，散热风机管道引至所外，保证设备、房间通风、散热良好。

23）地上变电所设备房安装足够数量的通风风机或空调，保证设备通风、散热良好。

24）变配电、接触网值守点布置于牵引所、换乘站或大客流等重点车站，并于值守点附近设置变配电工具间，两个房间设置在方便材料运输的地方，大小为 20~30m²，值守点房间按照有人办公用房装修设计，无底部门框，便于拖车进出。工具间配备一套灭火器箱（至少含 2 具灭火器）。

25）所有 0.4kV 开关柜室、35kV 开关柜室、变电所控制室以及供电检修工具间宜统一标准设置，应设置门禁。正线变电所各设备房（室）宜集中布置，相邻设备房间设置通道门。

26）主所、正线变电所内照明灯具安装高度不应低于 2.8m。所内照明灯具、风管及其他管道应避开供电设备布置，灯具优先贴墙安装便于后期维护。

27）正线变电所内防火门宜采用双开门，宽度 1.5m，高度 2.1m。轨行区设备房门应加装密封条。

28）主所、正线变电所电缆夹层应设有一定坡度，并开设引流沟槽，利用重力排水引至附近排水泵房。无法重力排水的，在低点增设泵站排水。

29）正线变电所电缆在站台板下方电缆夹层出入处应封堵严密，防止隧道内金属、碳粉等灰尘进入供电设备。

30）变电所电缆夹层内的照明开关设置在电缆夹层的入口处，正线变电所优先考虑35kV 开关柜室入口处。所内电缆井盖板采用镀锌花纹钢盖板，带隐藏式双拉手。

31）变电所各类开关柜、控制柜、功率柜等柜体应在柜前、柜后均铺设绝缘垫。

32）给水管不应穿过变电所设备房；消防泵房、冷水机组、厕所、保洁工具间等上下水房间不应设置在变电所设备房正上方。

33）房间空调系统风孔布置应避让电气设备，防止滴水或风口直吹柜体。

34）变电所进入电缆夹层的扶梯应有接地线接入变电所接地系统。

35）变电所各设备房、工具间、材料间采用环氧树脂或水磨石地坪，按规范做好地面防水、防静电处理。

36）主变电所需设置消防控制室。

37）车辆段与停车场应考虑预留供电大型备品区域，用于存放电缆、支柱、汇流排等大型备件。具体要求如下：

（1）区域最短跨距不得小于9m，总面积不得小于200m²；

（2）满足防水、防晒要求，确保备件存放可靠性；

（3）满足叉车进出的基本条件，建议使用卷帘门，门高、门宽净长度都不得小于3m；

（4）该区域门前路段不宜设置楼梯，且与区域外路面不宜有较大倾角；

38）变电所用房内设备的典型布置方案如图9.2-1～图9.2-3所示。

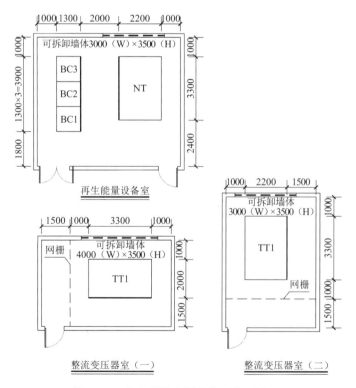

图 9.2-1　变电所设备用房典型布置图一

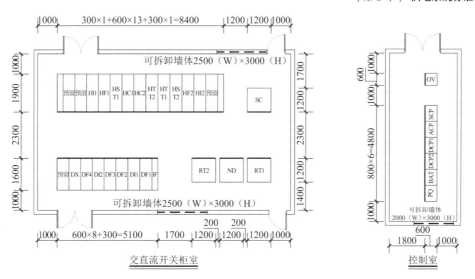

图 9.2-2 变电所设备用房典型布置图二

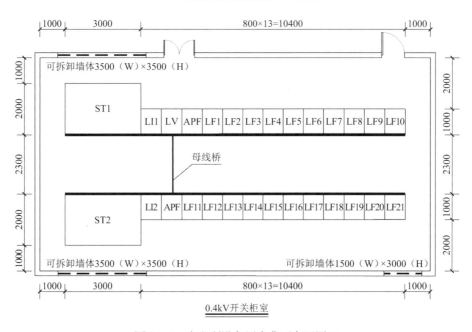

图 9.2-3 变电所设备用房典型布置图三

9.3 变电所设备标准化

9.3.1 主变电所设备

1）主变压器油枕至本体间不应采用波纹管。

2）110kV GIS 设备宜镜像布置，控制柜宜布置在 GIS 间，并预留足够检修空间。

3）SVG 变压器、所用变、接地变照明灯具应为冷光源，温控器位置安装合理，高度便于巡视查看。

4）SVG 变压器、所用变、接地变外罩观察窗应采用至少 300mm×200mm（长×宽）的有机玻璃，外罩内部、外罩前后应预留足够空间，便于人员进、出，同时方便高、低压侧接挂地线。

5）主变压器低压侧及干式变都应预留接挂地线位置。

6）主变压器低压侧 PT 应设置地刀，方便 PT 维护检修。

7）主变电所 35kV 开关柜宜预留用于合环与三合二闭锁关系的硬件或软件投退功能。

9.3.2　35kV 开关柜

1）35kV 开关柜三工位隔离开关应采用电动控制。

2）变电所 35kV 开关柜一段、二段上各进出线柜、馈线柜排列顺序一一对应。

3）SF6 气压表宜尽量设置在开关柜的中下部位置，且刻度明显易读取。SF6 充气孔不宜设置在开关柜顶部，位置应便于充气操作。

4）变电所 35kV 开关柜预留电缆试验堵头。

5）35kV 母联备自投就地位时，远方应闭锁母联备自投投退功能，同时，综自后台应显示母联备自投就地、远方点位信息。

（1）35kV 开关柜内二次交、直流电源小母排之间需设置分段空开。

（2）35kV 开关柜保护装置失电重启应设置成不会引起断路器动作跳闸。

（3）35kV 开关柜外接或外露部件，与柜体连接或接触处，要保证其结构的完整性，避免出现留缝或固定不牢现象。

（4）35kV 开关柜 PT 位置应合理设置，安装在柜顶时应考虑二次线缆合理布线与防护，安装在柜内并突出柜体存在空隙部分要做封堵。

（5）35kV 开关柜内交换机及二次线布局应合理，二次线走专用线槽，防止反复开门时光纤折弯、折断，控制线、保护线产生拉拔应力。光纤盒应固定牢靠，布局合理。

（6）35kV 开关柜电能表计安装位置距地面至少 1.2m，便于日常巡视抄表。

9.3.3　直流系统设备

1）DC1500V 开关柜应设置独立端子柜或边柜。DC1500V 开关柜保护装置失电后立即重启，不应引起断路器动作跳闸。

2）整流器具备开门报警或跳闸功能，并设置转换开关，供运营后期选择。

3）整流器任一桥臂一个熔断器熔断应报警，报警信息应上传至综自后台，任一桥臂两个熔断器熔断，对应的 35kV 牵引变馈线柜应动作，且综自后台有跳闸报文。

4）整流器柜体显示器至少 5 寸，可同时显示 10 条以上报警或故障信息。

5）钢轨电位限制装置电压Ⅰ段、Ⅱ段动作后，应设置远方复归。

6）整流变、配电变、整流器的故障报警信号，分别上传综自后台。

7）钢轨电位限制装置控制屏宜增加与所内时钟对时功能。

8）DC1500V 开关柜断路器宜设置磁保持,在二次空开电源失电或上电时,断路器不跳闸。

9）DC1500V 开关柜柜底与底部基础间高差应满足不影响断路器小车进出。

10）DC1500V 负极柜投入/退出转换开关设置在柜面明显部位,负极柜、整流器柜内负极母排应设置隔离绝缘挡板,以防触碰到裸露母排。

11）DC1500V 备用小车应满足防尘、防水要求,并预留配备存放专用工器具位置。

9.3.4　0.4kV 开关柜

1）0.4kV 设计图纸中应区分一、二、三级负荷,设置三级负荷总开关。消防或非消具体回路名称现场应有备注或标识。

2）0.4kV 开关柜母排应预留检修加挂地线位置及空间。0.4kV 进线柜母排与配电变压器低压侧母排尺寸匹配一致,连接牢固。

3）全线 0.4kV 母联开关柜宜统一设置在一段母线。

4）0.4kV 馈线电缆安装应留有足够空间。

5）0.4kV 开关柜馈线回路名称应与下级 0.4kV 负荷名称相同,设计定值互相匹配。

6）0.4kV 进线柜及三级负荷总开关均应设置来电自复功能。0.4kV 母联备自投设置自投自复功能,任意一段进线柜失压跳闸到设备自投投入启动合闸母联断路器间应设置时间级差,且 0.4kV 母联备自投应大于上侧 35kV 母联备自投整定时间,避免 0.4kV 开关柜先启动备自投。

7）0.4kV 开关柜表计应能上传电能质量系统。

8）0.4kV 开关柜馈线剩余电流保护应充分考虑下级负荷实际泄漏电流,避免误动作。

9）0.4kV 进线柜失压分闸延时时间宜设置为 $T+(0.5\sim1)\,\text{s}$（T 为 35kV 母联备自投投入时间）。

10）0.4kV 控制、信号、合分闸、操作机构电源均采用持续不间断的 DC220V 直流电,引自直流屏。

11）停车场、车辆段 0.4kV 通信、信号电源接地保护由设计院根据设计规范设定明确。

12）设计定值应与 0.4kV 抽屉开关定值调节旋钮档位匹配。

13）0.4kV 母线桥架采用母线槽,母线槽采用拼接、跨接排。

9.3.5　交直流屏

1）跟随所 35kV 开关柜及 0.4kV 开关柜Ⅰ段、Ⅱ段保护及控制电源宜分别从上级变电所Ⅰ段、Ⅱ段屏、柜电源引入。

2）交、直流屏,综合自动化屏空气开关应设置在柜内。

3）交、直流屏各空开下级负载回路标签名称应与现场实际下级负荷回路一一对应，预留的空开应设置成备用。

4）交、直流屏各空开分、合闸或动作时，综自屏后台报文和图元应设置成空开编号加回路名称形式，并一一对应。

5）蓄电池本体应加装测温纸，下方应加设绝缘垫。

6）交、直流屏多功能表计应采用液晶屏显示。

7）交、直流屏触摸面板应采用电容屏。

8）交、直流屏绝缘下降时，应可以通过巡检仪查看具体绝缘下降回路。

9）主变电所交流屏馈出至一类负荷应设置双电源双回路。

10）单节蓄电池直流电阻及温度应能实时监测，并有报警信号上传综自后台。

11）变电所蓄电池组应设置有独立的充放电试验回路，便于运营后期进行蓄电池例行试验。

9.3.6 干式变压器

1）变压器超温报警或跳闸时应能上传绕组故障、铁芯故障报文。

2）变压器温控箱内电源应采用直流电，温控箱数据模块排插设置方式及电缆传感插头与主板连接方式宜采用横向设置。

3）带有外罩的干式变压器，柜内应留有足够的检修空间，预留好接挂地线端子位置，柜门尺寸需运营确认。预留进线电缆孔洞应设置专用防火材料进行封堵。

4）变压器铁芯及绕组温度采集宜优先采用铂电阻温度传感器测温。

5）牵引变压器应设置开门报警信号上传综自后台。牵引变压器室内网栅门应装门开报警装置，开门报警信号上传综自后台。

9.3.7 保护装置

1）应在整流机组操作面板或二次回路中串接连片，供运营选择整流机组间是否联跳。

2）35kV馈线柜、进出线柜应具备对侧接地保护闭锁功能。

3）35kV馈线柜、进出线柜本侧维护接地时应手动分断路器。

4）电压型框架保护Ⅰ段设置报警，Ⅱ段分别预留报警、跳闸信号接点，并设置转换开关，供运营后期选择，同时设置相应整定值。

5）正线接触网越区隔离开关设备闭锁关系，应设置"投入"或"解除"转换开关，供运营后期选择。

6）隔离开关位置控制回路应与信号回路相独立，设计逻辑闭锁关系时，操作隔离开关就地/远方开关，不应引起相应直流断路器跳闸。

7）正线直流牵引系统与停车场、车辆段的供电联络刀闸应设置分合闸操作闭锁条件，闭锁投入或解除应设置转换开关，供运营后期选择。

9.4 电缆及敷设标准化

1）主变电所内 35kV 电缆隧道应设置隧道巡视过道，两边设置引水沟并在一定距离处设置集水井，便于值班人员日常巡视检查，确保隧道内无积水。

2）电缆夹层过缆桥架应考虑足够空间，尽量采用一层布置，若采用多层布置，应统一桥架材质与尺寸，不宜采用绝缘托板临时增设情况。

3）主变电所电缆竖井电缆敷设侧宜加装检修爬梯。

4）主变电所地下电缆夹层、电缆沟应采取防水、排水措施。

5）主变电所 110kV 外线井需为钢筋混凝土结构，并设有外部结构防水层，电缆井宜设集水井，预留便携式水泵的安装位置。井盖需设置"轨道交通专用"标示。

6）区间环网进、出所电缆应统一标准要求悬挂标牌，电缆中间接头处应做好垫板等防护措施；区间环网预留电缆布置时应相互交错分开布置；高压强电缆与信号、控制等电缆要分层布置，防止相互干扰。

7）主所 35kV 电缆隧道内馈线电缆应标明相序、设置防火分区和防火门，并在每个防火分区间隔前后 2m 处电缆涂刷防火阻燃涂料。

8）配电变、牵引整流变压器高、低压侧电缆固定处宜采用可调节角度的电缆固定支架，且电缆与支架固定处存在受力情况下，转弯固定处增加绝缘垫。

9）轨道交通外线电缆井宜设置在人行道或绿化带中。

10）过轨电力电缆的保护套管，应考虑防积水及封堵问题。

11）轨行区过顶电缆应做好固定、绑扎、防护、支撑等措施。穿墙电缆孔洞要用防火泥封堵严实。

12）35kV 电缆宜采用非磁性金属抱箍，每个电缆支架采用非磁性钢扎带。

13）场段各类穿管暗敷线缆每隔 20m、拐点、中点设置地面永久标识。

14）在满足限界及漏缆（AP 天线）安装要求的前提下，尽量抬高电缆支架的安装高度（最低距轨面不小于 1800mm），保证行车标识与设备箱盒有充足的安装调整余量（行车标识下缘距轨顶面应不小于 1100mm），避免遮挡行车标识，确保司机瞭望距离。

9.5 电力监控系统标准化

1）运营供电生产调度室、车辆段和停车场变配电工班应设置复视终端（含视频监控、综合自动化、电能质量系统、杂散电流监控与防护系统），可监控变电所设备状态及报文。

2）主所SVG设备可自动补偿外电源线无功功率,无论负荷如何变化,均能保证功率因数可控。

3）电能质量系统宜建立各类负荷群组功能,可以自行调整计量周期,并自动生成报表。

4）主变电所110kV侧关口表精度应为0.2S级;35kV开关柜计量精度不低于0.2S级,正线35kV开关柜、0.4kV开关柜计量精度不低于0.5级,且无功功率可显示负值。

9.6 接地系统标准化

1）主所设备房间内接地箱内接地扁铁（明敷）应全部打孔,方便接地螺栓安装。变电所各设备房消防门及变压器网栅门应安装接地线。

2）根据设备布局和数量合理布置变电所检修接地箱或接地扁钢,满足检修需求。

3）应在变电所沿墙敷设干线接地扁钢上焊接凸起U形搭接扁钢,凸起距离宜为10cm,同时做好接地标识。

4）主变压器高低压侧避雷器应用专用引下线接地。

5）变电所所内接地汇流排应尽量安装在电缆夹层,并配有防护罩及标识标牌。

6）变电所设备房墙体上应悬挂接地干线平面布置图。

9.7 杂散电流监控系统标准化

1）停车场、车辆段内房建结构均应预留杂散电流监测点,考虑设置土壤梯度监测系统,并上传至杂散电流监测后台。

2）为了避免加剧杂散电流对结构钢筋及其他设备腐蚀,出入段线轨道绝缘节宜设置在整体结构道床处,出入段线单向导通装置采用智能单向导通装置。

3）杂散电流监测与防护系统失电情况下,数据不丢失,且应保留一年内各项监测数据。杂散电流监控后台系统对监测数据可自动生成相关报表,并可供下载打印。

9.8 接触网系统标准化

9.8.1 接触线

为了确保接触线导高调节余量,刚性接触网低净空区段应合理选择定位安装方式。

9.8.2 隔离开关

1）静触头接变电所侧,动触头接接触网侧。宜在隔离开关变电所侧配置接地挂环,用于接触网隔离开关的检修。

2）隔离开关安装位置预留 1m×1m×1m 立体范围检修空间，隔离开关检修机构箱位置预留 500mm×500mm 检修空间，不应安装其他设备。

3）停车场、车辆段内所有隔离开关下方地面四周应硬化，方便操作。

4）停车场、车辆段隔离开关安装位置应避开检修平台、登高平台等较易触碰位置，并保持足够带电安全距离。

5）轨行区应合理设置隔离开关安装位置，避开电缆桥架、消防水管、通信线缆等设备设施。

6）上网隔离开关引线电缆应统一装在对应的一端。

9.8.3 锚段关节

1）正线绝缘锚段关节应统一设置在车站进站端。

2）刚性绝缘锚段关节两侧上网电缆宜在线路中心线两侧均匀、对称布置。

9.8.4 分段绝缘器

1）为确保检修作业人员安全，出入段线轨道绝缘节与接触网供电分段纵向设置应相同，分段绝缘器应与轨道绝缘节位置对齐。

2）刚性接触网系统中正线不宜设置分段绝缘器，应采用锚段关节进行电气分段。

3）停车场、车辆段内接触网优先采用链式悬挂方式，若部分特殊区段不具备链式悬挂条件，可采用简单悬挂，但必须根据实际条件采取相应措施，满足分段绝缘器、线岔等驰度要求及调节裕度。

9.8.5 下锚装置

1）线路设计时需充分考虑线岔安装形式，避免线岔处两线相磨、侧线磨限制管以及始触点抬高不足等。

2）柔性接触网应采用棘轮补偿装置，平衡轮与双支导轮应匹配，避免补偿绳磨损。

9.8.6 直流电缆

1）停车场、车辆段接触网设计时，同一供电分区应合理设置供电馈线的上网点，应使上网点与各电化股道直接相连，避免出现单一上网电缆给多股道供电，导致该段接触网过流烧损。

2）车辆段咽喉区重点设备处适当考虑增设避雷器。

3）汇流排上网电缆应左右交叉均匀安装在定位点两端，并平行于汇流排安装，保证汇流排两侧受力均匀。

4）避雷器上网引线及接地引线应采用软电缆，避免避雷器及附件受力过大损坏。

5）接触网电力电缆绑扎不得使用尼龙或钢扎带。电力电缆在腕臂、吊柱等大型铁件上敷设时使用电缆抱箍固定，上网电缆等在承力索线索上采用抱箍或铜绑线固定，固定处需加防护垫。

6）在高净空区段，当馈线电缆从隧道顶部引至汇流排时，应在隧道顶部与汇流排之间采取 U 形电缆桥架进行过渡连接。低净空区段馈线电缆从隧道顶部引至汇流排时，应在隧道顶部与汇流排之间采取加固措施。

7）上网电缆和架空地线宜错开，不宜密贴交叉。

9.8.7　基础支柱、零部件及附属设备

1）库内软横跨定位绳与检修平台应保持安全距离，避免接触网与检修平台产生冲突，平台上部不同股道间应串联 2 个绝缘子。

2）刚性接触网中间接头宜布置在定位点两侧，以避免接头布置在跨距中部而导致接触线驰度过大，影响受电弓的受流质量。

3）跨网通道及建筑物需确保带电安全距离并设置防护网，在承力索或汇流排上增加绝缘护套。

4）下锚支柱安装位置预留足够范围空间，不应安装其他设备，避免影响棘轮补偿装置、下锚拉线等设备性能。

5）支柱的基础不宜采用水泥封堵，对地脚螺栓涂抹黄油，安装基础帽即可。

6）区间照明等非供电专业设施设备如固定在接触网立柱上，安装位置需合理，不影响接触网专业检修。

9.8.8　标识标牌

1）渡线号码牌优先统一安装在其支持装置本体上，与定位点一一对应，特殊区段应安装在定位点附近侧墙。

2）为便于接触网带电情况的观察，停车场、车辆段库内接触网带电指示器 A 端头、B 端头或 B 端尾应采用单面显示，并可显示股道号及中文带电指示（有电显示为红色，无电显示为绿色），带电显示器取隔离开关分合位作为判断依据。

3）地上区段号码牌的固定应采用防松螺栓，避免因大风天气吹掉号码牌砸到地面的行人和车辆。

9.8.9　其他

1）停车场、车辆段各类穿管暗敷线缆（过轨下穿管道材质应牢固可靠，不易破损）每

隔 20m、拐点、中点设置地面永久标识。

2）接触网不同供电分区设备应尽量避免装在同一支柱、同一门型架、同一上下部固定绳柱上。

3）线路设计时，宜考虑预留在轨行区预留汇流排等长大物件摆放位置或者在疏散平台下预留摆放位置。

4）为了便于挂接地线在如下位置统一安装接地挂环：锚段关节两侧、车站两端齐端门处、分段绝缘器两端及相交线路的联络线分界点处。

5）为避免隧道结构渗水滴至接触网上，接触网定位点宜远离结构缝、施工缝等位置 0.5m 以上。

6）锚段关节、分段绝缘器等重点设备宜安装在直线段，分段绝缘器安装位置应位于线路中心。

7）铁件切割部分需要防腐处理。

8）为防止停车场、车辆段支柱上出现鸟类搭窝现象，锚柱、隔开柱等含有供电设备的支柱上应安装驱鸟设备。

9）汇流排切割后打磨确保接口缝隙应满足规范要求。

10）高架段隔离开关支柱宜安装爬梯和防护网，增加高空检修人员的安全。

11）在车辆段有电分段的地方，宜采用合成绝缘棒，增加单分区停电检修作业的安全。

12）在高架段下锚补偿的坠砣下方避免与其他专业的电缆或支架相摩擦，影响坠砣的升降。

9.9 变电所设备结构孔洞标准化

1）变电所设备房间设置夹层，夹层高度宜为 1.9m，夹层板厚度宜为 200mm。位于站厅层的 0.4kV 开关柜室宜设置为下进线，若受限制于设备管线时，夹层高度可降低 200mm。

2）夹层板荷载宜按以下重量考虑：牵引变压器为 14t，配电变压器为 6.5t，35kV 开关柜为 1.2t，直流开关柜、负极柜、整流器、排流柜、0.4kV 开关柜为 1t，交流屏、直流屏、蓄电池屏、电能质量屏、控制信号屏为 0.8t。

3）设备运输路径荷载应按本所内最重设备考虑荷载。

4）牵引变压器、配电变压器荷载集中于变压器底部导轨位置，进行高压、低压孔洞预留时充分考虑导轨下方结构梁。

5）35kV 开关柜设备孔洞应包容性考虑各个供货商不同的开孔要求，减少结构板的改造。

6）直流开关柜、负极柜、整流器、排流柜、交直流屏、电能质量屏、控制信号屏、配电变压器和 0.4kV 开关柜应按标准孔洞进行预留。

7）每个变电所应在不同房间内设置人孔，且牵引所人孔数量不少于 4 个，降压所不少于 3 个。

8）站台板结构柱应在满足荷载要求的情况下，尽量减少结构柱。

9）典型设备开孔如图 9.9-1～图 9.9-5 所示。

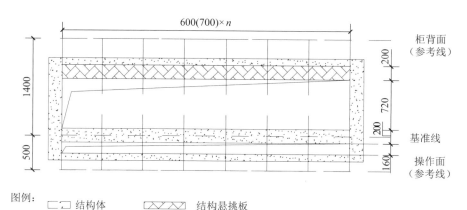

图例： ▭ 结构体　▨ 结构悬挑板

说明：
1. 因 35kV GIS 的产品形式多样，故须结构专业设计 200mm 的悬挑板，该悬挑板根据设备招标结果可删除。
2. "基准线"为设备基础槽钢中心线，该柜型基准线为一次孔和二次孔的分界线，基准线处的结构必须兼顾柜体承重，以满足设备以此横梁作为受力支撑要求，结构设计须予以考虑。
3. 若 GIS 边柜需开二次电缆孔，孔径一般不大于 100mm，可根据安装需求现场开孔，本图不再体现。
4. 本图 GIS 柜的宽度可按 600mm、700mm 模数控制，柜体数量 n 以工程需要为准。
5. "参考线"因不同产品深度尺寸不同，所以设备最大深度按 1900mm 考虑，以便土建房间需求的配合。
6. 参考重量：1t/面。

图 9.9-1　35kV GIS 柜开孔图

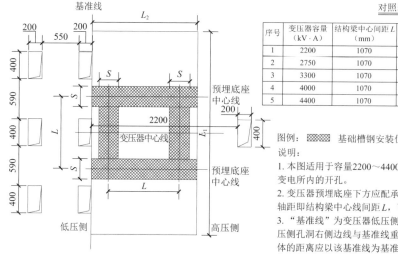

对照表

序号	变压器容量（kV·A）	结构梁中心间距 L（mm）	参考重量（t）	外轮廓参考尺寸（mm）$L_1 \times L_2$
1	2200	1070	10	2700×1500
2	2750	1070	13	2800×1500
3	3300	1070	13	2850×1550
4	4000	1070	16	2900×1600
5	4400	1070	16	2900×1600

图例：▨ 基础槽钢安装位置，宽度 S 根据工程确定。

说明：
1. 本图适用于容量 2200～4400kV·A　35kV 整流变压器在变电所内的开孔。
2. 变压器预埋底座下方应配承重结构，基础底座中心线轴距即结构梁中心线间距 L，可参考本表尺寸。
3. "基准线"为变压器低压侧本体外轮廓线（虚线），低压侧孔洞右侧边线与基准线重合，与土建配合时设备与墙体的距离应以该基准线为基准进行定位。

图 9.9-2　整流变压器开孔图

|第9章| 供电系统标准化设计

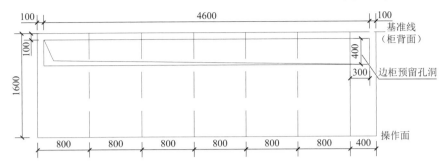

说明：
1. 本图DC1500V开关柜的柜宽按800mm模数控制，实际数量以工程需要为准。
2. 参考重量：1.5t/面。
3. "基准线"为DC1500V开关柜柜后轮廓边线，与土建配合时设备与墙体的距离应以该基准线为基准进行定位。

图 9.9-3 DC1500V开关柜开孔图

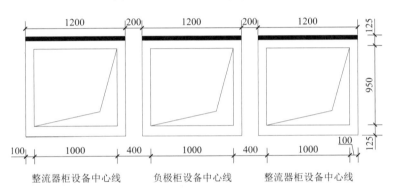

说明：
1. 本图整流器柜接线形式为下进下出，设备尺寸按1200mm×1200mm控制。
2. 参考重量：整流器柜1t/台、负极柜0.8t/台。

图 9.9-4 整流器、负极柜开孔图

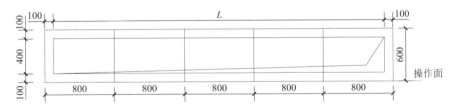

说明：
1. 本图适用于控制信号屏、隔离开关控制柜、交直流屏、蓄电池屏等设备的开孔。
2. 设备尺寸按800mm×600mm控制，开孔长度以工程需要为准。图中5面柜子仅为示意数量。
3. 参考重量：0.6t/面。

图 9.9-5 控制信号盘开孔图

第10章

弱电系统标准化设计

10.1 一般规定

10.1.1 通信系统

通信系统包含专用通信系统、公安通信系统、民用通信系统（运营商自行建设，轨道预留条件）。通信各子系统具有独立网络管理功能，并配置传递各子系统的语音、文字、数据、视频图像等各种信息的综合业务数字通信网，同时还能实现本线与其他轨道交通线路互联互通、资源共享，以满足轨道运营、管理需求。

10.1.2 信号系统

信号系统采用安全、可靠、技术先进和可用性强的基于通信的移动闭塞制式的列车自动控制（ATC）系统，包括列车自动监控（ATS）子系统、列车自动防护（ATP）子系统、列车自动运行（ATO）子系统、联锁（CI）子系统、数据通信子系统（DCS）以及维护支持子系统（MSS）等。

10.1.3 综合监控系统

综合监控系统实现各系统设备信息互通、资源共享，提升自动化水平，提高轨道交通运营的安全性、可靠性和响应及时性，最终达到减员增效的目的。

10.1.4 自动售检票系统

自动售检票系统（AFC）是基于计算机、通信、网络、自动控制等技术，实现轨道交通售票、检票、计费、收费、统计、清分、管理等全过程的自动化系统。

10.1.5 火灾自动报警系统

火灾自动报警系统（FAS）采用深度集成方式融入综合监控系统的方案，FAS系统现场级设备通过与综合监控系统、环境与设备监控系统互通信息实现消防联动及救灾。

10.1.6 环境与设备监控系统

环境与设备监控系统（BAS）实现对通风空调设备、给水排水设备、自动扶梯、照明设备、导向标志、车站事故照明电源等车站设备进行全面、有效的自动化监控及管理，确保设备处于安全、可靠、高效、节能的最佳运行状态。

10.1.7 门禁系统

门禁系统设中央级和车站级两层管理，中央级门禁系统实现对各车站、车辆段/停车场、主变电所系统内所有门禁设备的监控管理及授权，完成系统运行、授权、设备监视与控制、数据库管理、维修管理及系统数据的集中采集、统计、保存、查询等功能。车站级门禁系统实现对车站系统管辖范围内的门禁终端设备的监控，实现系统运行、维修管理及系统数据的采集、统计、保存、查询等功能。

10.1.8 安检系统

车站安检系统是轨道交通安全防范系统的重要组成部分，通过在安检点部署通道式安检机、智能安检门、台式液体检测仪、放射性物质探测设备、防爆球、防爆毯、危险物品存储罐、手持式金属探测器等设备，可针对火、爆等威胁起检测防范作用，有力震慑恐怖活动。

10.2 通信系统标准化

10.2.1 专用通信系统

1. 传输系统

传输系统采用环形网结构，具备网络自愈保护倒换功能，保护范围覆盖传输系统的全部通道。传输系统的容量及组网方式需考虑现有业务远期容量要求、新业务增加的要求和与其他各线路连接的要求。

在控制中心、车辆段、停车场以及各车站设置传输节点设备，利用上下行隧道敷设的光缆组建2个自愈保护环，系统采用隔站跳接方式，各车站节点就近接入相应的环网。

2. 公务电话

公务电话系统采用软交换技术，实现控制中心、车辆段、停车场和车站的公务电话通信。并设置主备软交换中心设备（SS），在主用控制中心软交换核心设备故障情况下，不影响公务电话系统的基本功能。公务电话系统设备配置主要包括软交换中心设备、计费终端、测量台、查询及话务台、接入网关和配套软件授权。

3. 专用电话

专用电话系统由控制中心专用电话交换机（简称主系统）和车站、车辆段、停车场（简称站点）专用电话交换机（简称分系统）及终端设备组成；中心主系统与相邻2~3个站/段/场分系统一起通过2M数字中继组成环网；相邻车站通过1个2M数字中继共线连接作为站间行车电话主用通道；站内、站间电话等通过车站分系统实现。

同时采用站间10对区间电缆以及区间光缆构成模拟实回线备用通道，模拟实回线备用通道实现站间行车电话和行车调度电话的备用。

4. 专用无线系统

专用无线系统采用800MHz频段的TETRA数字集群系统制式，实现数字集群交换中心、基站和用户终端设备三级组网。在控制中心设置集群交换设备，车站、段/场设置2载频集群基站，通过传输系统提供的以太网通道在中心交换机和基站之间传输基站基带信号。专用无线系统组网如图10.2-1所示。

在全线车站的站厅层、出入口及设备层采用吸顶天线覆盖。地下区间及站台轨行区采用漏泄同轴电缆覆盖。段/场采用室外定向天线方式对段/场运营及作业区域进行覆盖。其他区域及单体根据需要设置直放站增强覆盖，段/场的各类车库、大楼采用室内全向天线覆盖。

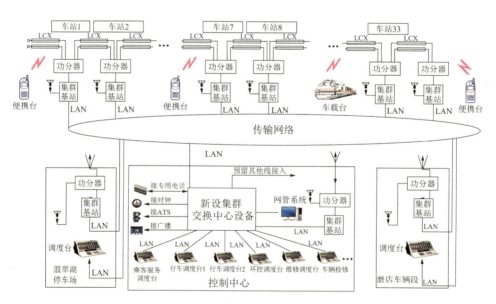

图10.2-1　专用无线系统组网图

5. 专用视频监视系统

专用视频监视系统由车站监视系统、场段监视系统和控制中心监视系统组成，系统采用1080P全高清视频制式，图像存储保存时间为90d。视频监视系统由图像摄取、图像存储、中心控制处理及显示、车站控制处理及显示、车辆段控制处理及显示、停车场控制处理及显示、视频信号传输、网管等设备组成。专用视频系统组网如图 10.2-2 所示。

车站图像摄取范围包括车站公共区（含站厅、站台、出入口及通道、换乘通道、电扶梯及楼梯等）、设备区（包括车控室、票务室、变电所、专用通信设备室、专用通信电源室等）；车辆段、停车场的图像摄取范围为出入段/场线、试车线，运用库、检修库、变电所等，还包括车辆段、停车场的本地安防视频监视。主变电所前端摄像机、存储、监视终端等就近接入正线视频监视系统。

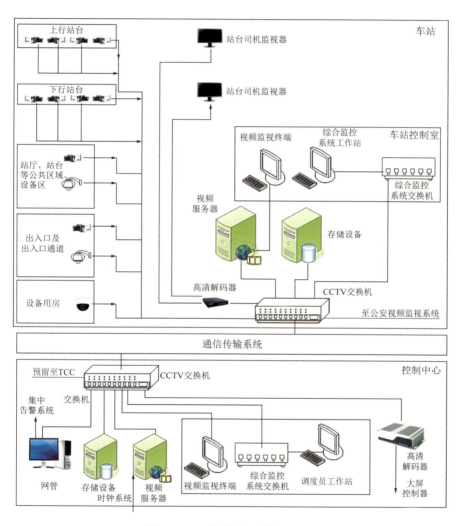

图 10.2-2　专用视频系统组网图

6. 广播系统

广播系统采用模数结合语音广播技术，在正常状态下，车站广播系统具有控制中心调度人员及车站值班员向乘客通告轨道交通列车运行及安全、向导等服务信息的功能，对于轨道交通内部，具有向车站和区间工作人员发布作业通知的功能；在灾害状态下，车站广播系统具有控制中心防灾调度员及车站防灾值班员，向乘客发出通告并指挥疏导乘客的功能。

广播系统由正线广播系统、车辆基地广播系统组成。正线广播系统由车站广播和控制中心广播两级广播构成。车站广播设备之间采用广播电缆连接，车站至中心语音和控制数据由传输系统提供的以太网通道承载。

7. 时钟系统

时钟系统为轨道交通内各系统以及控制中心调度员，车站、车辆段、停车场值班员及与行车相关的各部门工作人员及乘客提供统一标准时间信息，采用控制中心与车站、车辆段、停车场两级组网方式。在控制中心设置一级母钟或扩容既有线一级母钟；全线各个车站、车辆段、停车场新设二级母钟，通过专用通信传输系统接入中心一级母钟。在控制中心新设时钟网管系统，实现对全线时钟系统设备的统一管理。

8. 乘客信息系统

乘客信息系统包括中心子系统、车站子系统、车载子系统和网络子系统（有线网络和无线网络），车站 PIS 子系统采用高清视频（1920×1080）技术，车载 PIS 系统采用高清视频（1280×720）技术，中心子系统预留接入线网编播中心的条件。

控制中心至各车站的信息传输由以太网交换机自行组网实现，地面中心至列车的信息传输由 LTE 综合承载提供车地无线传输通道，无线信号覆盖正线轨道区域、车辆段/停车场行车区域及大库。

9. 电源及接地系统

电源系统为全线范围内所有车站、控制中心、车辆段、停车场专用通信系统设备提供可靠电源，并在控制中心设置电源网管。

通信系统电源按一级负荷供电，系统的交流输入由动力照明（低压配电）专业提供，两路独立的三相交流电源经通信系统交流切换装置切换后接入 UPS 及高频开关电源，经 UPS 输出的 AC 220V 电源分配给各交流供电的设备，高频开关电源（DC 48V）分配给需要直流供电的设备。UPS 与高频开关电源分别配备蓄电池组，在交流电源断电时，蓄电池组为各子系统提供所需备用电源。

10. 集中告警系统

集中告警设备实现对通信各子系统的运行状况 24h 不间断信息采集，由控制中心集中告警服务器、终端（中心本地终端及车辆段远程复示终端）、以太网交换机、打印机、信息采集设备、相应的配线和测试监视软件等组成。

11. 办公自动化系统

办公自动化系统的网络架构按照三层结构建设：核心层、汇聚层和接入层，相应的各层节点分别为核心层节点、汇聚层节点和接入层节点。控制中心设核心层节点设备，车辆基地设汇聚层设备及接入层设备，各车站设接入层设备，采用 IEEE 802.3 标准交换式以太网，覆盖控制中心、车站及车辆基地的各个用户。各站点交换机通过主干光纤通道采用以太环网方式接入控制中心核心交换机，单独车站的故障不会影响整个环网的连接通信。

10.2.2 公安通信系统

1. 公安数据网络系统

公安数据网络系统采用标准以太网，以光纤为连接介质，并按三层结构，由核心层、汇聚层及接入层组网。接入层与汇聚层之间、汇聚层与核心层之间组建千兆网络。车站节点环形接入 1+1 备份的汇聚层节点，组成环形网结构；核心层与汇聚层节点组成双星形网络结构，使整个网络具有较高的可靠性。

2. 公安电话系统

公安电话系统共享分局既有程控交换机及相关设备并根据需要对其既有设备进行扩容，并在车站及派出所设置语音网关和模拟电话设备，实现车站公安值班室之间、车站公安值班室至派出所、分局乃至市局提供电话通信功能。

3. 公安视频监视系统

公安视频监视系统由警务站、派出所、轨道交通公安分局三级监视组成，采用高清平台，车站、派出所公安前端摄像机均采用1080P 的 IP 数字高清摄像机。公安视频监视系统与专用视频监视系统共用部分摄像机，新设视频管理服务器、视频分析服务器、视频存储设备、网络交换机等。

4. 公安无线系统

公安无线通信系统由 350MHz 的 PDT 数字集群系统和数字同播系统组成，两套系统采用独立建设基站设备，共用天馈线系统方案。在全线各地下车站公安通信设备室分别设置1 套 4 载频的 350MHz 集群分基站和 1 套 2 载频同播分基站，全部配置数字制式设备。在派出所设置调度台，对全线所有终端进行调度和管理。

5. 公安电源系统

公安电源系统由派出所和各车站的交流不间断电源设备（UPS）、交流配电屏、蓄电池及电源集中监控系统设备等组成。UPS 车站容量按照 20kV·A 配置，派出所容量按照 80kV·A 配置。UPS 电源为公安通信系统提供 220V 交流电源，公安设备所需的直流电源由各子系统设备的整流装置产生。

10.3 信号系统标准化

10.3.1 系统容量设计

信号系统的控制容量在满足工程实际运营需求的同时，按远期运营需求一次设计，并考虑线路延伸时的容量扩展和接口条件预留。其中，ATS 子系统的控制容量在满足线路延伸后的控制容量基础上，再预留30%裕量。

10.3.2 系统设备配置

信号系统按所在地域可划分为控制中心设备、车站及轨旁设备、车辆段停车场设备、车载设备、维修中心设备和培训中心设备等，采用集中与分布式相结合的方式。基于无线通信的移动闭塞 ATC 系统构成如图 10.3-1 所示。

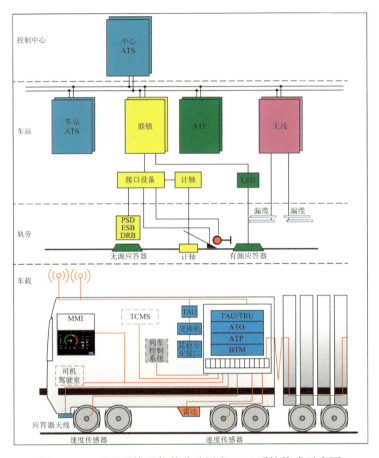

图 10.3-1　基于无线通信的移动闭塞 ATC 系统构成示意图

信号系统的设备配置满足以下要求：

1. ATS 子系统、ATP/ATO 子系统的主要设备如各类型的服务器、网络交换机、数据传输设备冗余配置，调度工作站应互为备用，当某一工作站发生故障时，可由另一工作站登录后代替。

2. 正线车站控制范围的划分，满足联锁控制的要求。联锁区的划分满足信号系统控制距离的要求。

3. 所有载客列车均装设 ATP/ATO 车载设备，采用二乘二取二安全冗余结构。工程车不配置 ATP/ATO 车载设备。

信号系统将正线车站分为设备集中站和非设备集中站。设备集中站设备主要包括联锁设备、区域控制设备、计轴室内设备、ATS 车站分机、DCS 网络传输设备、集中监测设备、

LEU 设备、信息安全防护设备、组合柜、接口柜、防雷分线柜、光纤配线柜、道岔缺口监测设备、电源设备等。非设备集中站室内设备主要包括综合分线柜、网络设备、车控室 ATS 监视工作站、电源设备等。

10.3.3 车地无线通信

信号系统车地无线通信采用基于 3GPP 标准的 TD-LTE 无线移动通信技术。在正线轨旁通过漏泄同轴电缆，车辆段/停车场车库通过无线天线实现车地实时双向通信。车地无线通信系统采用 A/B 红蓝双网冗余架构设计，A 网用以承载 CBTC 业务、紧急文本、列车状态信息、视频监控、PIS 视频以及车载 FAS 信息，B 网承载信号 CBTC 业务。A 网与专用无线 800MHz 合用一根漏缆，B 网敷设一根独立漏缆。

10.4 综合监控系统标准化

综合监控系统按两级管理（中央、车站）、三级控制（中央、车站及就地）的原则设计，由中央级综合监控系统、主干网络、车站级综合监控系统和辅助系统所构成。

综合监控系统作为一个综合信息化平台，集成了多个子系统的中央级功能，掌握全线设备的运行情况，负责管辖范围内设备监控与调度，其设备主要设置在控制中心，面向的操作对象是运营部门的环调、电调及维修人员。在中央级可以对整个线路各个站点系统管辖范围内设备运行状态、故障情况进行监视，并向各个站点发布指令，统一指挥、协调各个站点的运行。

综合监控系统采用工业级千兆以太网交换机单独组网，综合监控系统站级局域网、中央级局域网和全线骨干网均采用冗余工业级千兆以太网组成单独的传输网络。组网技术采用以太网标准和 TCP/IP 协议。

传输层和网络层的功能皆由综合监控系统以太网交换机完成。通过光纤将各站点和中央的以太网交换机相连，组成全线一个相对封闭的大型局域网络。

车站级设备的监控功能主要是完成本站点设备监控、管理。其中，综合监控系统在车站级集成了多个子系统的车站级功能，一方面负责管辖范围内设备监视，并根据本站的情况向下级子系统发布控制指令；另一方面，将本站设备的运行数据传输给中央级，并接受综合监控中央级运行指令。车站级综合监控系统设备主要设置在综合监控设备室、车控室等地，面向的操作对象是车站值班员。

综合监控系统通过在中央和车辆段内分别设置网络管理系统（NMS）、软件测试平台（STP）、培训系统（NMS）、运维管理平台等多个辅助系统，完成对 ISCS 人员的培训、ISCS 各种设备的状态监视以及软件、数据库的模拟测试。

现场级作为车站级、中央级的被监控对象，是车站轨道交通机电设备的主体，由 BAS、FAS、SCADA、PSD、CCTV、PIS、SIG、AFC、ACS 等系统组成，广泛分布于现场，可以进行现场的单台设备的操作，面向的操作对象主要是车站管理人员和维修人员。综合监控系统总体构成如图 10.4-1 所示。

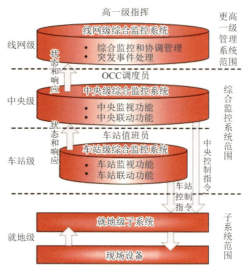

图 10.4-1 综合监控系统总体构成图

10.5 自动售检票系统标准化

10.5.1 核心功能设计

1. 自动售检票系统建立统一的密钥系统和车票制式，实现处理城市"一卡通"车票的功能。

2. 清分系统与"一卡通"系统之间、清分系统与各线路 AFC 系统之间的网络通信接口采用标准开放的通信协议。

3. 车站控制室设置紧急控制按钮，并与火灾自动报警系统实现联动，当车站处于紧急状态或设备失电时，自动检票机阻挡装置处于释放状态。

4. 自动售检票系统满足线网运营和管理的需要，各线路系统技术条件一致或兼容。

5. 自动售检票系统采用车站、线路票务中心、线网票务中心三级管理模式。系统采用计程、计时票价制，全非接触式 IC 卡制式。合肥通卡可作为储值票在轨道交通使用，具备虚拟电子票在轨道交通中的使用条件。

10.5.2 系统构成

1. 自动售检票系统由清分系统、线路中央计算机、车站计算机系统、车站终端设备、车票等组成。

2. 自动售检票系统设置维修测试系统和培训系统。

3. 车站终端设备由半自动售票机、自动售票机、自动检票机、便携式检票机等组成。

10.5.3 设备布置原则

自动检票机的设置满足每组不少于 3 通道要求，每组自动检票机设置不少于 1 通道宽通道闸机。

10.6 环境与设备监控系统标准化

1. 中央级

BAS 在车站级集成接入综合监控系统，由综合监控系统组建全线网络，实现 BAS 的中央级功能。

2. 车站级

BAS 车站级网络采用分层分布式结构，在车站两端环控电控室内各设一套冗余的 PLC 控制器，以靠近车站控制室端的冗余 PLC 为主控制器（A 端），另外一端的 PLC 为从控制器（B 端）。在车站控制室 IBP 盘（ISCS 系统提供）设置一套非冗余的 PLC 控制器。A 端冗余 PLC 控制器、B 端冗余 PLC 控制器、IBP 盘非冗余 PLC 控制器通过自愈双环以太网（通信介质采用光纤）构建车站级网络。BAS 系统通过 A 端冗余网络分别接入车站级综合监控系统冗余网络。

BAS 在高架车站、车辆段、停车场的弱电综合设备室设置 1 套冗余的 PLC 控制器。

10.7 火灾自动报警系统标准化

1. 中央级火灾自动报警系统

火灾自动报警系统集成于综合监控系统。中央级设备由综合监控系统配置，完成 FAS 中央级功能。实现监视全线火灾自动报警系统及重要消防设备的状态，接收全线各车站、车辆段、停车场、主变电站的火灾报警信号并显示报警部位。

根据系统维修模式，由综合监控系统设置的维修管理工作站，实现对火灾自动报警系统的状态进行监视和故障报警、查询。相应的维修功能由综合监控系统实现。

2. 车站级火灾自动报警系统

各车站、停车场、车辆段等地的消防控制室设火灾报警控制器，实现对其所管辖范围独立执行消防监控管理。其中，车站控制室作为车站的消防控制室，综合楼消防控制室作为车辆段消防控制室。

火灾报警控制器、图形显示终端、打印机、消防电话主机等和本管辖区域内的各种探测器、手动报警按钮、电话插孔、消防专用电话、控制联动设备、信号输入和信号输出模块等现场设备构成车站级火灾报警系统。

车辆基地内的综合楼、停车库等部位根据需要设置区域火灾报警控制器，以环形光缆网络连接至综合楼消防控制室的火灾报警控制器。

车站、车辆基地的图形显示终端由 ISCS 设置，FAS 也设置独立的图形显示终端。

由设在消防控制室的消防电话主机通过与电话插孔、消防电话分机联网组成消防电话系统。

火灾报警控制器通过集成接入综合监控系统，将信息送至控制中心。火灾报警控制器通过通信接口与环境与设备监控系统 PLC 控制器相连接,完成对兼用环控设备的联动控制。

在地下车站及区间各车站控制室设置 1 套感温光纤系统。设置光纤感温探测器对隧道进行实时监测、保护。

10.8 门禁系统标准化

门禁系统设中央级和车站级两层管理。在控制中心门禁授权室设置发卡授权终端。车站级门禁管理层设置在车站、车辆段、停车场、主变电所等防护区,各个管理区域设置现场设备层。门禁系统中央级和车站级通过综合监控网络互通信息。门禁主控制器与现场级设备之间采用冗余网络连接,一个链路中断时,系统可继续维持正常工作。

车站级门禁管理层设于各车站的车站控制室,以及车辆段、停车场、主变电所的值班室或控制室。车站级门禁管理层由车站级监控工作站(车站、车辆基地由 ISCS 实现,主变独立提供)、主控制器、打印机(车站、车辆基地由 ISCS 实现,主变独立提供)、系统软件(仅主变电所)及网络设备等组成。在控制中心设置一套全线的门禁授权工作站。

现场终端设备由就地控制器、读卡器、电控锁、门磁、紧急开门按钮等设备组成。就地控制器通过环线传输网络总线与主控制器相连,下端通过传输电缆方式与读卡器相连。门禁系统总体构成如图 10.8-1 所示。

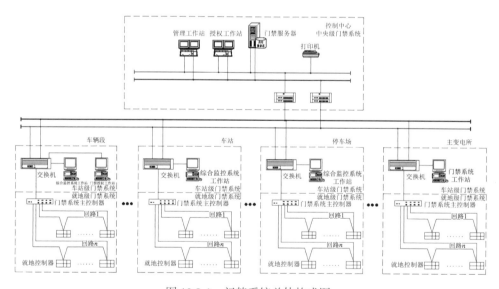

图 10.8-1 门禁系统总体构成图

10.9 弱电设备用房标准化

10.9.1 一般原则

1)弱电用房分为设备用房、管理用房和配套用房,设备用房包括设备室、电源室、配电间等,管理用房包括车站控制室、客服中心、票务室、值班室、工区办公室、工区材料室等，配套用房包括弱电井、通号电缆间、配线间等。

2）专用通信、综合监控、自动售检票等系统共用弱电综合设备室及弱电电源室。

3）弱电设备用房不应与易燃易爆品房间相邻，并应避开强电磁和振动干扰源。若无法避免，则应采取防爆、防振、抗干扰措施。

4）弱电设备用房采用下走线时应设置防静电活动地板，防静电活动地板至建筑完成面的净空不宜小于400mm，防静电活动地板的金属支架间应可靠电气连接，并接地。

5）弱电设备用房装修应满足防尘、防潮及防静电等设备运行环境要求。

6）弱电设备用房设置于地上时，不宜设置开窗及大面积玻璃（或其他透明材料）幕墙。若设置开窗或透明幕墙，应采用双层密封窗或中空玻璃窗，并设置不透光窗帘。弱电设备用房设置在地面一层时，开窗宜设防盗网。

7）每座车站宜靠近弱电设备用房设置两处通号电缆间。

10.9.2 通信设备用房

1）通信系统相关设备用房包括弱电综合设备室、弱电电源室、公安通信设备室、民用通信设备室，其中弱电综合设备室、弱电电源室、公安通信设备室应与车站控制室同端设置，民用通信设备室宜与车站控制室同端设置。

2）每5~8座车站设置一处通信工区管理用房，包括工区办公室、工区材料室等。

3）弱电综合设备室应与弱电电源室相邻布置，并靠近车站控制室，弱电综合设备室面积不宜小于75m²，弱电电源室面积不宜小于50m²。弱电综合设备室的面积可根据采用的系统方案适当调整。通信系统设备标准化布置如图10.9-1所示。

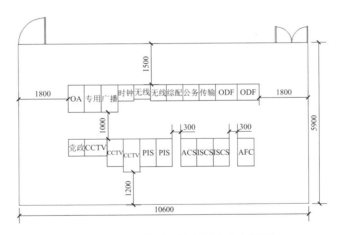

图10.9-1 通信系统设备标准化布置图

4）公安通信设备室应与公安值班室相邻布置，公安通信值班室应面向公共区开门。换乘站公安通信设备室面积不宜小于40m²，其他车站不宜小于30m²；换乘站公安通信值班室不宜小于50m²，其他车站不宜小于30m²。

5）弱电综合设备室净宽不宜小于5.8m，弱电电源室净宽不宜小于5m。

6）弱电综合设备室楼板均匀荷载不应小于 8kN/m²，弱电电源室、公安通信设备室、民用通信设备室楼板均匀荷载不应小于 10kN/m²。

10.9.3 信号设备用房

1）信号设备及管理用房宜单独设置。

2）在设备集中站设置信号设备室、信号电源室、信号值班室；在非设备集中站设置信号设备室；每隔 8～10km 在设备集中站设置一处工区管理用房，包括工区办公室、工区材料室。

3）信号设备用房宜设置在车站的站厅层，邻近车站控制室，信号设备室和信号电源室应相邻布置。

4）信号管理用房宜邻近信号设备用房设置。

5）设备集中站信号设备室面积不宜小于 80m²，净宽不宜小于 5.6m，信号电源室面积不宜小于 30m²，净宽不宜小于 3.4m；非设备集中站信号设备室面积不宜小于 35m²，净宽不宜小于 3.4m。信号设备室的面积可根据采用的系统方案适当调整。信号设备标准化布置如图 10.9-2 及图 10.9-3 所示。

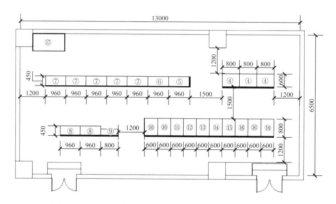

图 10.9-2　设备集中站信号设备标准化布置图

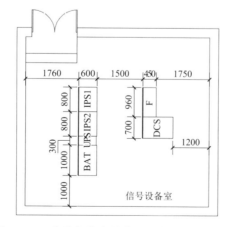

图 10.9-3　非设备集中站信号设备标准化布置图

6）信号设备室楼板均匀荷载不应小于 8kN/m²，信号电源室楼板均匀荷载不应小于 10kN/m²。

10.9.4 综合监控设备用房

1）站长室与车站控制室合设。

2）车站控制室面积不宜大于 50m²，观察窗侧墙宽度不宜小于 6m，垂直于观察窗侧墙宽度不宜小于 8m。综合监控系统设备标准化布置如图 10.9-4 所示。

3）换乘站共用车站控制室时，面积不宜小于 70m²，长×宽不小于 8.5m×8m，其中观察窗侧墙宽度不宜小于 8m。

4）车站控制室应设防静电活动地板，防静电活动地板下方至地面完成面净空不宜小于 450mm。

5）车站控制室门宽不宜小于 1.5m。室内及观察窗外不宜设置立柱。车站控制室净高不应小于 3m。

6）每隔 4~5 个车站宜设置一处综合监控维修工区办公室，面积不宜小于 25m²。

7）车站控制室楼板均布荷载不应小于 8kN/m²。

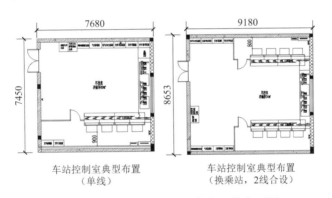

图 10.9-4 综合监控系统设备标准化布置图

10.9.5 自动售检票设备用房

1）车站站厅付费区与非付费区的分隔带上应设客服中心；设一处时，客服中心面积不应小于 12m²；设两处时，单个客服中心面积不应小于 8m²。

2）票务室宜邻近车站控制室布置，采用外开防盗门，换乘站票务室面积不宜小于 25m²，其他车站票务室面积不宜小于 20m²。自动售检票系统设备标准化布置如图 10.9-5、图 10.9-6 所示。

3）根据需要设置 AFC 配电间，AFC 配电间与弱电电源室宜分别设置在站厅两端，配电间面积不宜小于 10m²。

4）每隔 3~4 座车站宜设一处 AFC 维修工区办公室，面积不宜小于 20m²。

5）客服中心应设防静电活动地板,板下净空不宜小于 0.15m。

6）AFC 配电间楼板均布荷载不小于 $8kN/m^2$。

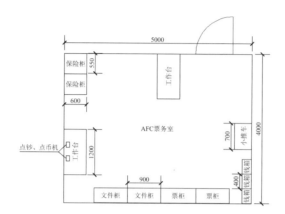

图 10.9-5　自动售检票系统一般车站设备标准化布置图

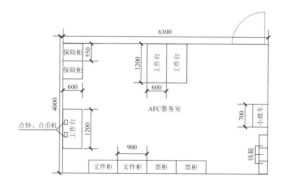

图 10.9-6　自动售检票系统换乘站设备标准化布置图

第 11 章

车辆基地标准化设计

11.1 一般规定

车辆基地设计应在充分利用段址地形地貌和周围环境的基础上，满足城市规划和环境保护的要求，以满足工艺要求为前提，确保运用维修质量和生产安全，满足车辆技术条件和线路运营技术特征，提高作业效率，降低生产成本、少占土地资源，并结合城市规划条件，获得最佳综合效益。主要设计原则如下：

1）车辆段设计，应近期、远期相结合，统一规划，分期实施。

2）车辆段的股道配置应满足各种生产功能的要求，力求布置顺畅，避免车辆在段内迂回运行或互相干扰，尽量缩短列车在段内的空走距离。

3）车辆段布置应将生产区与办公生活区、带电区与非带电区分开布置，充分保证作业人员安全、车辆基地内车流和人流互不干扰，同时方便生产作业调度指挥。

4）车辆段的设计应尽量采用高效可靠的新技术、新工艺、新材料和新设备，积极引进和学习国外先进技术和关键设备，专用设备宜采用标准设备或成熟的非标准设备。

5）车辆段应设置完善的消防设施。

6）车辆段设计应对所产生的"三废"进行处理。环境保护设施应与主体工程同时设计、同时施工、同时投用。

11.2 工艺设计标准化

11.2.1 总平面布置

1）库前平过道宽度：检修库、运用库前宜为 10m，调机工程车库、镟轮库前不小于 7m，洗车库前不小于 4m。合肥 3 号线磨店车辆基地库前平过道布置如图 11.2-1 所示。

2）车辆基地内运用库前咽喉区、检修库前咽喉区、出入线、牵出线、洗车线、试车线等均需挂网电化。材料装卸线、新车卸车线、工程车辆停放线等不电化。停车列检库、周月检库、静调库库内股道挂网电化，并设计可独立供电的隔离开关。镟轮库内及库前后两端列车长度范围不电化。

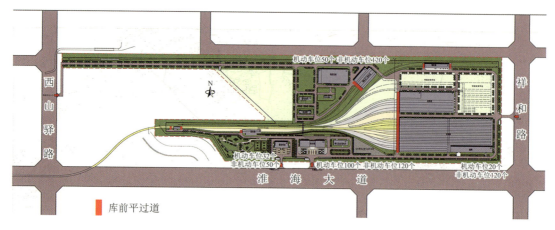

图 11.2-1　库前平过道布置示意图

3）镟轮库房距出库信号机不应小于 145m（1 列 6B 电客 120m + 1 辆工程车 15m + 安全距离 10m），镟轮库房距尽头信号机不应小于 128m（6B 电客车长 120m + 防护距离 8m）。

4）镟轮线的设置位置应避免镟轮作业时对段内交通的切割影响。

5）为便于设备和备品备件的运输及人员进出，镟轮库、洗车库、轮对踏面检测棚应设计与段（场）主道路相通的支路。

6）场区内主干道路宽度不小于 7m，辅助道路宽度不小于 4m，新车运输通道转弯半径不小于 28m。道路均采用硬化路面，主干道路需沥青黑化处理。合肥 3 号线磨店车辆基地车辆段 7m 宽主干沥青道路实景如图 11.2-2 所示。

图 11.2-2　车辆段 7m 宽主干沥青道路

7）为保证段（场）员工汽车及非机动车辆行驶安全，应至少在道路单侧设立宽度 1.0～1.5m 的人行道，且在主干道交叉口位置画有斑马线等穿越通道。

8）室外平交道采用水泥硬化路面，在钢轨两侧采用窄条橡胶进行填封。库前平过道橡胶道口板如图 11.2-3 所示。

图 11.2-3　室外平过道及橡胶道口板

9）运用库、检修库库前平过道口两侧应设可移动式阻挡护栏（带滑轨）和成品岗亭。

10）为减少调车作业量，增加洗车效率，降低运营成本，优先按贯通式洗车设置洗车线，当地形受限时，可采用"八字线"洗车布置形式。

11）车辆段（场）出入口设计应充分考虑段（场）内员工到最近车站乘车便利性，离车站最近出入口之间的距离不宜大于 1000m。段内设置供通勤大巴停车位。

12）为满足列车的 80km/h、100km/h、120km/h 试车需要，当地形条件允许时，试车线长度宜分别不小于 1400m、1800m、2300m，条件限制时，其最小曲线半径应满足全速试车需要。线路范围内不得设置平交道。试车线需进行物理围蔽，在平交道道路两侧做电动抬杆（带声光报警），垂直轨道方向做隔离门。试车线检修地沟长度 = 列车长度/2 + 5m，宽度为 1.1m，深度为 1.5m。检修地沟设置良好的排水设施。试车线需设置固定式登车梯。合肥 3 号线磨店车辆基地试车线检查坑如图 11.2-4 所示。

图 11.2-4　试车线检查坑

13）当段内用地条件受限，试车线长度无法满足全速试车时，可利用正线试车。正线试车宜选择靠近车辆段接轨站附近的正线线路，线路平面曲线半径不宜小于 1000m，最大纵坡不宜大于 8‰，长度应满足列车最高运行速度性能试验的长度要求，信号设备应满足试车作业信号要求。

14）为提高车辆的检测率，轮对检测库的位置应设置在入段（场）线上；为满足列车通过轮对检测库时匀速 10km/h 的检测速度要求，轮对检测库的位置应远离入段（场）信号机。

15）为满足工程车的公路运输吊卸以及 25m 长钢轨运输装卸等要求，每条线路在车辆基地内应设置 1 处材料线（无电化股道），股道旁单独设置钢轨、道岔、轨枕等大件备品备件存放场地。上盖开发段（场）材料堆场处柱网布置应优化调整，满足长、大物料存放需求。

16）为便于运营与公安管理界面的划分，公安楼宇应与段（场）完全分隔，并单独设置出入口。当条件受限时，公安用房可设置于综合楼一楼，需与综合楼办公用房物理分隔，设置独立进出门厅。

17）为确保段（场）机动车辆行驶安全，段（场）道路应安装醒目的限速标识、弯道反光镜等。出入口及主要道路分叉处设置导向牌，并在建筑物阻挡视线转弯处设置凸面反光镜。车辆段（场）内交通标志如图 11.2-5 所示。

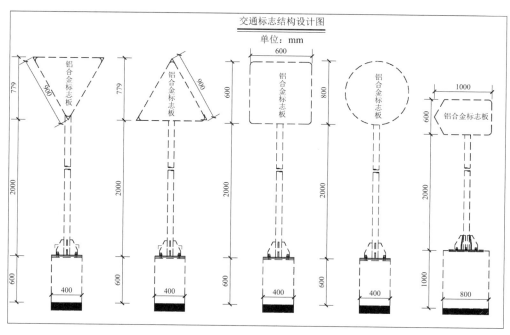

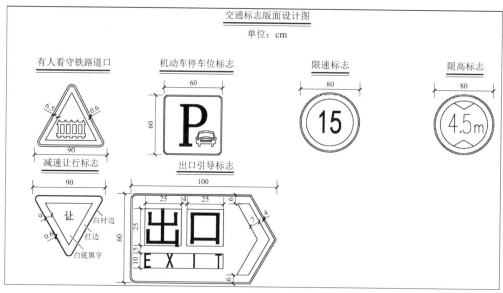

图 11.2-5　交通标志设计图

18）为保障段（场）车辆安全行驶速度，段（场）主次干道均应设立减速带（间隔距离约为 300m），在主要建筑物出入口、道路交叉口及地下停车场出入口，均应设立减速带，提醒司机减速慢行。车辆段（场）内减速带设计如图 11.2-6 所示。

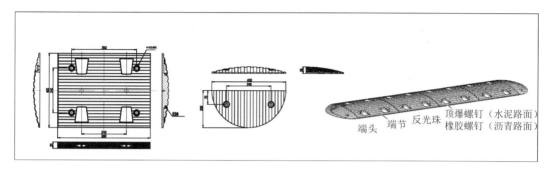

图 11.2-6　减速带设计图

19）每条线路的车辆段或停车场应有一处具备新车卸车条件；卸车线可利用材料线等非挂网线路，卸车处的股道直线长度不宜小于 50m，卸车场尺寸应满足装卸条件，地面载荷按 10t/m² 考虑，卸车场地距离卸车线路中心不宜大于 4m；段（场）总图设计时应充分考虑平板车走行路径，段（场）道路转弯半径不得小于 28m。

20）工艺股道有效长要求

（1）非全自动运行车辆段场牵出线有效长不小于 145m（120m 车辆长度 + 15m 调车机车长度 + 10m 安全距离）。

（2）镟轮库房距出库信号机不应小于 145m（1 列 6B 电客 120m + 1 辆工程车 15m + 安全距离 10m），镟轮库房距尽头信号机不应小于 128m（6B 电客车长 120m + 防护距离 8m）。

（3）尽端式洗车线有效长不小于 310m，贯通式洗车线有效长不小于 312m。

11.2.2　运用整备设施

1. 运用库

1）非全自动运行运用库的库长轴线尺寸不超过 285m，全自动运行运用库长轴线尺寸不超过 306m。列检列位设立柱式检查坑，中间检查坑底标高 −1.5m，宽 1.1m，股道两侧标高 −1.100m（库内轨面高度 ±0.000m）。原则上中间通道两侧及库前库尾均需设置斜坡，条件受限时库尾可设置踏步。

2）停车列检库内检查地沟股道占比应为 100%，地沟均采用立柱式地沟。合肥 3 号线磨店车辆基地库内立柱式检修地沟如图 11.2-7 所示。

3）停车列检库及检修库检查坑单端阶梯踏步长度不小于 2m，其中运用库地沟底部长度不小于 123m，检修库地沟底部长度不小于 124m。低位作业面长度不小于 114m。

图 11.2-7　立柱式检修地沟

4）运用库、检修库内应设置综合支吊架集成各专业管线。综合支吊架布置如图 11.2-8 所示。

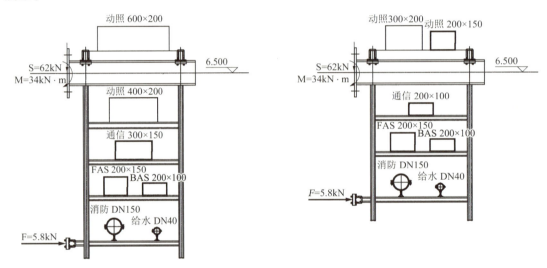

图 11.2-8　综合支吊架布置图

5）停车列检库每列位设置 2 处登车台。停车列检库应配套设置受电弓检视平台，平台设置安全联锁。停车列检库库内登车平台实景如图 11.2-9 所示。

图 11.2-9　库内登车平台

2. 双周三月检库

1）库内设三层作业平台，并在车顶设置安全防护设施，中层平台标高 1.05m，顶层平台标高 3.6m。双周三月检库宜采用钢结构检修平台。合肥 3 号线磨店车辆基地双周三月检库钢结构检修平台如图 11.2-10 所示。

图 11.2-10 双周三月检库钢结构检修平台

2）库内采用立柱式检查坑，中间检查坑底标高−1.5m，宽 1.1m，股道两侧标高−1.100m（库内轨面高度±0.000m），检查坑单端阶梯踏步长度不小于 2m，地沟底部长度不小于 123m，低位作业面长度不小于 120m。

3）双周三月检库中层平台设置 4 处拖把池，每处拖把池水龙头前设置一处角阀。同时中层、高层平台需配套设置 6 处维修电源插座和 6 台工业风扇（单侧）。

3. 洗车库

1）洗车库边跨宜按一层设置。控制室面向洗车线设观察窗。

2）洗车库辅跨一层设置洗车机泵间、配电间、休息间、控制室、卫生间等，房屋净高不小于 3.6m。

3）主库设 2 个 1.0t 手动葫芦，供刷组检修用；手动葫芦走行轨采用 22a 型工字钢，走行轨中心距线路中心 2.5m。

11.2.3 车辆检修设施

1. 大/架修库

1）库长应满足整列车入库设计，固定式整体架车机长度应满足整列车的作业设计。库内设车辆称重系统。大/架修库内固定式架车机如图 11.2-11 所示。

2）库内设置综合支吊架系统集成各专业管线。

3）大架修库设置 $G_n = 10/3.2t$ 电动双梁桥式起重机 2 台，起重机走行轨标高距库内地面 8.1～8.4m。起重机为司机室操作。大/架修库内起重机如图 11.2-12 所示。

4）大架修库股道入库大门采用折板门，尺寸为 4.2m×5.4m（宽×高），折板门局部可开启人行小门。

图 11.2-11　固定式架车机

图 11.2-12　检修库起重机（带司机操作室）

2. 定/临修库

1）定修线设通长宽型检查坑，坑底标高 −1.5m，宽 1.1m，股道两侧低地面标高 −1.1m，（库内轨面高度 ±0.000m）。

2）定/临修库设置 10t 吊钩桥式起重机和 5t 电动单梁起重机各 1 台，起重机走行轨标高距库内地面 8.1～8.4m。起重机为司机室操作。

3）库内定修线设置钢结构平台及防护网。

4）定/临修库股道入库大门采用折板门，尺寸为 4.2m×5.4m（宽×高），折板门局部可开启人行小门。

5）库内采用立柱式检查坑，中间检查坑底标高 −1.5m，宽 1.1m，股道两侧标高 −1.100m（库内轨面高度 ±0.000m），检查坑单端阶梯踏步长度不小于 2m，地沟底部长度不小于 123m。低位作业面长度不小于 120m。

3. 静调库

1）静调库两侧设置通长钢结构平台（一侧双层、另一侧三层），三层平台对侧设置防护装置。

2）静调库内设立柱式检查坑，坑底标高-1.500m（库内轨面高度±0.000m），宽1.1m，检查坑单端阶梯踏步长度不小于2m，地沟底部长度不小于124m。

3）库前端设置限界检测门装置。

4. 镟轮库

1）库内设置休息间和工具存放间，宜设置厕所设施。

2）镟轮库设置3t起重机1台。起重机为地面操作。

3）镟轮设备基坑内应设置集水坑；不落轮镟床基坑周边设置1.1m高不锈钢栏杆。

4）镟轮库内（除不落轮镟床基坑）及两端平过道设置整体道床，钢轨伸入设备基坑0.5m。镟轮库设备布置如图11.2-13所示。

图11.2-13　镟轮库设备布置图

5）不落轮镟床进库和出库方向需留够一整列车长度的轨道，不影响平交道、试车线通行，且不设置接触网。

6）镟轮库内轨道缝采用橡胶填充。

5. 吹扫库

1）一个车辆基地设置吹扫线1条，吹扫库四周墙体及库门、窗设置需要考虑封闭作业需求。

2）吹扫库设置单侧三层钢结构平台，平台对侧设置车顶防护网。

3）吹扫库内结合柱跨合理设置用水点，用水点间隔20m左右。

6. 蓄电池间

1）蓄电池间充电室不应通过无关的沟道和管线，蓄电池间内配电线路不应埋地或在电缆沟内敷设。

2）蓄电池间需按防爆考虑，蓄电池间充电间内电气设备等均应按防爆设计，充电间应设机械通风。值班室设置空调。合肥3号线磨店车辆基地蓄电池间平面布置如图11.2-14所示。

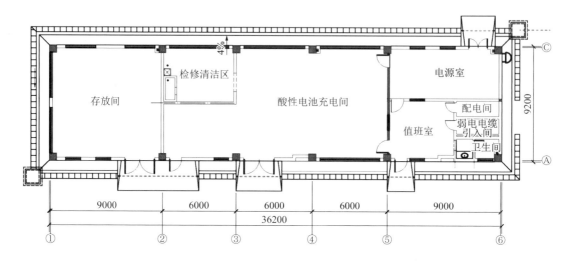

图 11.2-14 蓄电池间平面布置图

7. 杂品库

1）按照甲类库房单独设置，配置独立围墙和安防措施。

2）车辆段杂品库内设固废暂存间一处，停车场设固废暂存间一处，使用面积 10～15m²，满足抗渗要求，渗透系数 $\leqslant 10^{-7}$cm/s。

3）杂品库宜按大于 6 间设计（乙炔瓶库、氧气瓶库、桶装油品库，油漆材料库、化学品库、腐蚀品库），桶装油品间面积需 50 m²，其他库房面积应按 30 m² 设计，并配备相应存储货架。化学品库、腐蚀品库地面应在库内地面要求基础上，再做防酸防碱处理。

4）杂品库房外应设置防静电触摸球装置一台，桶装油品间、乙炔瓶仓库应设置气体报警器装置一套；杂品库中的腐蚀品间门外应设置紧急洗眼器装置一套、应急水池等。合肥 3 号线磨店车辆基地杂品库平面布置如图 11.2-15 所示。

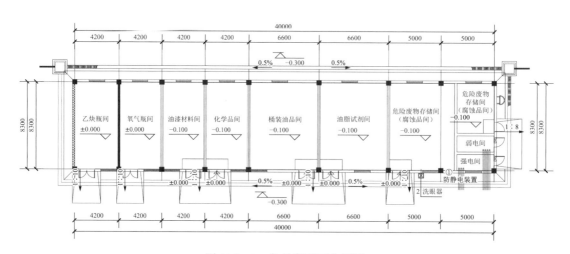

图 11.2-15 杂品库平面布置图

8.物资总库

1）物资总库承担地铁系统材料、配件、设备和机具及劳保用品等的采购、存放、发放任务和管理工作。物资总库宜设置在车辆段内。

2）物资总库设置立体仓库区、大件物品区及办公区。

3）物资总库根据需要配备起重设备和汽车、蓄电池车等运输车辆。

9.调机工程车库

1）调机工程车库规模应根据工程车数量、编组特点及维修情况设置，每股道不少于70m。

2）为满足工程车的临修作业需要，可设置起重设备和移动式架车机。

3）采用蓄电池双动力调机情况下，调机停放线对应股道库前设接触网。

11.3 站场设计标准化

1）车辆基地场坪高程应按路基路肩、周边道路及既有铁路高程内涝水位、邻近河道百年洪水位、车辆段对外排水标高衔接等因素综合确定。并尽量做到填挖平衡，减少工程量。

2）车辆基地入口处的道路标高应高于相邻衔接市政道路标高，基地地面的最低处高程宜高于相邻周边市政道路最低标高，否则应有相应的防洪防涝及排水措施。

3）站场股道间设置砟底式纵向盖板排水沟，围墙外场坪四周路肩外坡脚设置排水沟，纵向水沟之间根据排水需求，可设置穿股道和穿越道路的横向排水沟。

4）排水沟宽度0.4~0.6m，横向排水沟沟身采用钢筋混凝土，纵向排水沟深度小于等于0.7m时沟身可为素混凝土，大于0.7m时可考虑采用钢筋混凝土。纵向及横向排水沟盖板均为钢筋混凝土盖板。

5）股道间线间距小于5m处的站场排水沟，设置为砟顶式排水沟。

6）车辆段内雨水应接入段（场）周边稳定排水通道，尽量避免就近排入鱼塘、水塘等不稳定的临时水域。

7）预留工程四周的排水需要与城市外部排水系统连通，以防积水。

8）若车辆段（停车场）为上盖开发且为咽喉区上盖，咽喉区仍需设置排水沟，可适当减少水沟数量、优化水沟尺寸。

9）段（场）内道路除库前平过道不设路缘石，其余沥青道路均需设置路缘石。路缘石包括平缘石和立缘石。立缘石高度可根据使用范围的不同进行调整（当立缘石连接人行道或绿化时高度按正常值，当立缘石连接广场铺装或机动车停车位时高度可降至与相邻道路面等高）。

10）站场主要道路宽7m，次要道路宽4m，通段道路宽度不小于7m（需运输新车的通段道路宽度可根据需要再加宽），道路宽度不含道路两侧路缘石宽度；库房边的圆曲线半径不宜小于5m，其他地段圆曲线半径不小于9m。道路设计应考虑设置减速带。

11.4 建筑设计标准化

11.4.1 一般规定

用地指标、退线和道路开口应符合《城市轨道交通工程项目建设标准》建标 104—2008、《合肥市控制性详细规划通则》的相关规定；永久征地红线宜采用顺直的平面，出入口征至道路红线，不得突破其他控制线。车辆基地内建筑单体按使用性质可分为民用建筑、厂房和仓库。具体如下：

1）民用建筑包含有综合楼、司机宿舍、警务用房、综合维修楼（与办公楼合设时）、门卫（门卫道路栏杆建议设置抬杆式道闸，并设置闸机系统和车辆识别系统）等。

2）厂房包含有停车列检库、检修库、调机及工程车库、洗车库、污水处理站、混合变电所、综合维修楼（单独设置时）、蓄电池间（需单独设置）、镟轮库、轮对受电弓检测棚；

3）仓库包含有物资总库、杂品库（车辆段设置，包含固废品间）、固废品间（停车场设置，贴临垃圾房）。

11.4.2 建筑火灾危险性分类与耐火等级

建筑火灾危险分类与耐火等级见表 11.4-1。

建筑火灾危险分类与耐火等级　　　　　　　　　　　　表 11.4-1

名称	功能	火灾危险分类	耐火等级
综合楼	办公用房、配套后勤等	民用建筑	不低于二级、地下为一级
警务用房	警务办公用房、配套后勤等	民用建筑	不低于二级、地下为一级
司机宿舍	司机宿舍、配套等	民用建筑	不低于二级、地下为一级
综合维修楼	检修用房、设备用房等	丁类厂房	不低于二级、地下为一级
检修库	定修、临修、大架修、周月检、静调、吹扫、辅助检修间等	丁类厂房	不低于二级、地下为一级
停车列检库	停车列检、周月检、运转综合楼、镟轮库等	戊类厂房	不低于二级、地下为一级
调机及工程车库	调机库、工程车库等	丙类厂房	不低于二级、地下为一级
镟轮库	镟轮等	丁类厂房	不低于二级、地下为一级
轮对受电弓检测棚	受电弓检测	戊类厂房	不低于二级、地下为一级
物资总库	立体仓库、大件存放区	丙类仓库	不低于二级
杂品库	易燃易爆品、有毒、腐蚀性物品存放	甲类仓库	一级
污水处理站	污水、废水处理	戊类厂房	不低于二级
混合变电所	牵引供电及变配电	丙类厂房	不低于二级
蓄电池间（酸性）	蓄电池、充电、放电、存放	甲类厂房	一级
洗车库	洗车区、机械间、控制室等	戊类厂房	不低于二级

续表

名称	功能	火灾危险分类	耐火等级
U形槽雨棚	车辆进出基地	室外构筑物	不低于二级
材料棚	临时物品存放	戊类厂房	不低于二级
垃圾房	垃圾存放等	民用建筑	不低于二级
固废品间	临时物品存放	丁类仓库	不低于二级

注：带上盖车辆基地另行考虑。

11.4.3 建筑单体设计要点

1. 运用库、联合检修库

1）室内高度应结合功能和工艺设备要求确定，停车列检梁下净高不应低于7.5m，联合检修库梁下净高不应低于10.0m。

2）附属用房采用双面布置房间时，内走道净宽不应小于2.40m；单面布置时，内走道净宽不应小于2.00m。有设备运输要求的，走道净宽应满足设备运输要求。

3）库内宜设置清洗池，清洗池周边1m范围内墙体应贴面砖，高度2.0m。

4）变形缝应避免跨越重要设备用房，变形缝两侧宜设置双墙。

5）库内优先采用自然排烟，附属用房设休息区、茶水间等设施。

6）检查坑内两侧设置宽度不大于0.20m的排水沟，盖板采用镀锌钢格栅盖板，扁钢高40mm，厚3mm，间隔40mm。

7）检查坑地面宜采用环氧彩砂自流平，立柱采用环氧树脂涂料；楼梯踏步和坑内地面采用细石混凝土地面，色彩宜协调统一。

8）涉及喷漆工艺的联合检修库，应满足现行国家规范《建筑设计防火规范》GB 50016的防火防爆要求。

2. 综合楼

1）宜将办公楼、司机宿舍、综合维修（办公用房）等整合为综合楼。食堂宜单独成栋。

2）综合楼需设置不小于1.35t电梯，数量不小于5000m²/部。

3）办公区优先设置在南侧，宜采用开敞式办公；更衣室宜靠近楼（电）梯口，男女分层设置。

4）楼内宜结合平面布置考虑休息区、打印区、茶水吧等公共设施。

5）门厅、电梯厅、走廊、食堂餐厅、会议室、办公室等公共用房需精装修设计。

6）楼内不锈钢消火栓、配电箱等应暗装。

7）办公楼首层层高不宜低于4.80m、其他楼层层高不宜低于4.20m，宿舍层高不宜低于3.90m。

8）吊顶高度应在满足管线安装的前提下尽量提高，内走道双面布置房间时，吊顶后净空不宜低于 2.70m。

9）设防静电地板房间，防静电地板净高不应低于 0.30m，并考虑走线便捷，材料宜选用陶瓷防静电地板，并设置设备运输斜坡。

10）卫生间采用降板处理，房间完成面应比走廊完成面低 0.02m，并以 1：12 坡度过渡。

3. 食堂

1）厨房应布置在建筑裙楼首层或单独布置，层高不应低于 5.50m，梁下净空不宜低于 4.20m。厨房吊顶装修完成后净空不应低于 3.0m。

2）公共餐厅应靠近人员办公集中区域，宜布置在 2 层及以下楼层，层高不宜低于 4.50m，餐厅吊顶装修完成后净空不应低于 3.0m（如公共餐厅布置在 3 层及 3 层以上应设置专用乘客电梯）。

3）规模按照车辆基地定员核算同时用餐人数，按 4 人桌，不小于 2.5m^2/桌；厨房面积：餐厅面积＝1：1 配置。

4）为便于设备检修和维护，后厨区若有上下层，宜设置普通电梯。

5）食堂宜考虑备用供水。

4. 司机宿舍

1）配置数量应结合车辆基地配属列车数量与早晚收发车需求，位置宜靠近运用库，距离不宜大于 800m。

2）房间宜按照双人间设置，面积不应小于 25m^2，其中卫生间不应小于 5m^2，卫生间应采用蹲位，蹲位标高应与卫生间地面同高。

3）宜设置前台、接待区、休息区等辅助区域。

4）应集中设置洗衣机，并就近设置晾晒区域。

5）在满足管线安装的前提下，内走道双面布置房间时，走道宽度不应小于 2.4m，采用单面布置房间时，走道净宽不应小于 2.0m，吊顶高度宜为 2.6m。

6）楼内设防静电地板房间，防静电地板净高不应低于 0.3m，并考虑走线便捷，材料宜选用陶瓷防静电地板，并设置设备运输斜坡。

5. 镟轮库

1）不宜贴邻办公区域设置。

2）坑内应设置防水、排水措施，采用外防水方式。

3）坑周边设置不锈钢防护栏杆，高度宜为 1.1m。

4）库地面做法同运用库。

5）附属用房处宜设置值班室、卫生间。

6. 洗车库

1）采用防水、防滑、耐酸碱地面。

2）洗车区墙面应湿贴耐酸碱瓷砖至结构板底，顶棚涂刷防霉防潮涂料。

3）附属用房与洗车区联络门应采用钢质门。

4）洗车库不宜设置库门。

5）库内沟盖板宜采用玻璃钢格栅。

6）库内宜设置卫生间，卫生间按照男女共用设置一处。

7）库内电缆沟、水沟、集水坑应贴耐酸碱瓷砖满贴。

7. 物资总库

1）储货区应避开阳光直射和尘土，如需要库内应设置货梯。

2）附属用房应设置面向库区的观察窗，观察窗应采用防火隔热窗。

3）库内应考虑排烟措施，应优先考虑自然排烟，同时配有手动开启装置，不设多余的窗。

4）库门的尺寸宜为 4.2m×4.5m（$W×H$）。雨篷外挑宽度不宜小于 1.8m，长度为 （0.3+W+0.3）m。

8. 杂品库

1）定修段、大架修段内需设置杂品库，按甲类库房设计。

2）应设置保温隔热屋面，应设置降温措施。

3）周边宜单独设置实体防护墙，高度不应小于 2.6m。

4）应采用防火、防渗耐酸碱地面。

9. 混合变电所

1）变电所应设置电缆夹层，板下净高不应小于 1.90m；夹层宜采用自然通风系统。

2）通往电缆夹层优先采用检修楼梯。

3）室内地面采用预制水磨石楼面，夹层采用水泥砂浆楼面。

4）变电所墙体应采用混凝土实心砖砌筑。

5）变电所应设置外走道，外走道宽度不应小于 2.0m。

10. 围墙

1）应参照现行《城市轨道交通公共安全防范系统工程技术规范》GB 51151 执行。

2）满足《合肥市控制性详细规划通则》退线要求前提下，沿用地红线设置。

3）应考虑周界安防设备的安装条件。

4）高度（地面以上）不应低于 2.8m。

11.5 结构设计标准化

11.5.1 一般规定

1. 适用范围

车辆基地标准化仅适用于设置于地面的车辆段场，不含上盖物业开发段场。

2. 结构体系的确定原则

1）参考当地工业及民用建筑常规做法，选择常用的结构形式。

2）以经济、安全、适用为基本原则，结合运营要求，以结构形式简洁、施工时节约工期、后期维护费用少为依据确定结构形式。

3）基础形式确定原则：以当地工业及民用建筑常用的基础形式为参考，选择常用基础形式。避免采用施工质量不易保证、质量检测相对困难的基础形式。

4）结构单元的划分：混凝土结构尽量避免扭转不规则、凹凸不规则、楼板局部不连续等平面不规则；钢结构厂房或混凝土柱＋钢梁等以满足温度计算为前提，尽量减少伸缩缝数量。

11.5.2 结构体系

1. 检修库、运用库

1）当薄型防火涂料不能达到设计要求时，建议采用混凝土柱＋实腹钢梁的结构形式。此类结构设计时应做空间抗震计算，必要时对于关键部位（如柱头）还应补充节点抗震验算。当薄型防火涂料能达到设计要求时，可采用门式刚架结构形式。

2）纵向柱距根据工艺条件及屋面板的布置，建议采用 6m、7.5m。

3）建议抗震缝间距 70～90m，缝宽 100～150mm。

2. 综合楼

1）3～10 层采用钢筋混凝土框架结构或少量剪力墙的框架结构。

2）11 层以上根据建筑布置拟采用框架-剪力墙或框架-核心筒结构。

3）当采用框架结构时，伸缩缝间距不宜大于 60m，不应大于 80m。框架-剪力墙结构伸缩缝间距不宜大于 50m，不应大于 70m。剪力墙结构伸缩缝间距不宜大于 40m，不应大于 60m。

3. 后勤楼

1）3～10 层采用钢筋混凝土框架结构或少量剪力墙的框架结构。

2）11 层以上根据建筑布置拟采用框架-剪力墙或剪力墙结构。

3）当采用框架结构时，伸缩缝间距不宜大于 60m，不应大于 80m。框架-剪力墙结构伸缩缝间距不宜大于 50m，不应大于 70m。剪力墙结构伸缩缝间距不宜大于 40m，不应大于 60m。

4. 其他生产、生活用房

其他生产、生活用房采用 1～3 层混凝土框架结构。

5. 超长结构的技术措施

1）施工期间采用布置后浇带，以减少超长结构混凝土水化热的影响。

2）超长结构计算补充温度计算。

3）超长结构加强两向梁、板的通长配筋。

11.5.3 整体道床及检修地沟

1. 整体道床及检修地沟

1）软土地区道床可采用管桩。不建议采用水泥土搅拌桩或注浆等施工质量不易控制的地基处理方法。

2）持力层均匀且承载力大于120kPa，无软弱下卧层，可采用筏板基础。

3）整体道床及检修地沟宜每40~60m设置一道30mm的伸缩缝。

2. 地沟立柱

1）现浇立柱截面400mm×400mm，倒圆角15~20mm。

2）土建与轨道分界为轨面以下500mm。

11.5.4 设备基础

1）各设备基础根据地质情况采用管桩+筏板或筏形基础。

2）镟轮基坑、固定式架车机基坑、洗车库沉淀池等存在地下室的设备基础采用强度等级为C35、抗渗等级为P6的混凝土。

3）接触网立柱基础采用C30现浇独立基础，持力层同室外碎石道床。

11.5.5 换填、回填

1. 换回填材料选择原则

换回填材料应以就地取材、因地制宜、经济合理为原则。

2. 天然基础下（含天然基础的道床）换填

换填材料推荐采用三七灰土，每300mm分层压实，压实系数≥0.97。

3. 室内地面换填

室内地面回填材料推荐采用二八灰土，每300mm分层压实，压实系数≥0.93。

4. 承台及地下室侧面回填

地下室外墙以外、库外承台侧面等位置回填材料推荐采用二八灰土，每300mm分层压实，压实系数≥0.93。

11.5.6 特殊地基处理

1）合肥市内土层及浅层软质岩均具有不同程度的膨胀性，膨胀土广泛分布。

2）场地选址、管道、施工、总图设计、景观绿化、建筑设计按照国家标准《膨胀土地区建筑技术规范》GB 50112—2013第5.3节~第5.6节、第6.1节~第6.3节执行。

3）建设在膨胀土基础上的建筑单体，基础优先采用整体性强、变形协调能力强的双向条形基础、筏形基础。

4）平摊场地上的多层建筑物，以控制基础埋深作为膨胀土防治措施。基础最小埋深不应小于大气影响急剧层深度且不小于1.6m（详见国家标准《膨胀土地区建筑技术规范》GB 50112—2013第5.2.3条条文说明）。

5）膨胀土地基处理宜采用换土、土性改良或灰土垫层等方法。基础侧面及室内地面亦采用相同方法处理，以隔绝室内渗漏水、室外降水等影响。

11.6 给水排水及消防设计标准化

11.6.1 生活、生产给水系统

1）室外消防给水管网宜与生产、生活给水管网分开设置，独立计量。

2）场段生产、生活给水应分区供水，根据市政水压，确定市政直供范围，宿舍、综合楼等市政压力不满足供水水压要求的建筑，设置变频加压给水设备。

3）拖布池冲洗栓等给水支管应设阀门，方便检修。

4）除无障碍卫生间采用坐便器外，其余卫生间（包括司机公寓）均采用蹲式大便器，液压脚踏式冲洗阀；卫生间采用台下式洗脸盆；公共卫生间小便器和洗脸盆均采用AC220V感应式冲洗阀。

5）室内生产、生活给水管及热水管均采用薄壁不锈钢管，管径小于等于DN80时采用螺纹连接或双卡压连接，管径大于DN80时采用法兰或沟槽连接。

6）室外埋地生产、生活给水管：管径大于等于DN100时采用球墨铸铁管，橡胶圈接口承插连接；管径小于DN100时采用PE给水管，热熔连接；给水及消防管过轨时设置钢筋混凝土Ⅲ级管防护套管，套管管径不小于管外径+300mm，套管设置混凝土基础。

7）室外明露及敞口库房（端门内20m范围）内给水及消防管、压力排水管均设置保温；设置保温的管道在保护层外做色环标识。

11.6.2 热水系统

1）局部热水供应采用电热水器提供热水。

2）集中热水供应系统宜采用太阳能+空气源热泵+电辅热系统。

11.6.3 排水系统

1）排水系统应采用雨水、污水、生产废水分流制。

2）场段排水应满足现行《合肥市排水设计导则》DB HJ/T 012的要求。

3）场段所使用检查井盖应满足《合肥市城镇检查井盖技术导则》（合建〔2010〕94号）的要求。

4）大型库房的屋面雨水排水宜采用压力流排水系统；场段内重要建筑雨水管尽量隐蔽处理。

5）排水检查井应尽量避免设置在道路及建筑主要出入口处。

6）应考虑段（场）电缆沟、电缆廊道的排水。

7）室内重力排水管采用阻燃型 UPVC 排水管（开水间采用耐高温型）粘接或橡胶圈连接；大库内用于排放生产废水的埋地重力排水管采用铸铁排水管，承插连接。室内压力排水管采用镀锌钢管，管径小于等于 DN80 时采用螺纹连接，管径大于 DN80 时采用法兰或沟槽连接。重力流屋面雨水排水系统，当采用外排水时管材采用 UPVC 排水管，胶粘剂粘接；当采用内排水时，宜采用承压 UPVC 排水管，胶粘剂粘接。虹吸式屋面雨水排水系统采用 HDPE 排水管，电热熔连接。

8）带上盖场段，上盖临时排水管采用 HDPE 排水管，电热熔连接。

9）室外重力流排水管（雨水口连接管除外）管径小于 DN600 采用钢带增强 PE 螺旋波纹管，雨水口连接管及管径大于等于 DN600 采用钢筋混凝土管，橡胶圈接口承插连接。室外压力排水管采用球墨铸铁管，橡胶圈承插连接。排水管过轨时设置钢筋混凝土Ⅲ级管防护套管，套管管径不小于（管外径 + 300mm），套管设置混凝土基础；过轨雨水管在满足荷载要求的情况下采用钢筋混凝土Ⅲ级管，可不设套管。

11.6.4 消防系统

1）消火栓箱门采用不锈钢材质。

2）消防水泵应根据规范要求设置流量测试装置，其规格应根据主泵流量确定。

3）气体灭火系统设置范围：

（1）盖外、无上盖车辆段建筑内设置的 C 类弱电房间不设置气体灭火系统保护，A、B 类弱电机房设置气体灭火系统保护；在盖下及地下设置的弱电机房参照现行《地铁设计防火标准》GB 51298 要求的范围执行。

（2）盖下和高层建筑内设置的供整栋建筑使用的变、配电室设置气灭保护，楼层配电间不设气灭保护。

（3）场段单体按现行《建筑灭火器配置设计规范》GB 50140 规定配设手提式灭火器，灭火器宜采用磷酸铵盐干粉灭火器。

（4）室内消防管及室外架空消防管道采用热浸锌镀锌钢管，管径小于等于 DN50 时采用螺纹连接，管径大于 DN50 时采用法兰或沟槽连接。

（5）室外埋地消防管工作压力小于等于 1.2MPa 时，采用球墨铸铁给水管；工作压力大于 1.2MPa 时，按照规范要求执行。

11.7 通风空调设计标准化

11.7.1 空调系统

1）设置空调系统的建筑，施工图设计应进行逐时负荷计算。

2）综合楼、运转楼等办公建筑空调系统宜采用冷暖型变冷媒多联机系统，并采用环保冷媒。

3）屋顶电梯机房，应在设置机械排风的同时设置分体空调。

4）设备用房与人员用房应分设空调系统。弱电设备用房每个房间宜由两套空调系统承担冷负荷，每套系统分别承担50%的房间冷负荷。

5）场段内设置的集中式食堂用餐大厅，空调宜采用冷暖型变冷媒多联机系统，并采用环保冷媒。

6）独立设置的司机公寓和食堂建筑中布置较为分散的空调场所等，宜采用高能效分体空调，以满足室内热湿环境要求且便于管理，分体空调室外机设置位置应与建筑专业协调并统一规划，冷凝水应有组织排放。与综合楼或其他单体建筑合建的司机公寓，若外立面不允许设置分体空调室外机时，宜采用多联空调系统，且每层公寓房间至少划分一个系统。其他设备用房根据工艺要求设置通风空调系统。

7）变电所及跟随所房间应设置空调系统。同时设置机械通风系统，用于非空调季节，降低能耗，并应采用温控风机，进风口应有防飘雨措施。

8）人员管理及办公用房、食堂用餐大厅内多联机室内机宜采用两面出风或四面出风形式。设备用房宜采用壁挂式室内机或风管式室内机侧送形式。室内机、冷媒管及冷凝水管等应避免设置在电气设备正上方。有吊顶房间应根据吊顶形式选择适用的空调室内机设置方案与形式，并确保室内机安装与检修空间。

9）值班室等24h有人员值守的房间的空调系统应单独设置。

10）人员办公及管理用房等应设置新风系统，且宜采用一体化全热回收新风处理机组。个别位置较为分散的需供新风的房间，可采用全热交换器。热回收新风系统应能够实现只送风、只排风与热交换三种模式转换控制。

11）多联机系统及新风系统应在本建筑的值班室或集中控制室等便于操作的位置设置集中控制器，集中控制器应能实现对本建筑单个系统及单个房间空调的控制操作。个别位置较为分散的房间单独设置的新风系统，可只设置就地控制。

12）空调冷凝水应有组织排放，宜间接排放，管道应采取防凝露措施。

11.7.2 通风系统

1）对于经常有人进行检修作业的工位和房间，如运用库股道上下检修平台、综合维修楼检修间等,应设置岗位送风系统,岗位送风系统可采用壁式工业风扇等局部送风设备,同时宜配置一定数量便携式通风降温设备。

2)设置气灭系统的房间应设置机械通风系统,用于气体灭火后排风。

3)食堂厨房通风系统应按全面排风、局部排风(油烟罩)及补风三部分进行考虑和设计:

(1)厨房操作间、洗碗间、加工间等应设置全面排风,排风量不应小于 6 次/h 换气次数。

(2)厨房操作间应设置事故通风,事故通风量按不小于 12 次/h 换气次数计算,事故通风系统可与平时通风系统合用。

(3)厨房操作间局部排风(油烟罩)排风量应计算确定,当不具备准确计算的条件时,局部排风量可按不小于 40 次/h 换气次数计算(换气次数计算时含吊顶上部空间)。补风应采用直流式系统,且补风量宜为排风量的 80%~90%。

(4)厨房炉灶操作位附近应设置岗位送风,岗位送风采用直流式系统。

4)卫生间应设置机械通风系统,宜采用机械排风、自然补风的形式,换气次数不应小于 15 次/h。排风口应设置在蹲位正上方,且宜在每个蹲位上方设置一个排风口。

5)自然通风窗宜采用平开窗或推拉窗。

11.7.3 防烟、排烟系统

单体建筑需设置防烟、排烟系统时,宜优先考虑自然排烟形式。自然排烟条件无法满足时,应采用机械排烟形式。

11.8 动力照明设计标准化

11.8.1 基本设计原则

1)场(段)内降压所应尽量设置于负荷中心,以减少配电电缆。

2)出入场(段)线洞口负荷由场段供电时,应根据洞口内的负荷容量及与场段内变电所的供电距离等因素综合比较是否设置跟随所。

3)电缆隧道、检修坑道、电缆夹层等处设置安全特低电压照明,采用 36V 供电(潮湿场所采用 24V)。安全特低电压照明回路的带电部分及用电设备严禁与大地、其他回路的带电部分及保护导体发生电气连接。

4)盖下由变电所至各用电点宜采用桥架敷设。盖外线缆集中的地方宜采用电缆隧道、电缆沟敷设,线缆较分散的采用穿管敷设,与供电专业同路径敷设时,优先考虑与供电专业合设电缆沟。电缆隧道、电缆沟、排管与电缆数量的对应关系宜按表 11.8-1 执行。

电缆隧道、电缆沟、排管与电缆数量对应表　　　表 11.8-1

电缆根数（n）	排管敷设	电缆沟	电缆隧道
$n \leqslant 12$	✓		
$6 < n \leqslant 21$		✓	
$n > 21$			✓

注：电缆截面按 120mm² 考虑，其他电缆截面应根据电缆根数灵活考虑。

5）电缆沟尽量在绿化带内布置，沟内排水坡度不小于 0.5%，并在适当位置设置集水井，宜设置机械排水设施。

6）为防止雨水浸入，屋顶配电箱、操作箱应设置防雨设施。为防止滴水沿进线口浸入设备内，设于地下室的电控柜的电缆宜采用下进下出方式（或侧出侧进）。

7）为防止人员磕碰，壁式检查坑（如工程车库检修地坑，运用库及检修库检修坑两端入口部）内照明灯宜采用嵌入式安装。

8）场段内设置消防设备电源监控系统，主机设置在消控室处。对消防设备的电源进行实时监控。

9）场段内设置电气火灾监控系统。电气火灾报警系统宜采用剩余电流和温度监测动作的报警方式。剩余电流式电气火灾监控探测器应以设置在 0.4kV 开关柜首端为基本原则，在变电所开关内设置监控模块。当计算电流在 300A 以上时，应参照国家标准《民用建筑电气设计标准》GB 51348—2019 第 13.5.3 条执行。且当下一级配电柜承担多个楼层配电或多防火分区配电时，宜在配电总箱出线侧增设监控模块，并接入场段内监控主机。模块只作用于报警信号，不切断电源。

11.8.2　动力配电设计

1）单体配电室内采用配电柜时，配电柜宜采用固定式且靠墙安装。

2）为满足检修工具供电需要，场（段）检修地沟应设置 380V 和 220V 电源插头，其中电源插座应一半采用大功率带保护的工业插头插座（32A 二级工业圆头插座和 32A 五级工业圆头插座各 1 个），一般采用大功率带保护的国标插座（380V 小四孔插座和 220V 小三孔插座各 1 个），并间隔布置；根据物资总库实际用电需要，物资总库的电源插座应采用国标插座，宜预留少量工业插头插座。

3）事故通风的通风机应分别在室内及靠近外门的外墙上设置控制按钮。

4）风机、空调室外机等用电设备的电控柜距离设备较远时，需就近设置检修断点，确保检修维护时人员安全。

11.8.3　照明配电设计

1.光源的选择及配电方式

1）办公及管理等室内用房照明应满足各类房间的功能要求，灯具采用 LED 光源，光源光效不小于90lm/W；有装修要求的场所视装修要求确定灯具及光源，但其照度应符合相关要求。

2）蓄电池间、充电间、易燃品库及喷漆间等易爆区域及在防爆区内的设备均应采用防爆措施。

3）有吊顶的房间采用嵌入式灯具，无吊顶的房间采用吊装、吸顶或壁装灯具。

4）走道设计装修方案时应将工作照明、节电照明和应急照明结合设计，不应重复安装，影响装饰效果。

5）盖下咽喉部分轨平面照度要求为10lx，道岔区设置加强照明。

2. 应急照明

1）场、段采用一套集中控制型疏散指示系统，疏散照明灯正常运行时处于关闭状态，不占正常灯位。

2）备用照明宜采用双电源箱切换后供电。针对设备机房较为集中的单体建筑，其双电源切换箱由变电所0.4kV两段母线提供两路电源供电。设备机房分散的单体建筑，其备用照明宜从所在房间或附近房间内的消防双电源切换箱取电。对于小型单体建筑，非消防备用照明灯具较少时，可采用自带蓄电池的灯具，其持续时间不小于60min。

3）备用照明设置于DCC、变电所、配电室、通信信号机房等房间。其中变配电室、DCC、消防电梯机房、消防泵房、气瓶间、排烟机房、消防控制室等发生火灾时仍需要坚持工作的设备房其作业面的照度不应低于正常照明的照度。

3. 照明控制

1）辅助车间的办公室等房间以及其他单体建筑采用就地翘板开关控制，楼梯间及门口室外的灯具宜采用节能自熄方式控制。

2）大库（含运用库、停车列检库、周月检库、检修库、工程车库）、室外盖下、综合楼和盖下路灯照明及检修坑内安全照明采用智能照明控制系统，并在大库通道口，门卫等处设置智能面板开关。综合楼走道照明采用智能控制，大型会议室采用智能控制面板设置场景控制模式。盖外道路路灯宜采用光时或经纬度控制系统。

3）大库照明控制设置两种模式，一种为节能模式，控制一半股道照明灯；另一种为普通模式，控制股道全部照明灯。

11.8.4 防雷与接地安全

1）场段采用TN-S接地系统（室外路灯采用TT接地系统，接地电阻不大于4Ω）。

2）位于盖外独立设置的变电所，其接地系统宜由供电系统统一考虑，动照的接口在供电接地排以下。

11.8.5 智能升降式灯具

1）场段周月检库、检修库、大架修库、洗车机库等含检修平台或高大空间的库房，库内顶棚灯采用升降式布置。

2）库内斜坡上方不设置固定式顶棚灯，采用升降式顶棚灯或满足照度情况下不在斜坡上设置顶棚灯。

11.8.6 电动充电桩

1）场段内车位较为集中的部位设置充电桩，保证电动车充电的要求。充电桩远期按车位的 50% 预留用电量，近期按车位的 20% 实施。

2）充电桩为直流快充与交流慢充相结合，交直配比为 10∶1，且快充数量不应少于 1 台，快充单枪容量为（45kW、60kW），慢充单枪容量为 7kW。

3）电瓶车停放区宜设置智能插座，并具备定时断电功能。

第 12 章
电扶梯与站台门标准化设计

12.1 扶梯

12.1.1 一般规定

1）自动扶梯和自动人行道应能满足高强度的使用，即每天运行不应少于 20h；且在任何 3h，持续重载时间不少于 1h，其载荷达到 100%制动载荷；其余时间至少按 60%制动载荷。

2）在地下站站内选用室内型扶梯；车站出入口处有室外环境的，自动扶梯采用室外型扶梯。

3）当自动扶梯提升高度大于 15m 时，宜分段设置。

4）自动扶梯和自动人行道的运行状态应接受环境与设备监控系统（BAS）的监控；自动扶梯布置处应设置摄像监视装置。

5）用于消防疏散的自动扶梯，电源应采用一级负荷，其他可采用二级负荷。

12.1.2 主要技术要求

1）自动扶梯和自动人行道应设就地级和车站级控制装置。

2）自动扶梯和自动人行道的传输设备应采用阻燃材料。

3）自动扶梯和自动人行道的电线、电缆应采用无卤、低烟的阻燃型电线、电缆。

4）自动扶梯的名义速度为 0.65m/s，可调节至 0.5m/s 速度运行，上、下水平梯级数量不宜少于 4 块；自动扶梯节能运行速度采用 0.13m/s。

5）自动扶梯的倾斜角度不应大于 30°，自动人行道的倾斜角度不应大于 12°。

6）自动扶梯和自动人行道基坑内应采用重力流排水。无重力流排水条件时，应在基坑外设集水坑和配备排水设施；室外型自动扶梯应配置油水分离设施。

7）桁架挠度应符合现行国家标准《自动扶梯和自动人行道的制造与安装安全规范》GB 16899 中关于载荷的有关规定，实测的最大挠度不应超过支承水平距离的 1/1500。

8）驱动主机、电控装置都应放置在桁架上端部，扶梯采用套筒滚子链拖动，梯级链滚轮位于链条外，扶梯下端部桁架内设梯级链张紧装置。

9) 自动扶梯从倾斜区段到上、下水平段过渡的曲率半径应符合表12.1-1的规定。

上、下水平段过渡的曲率半径　　　　表12.1-1

提升高度（H）	上导轨转弯半径	下导轨转弯半径
H≤10m	≥2600mm	≥2000mm
H>10m	≥3600mm	≥2000mm

10) 扶手带驱动应采用上端部驱动方式。

11) 驱动主机与主驱动轴之间应采用链条传动，链条至少为双排，安全系数应不小于8。

12) 减速机与电机之间不应存在皮带等摩擦传动，主机与梯级及扶手带的主驱动轴之间应采用链条或齿轮传动。

13) 自动扶梯应具备变频调速的节能功能；当变频器故障并被隔离后，自动扶梯应在工作频率下正常运行。

14) 配置自动扶梯健康监测系统，实现对自动扶梯状态监测、智能诊断、风险预测、维修及全寿命管理的四大功能，有利于机电维修人员掌握自动扶梯的健康状态。

12.2 电梯

12.2.1 一般规定

1) 车站选用无机房电梯，车辆段、停车场及控制中心等建筑物可采用有机房电梯。

2) 站台至站厅电梯宜设置在付费区，出入口至站厅电梯配置在非付费区，采用无人值守方式。

3) 电梯应接受环境与设备监控系统的远程监控和车站视频监视系统的视频监视；火灾时，电梯应接受火灾自动报警系统的紧急指令。

4) 电梯的底坑内应有排水设施，并不应漏水、渗水。

5) 当电梯兼做消防梯时，其设施应符合消防电梯的功能，并应按一级负荷供电；火灾时，由火灾自动报警系统（FAS）控制停止运行，消防疏散电梯返回首层。

12.2.2 主要技术要求

1) 车站采用额定载重1000kg的电梯，换乘站及与公交枢纽接驳车站宜采用额定载重1600kg的电梯。

2) 电梯的额定速度采用1.0m/s。

3) 电梯的开门宽度不宜小于1m，并选用双扇中分门方式。

4）对通透式电梯，轿厢门应装有机械锁紧装置，且只能在开锁区内打开。

5）曳引机应采用交流永磁同步电动机为动力的无齿曳引机，曳引机应采用变频调速，并宜安装在井道上部。

6）电梯应采用无卤、低烟的阻燃型电线、电缆。

7）轿厢内应设主、副操纵箱。副操纵箱供轮椅者使用，按钮中心距轿厢内地板不高于0.9m；轿厢内三面应设扶栏。

8）电梯应采用就地控制方式，由环境与设备监控系统实现远程监视。火灾时接受火灾自动报警系统的联动控制，电梯与火灾自动报警系统接口应采用硬线方式。

9）电梯应能实现车站控制室（值班室）、轿厢、轿顶、底坑、控制柜或机房之间的五方通话功能。

10）电梯轿厢内部应安设视频监视、应急照明等装置。

12.3 维修工班及用房

车站应设置自动扶梯、电梯维修工班及备品备件存放用房，按每3～5站设一处，每间工班用房不宜小于20m²。

12.4 站台门

12.4.1 一般规定

1）站台门的类型应根据气候环境条件、车站建筑形式、服务水平、通风与空调制式等因素综合选定，地下车站宜采用全高封闭式站台门，高架车站宜采用半高站台门。

2）站台门在车站站台边布置，其滑动门与列车每节车厢的乘客门一一对应，且在列车停车精度范围内，保证列车乘客门的净开度不受影响，同时不得影响司机门。

3）站台门应设置安全装置。其锁紧和解锁装置应具备对障碍物的探测功能；站台门与列车车体之间的间隙应保证乘客的安全，必要时采取安全防护措施。

4）站台门的整体钢结构使用寿命应不少于30年。

12.4.2 主要技术指标

1）滑动门开、关过程时间应与列车门的开关过程时间相匹配，且在一定范围内可调节，重复精度不应大于0.1s。

2）站台门噪声峰值不应超过70dB（A）。

3）系统的平均无故障运行周期不应小于100万个周期。平均无故障运行周期计算方法为所有滑动门总的运行周期（/年）除以故障次数（/年）。

4）运行强度应符合每天运行20h，每90s开/关1次，全年连续运行。

5）站台门门体结构在城市轨道交通环境的最不利载荷效应组合情况下，门体弹性变形应满足工程要求，结构不应出现永久变形。各种荷载的取值应符合下列规定：

（1）站台门站台设备自重应按实际重量取值；

（2）站台门所承受风荷载应按合肥地区风荷载标准值计算；地下车站的站台门风荷载应根据工程设计荷载取值；

（3）站台门人群挤压力应按在其1.1~1.2m高度处，垂直施加于门体结构1000N/m的挤压力取值；

（4）站台门门体冲击力测试可按现行国家标准《建筑用安全玻璃 第2部分：钢化玻璃》GB 15763.2中相关规定执行。

6）全自动驾驶模式线路站台门主要技术要求

（1）站台门接收信号系统发送的开/关门命令，执行开/关门动作。站台门与列车客室门之间应具备"对位隔离"功能。

（2）站台门系统核心控制功能及与全自动驾驶相关的主要功能均需进行SIL2级认证。

12.4.3 布置与结构

1）站台门应布置在列车正常停车范围内，相对于车站有效站台中心线向站台两端对称纵向布置，以站台同坡度垂直于站台面平整安装。首末两节车辆的驾驶室门不应包括在站台门长度范围内。

2）站台门宜安装在直线站台上；当位于曲线站台时，门体结构应采取相应措施。在设置站台门的站台范围内不宜设置土建结构变形缝。若必须设置，则变形缝的位置应配合站台门的布置设置。同时站台门在跨越变形缝处应采取相应措施。

3）站台门门体应包括固定门、滑动门、应急门，每侧站台门的两端宜各设一樘端门。

4）应急门、端门应向站台侧旋转90°平打开，打开过程应顺畅，不受地面及其他障碍物（含盲道）的影响。

5）站台门的滑动门与列车客室门在位置、数量上均须对应。

6）每樘滑动门净开度不应小于列车门的净开度，单扇端门的最小开度不应小于0.9m，单扇应急门净开度不应小于1.1m。标准滑动门的净开度应为车辆客室门净开度与两倍列车停车精度的绝对值之和。

7）站台门中的滑动门、应急门的净高度不应小于2.0m；高架或地面站的低站台门门体的总高度不应小于1.5m。

8）在站台门范围内的适当位置应设置应急门，每侧站台门的应急门数量应与远期列车编组数一致，应急门开启方式应采用外开型。

9）站台门的滑动门、应急门、端门应能可靠锁闭，在站台侧可用专用钥匙开启，在轨道侧应能手动开启。

10）站台门门体外观宜与车站建筑风格相适应。门体应由金属框架、安全玻璃等组成，框架外露面宜采用铝合金或不锈钢等金属材料制成；玻璃应选用通透性好的安全玻璃。

11）站台门与车站结构的连接部分宜具有三维调节功能，强度、刚度应满足设计要求。

12）驱动电机宜选用直流无刷电机，其功率应保证最不利条件下站台门可正常开关。

13）全高封闭式站台门应采用一控一驱方式，半高站台门宜采用一控两驱方式。

14）站台门的端门与下轨道的步行梯首个梯级间距不得小于 2m。

15）全高封闭式站台门在站台边缘上部设置站台顶梁，采用侧下方安装。

16）站台门端门应采用标准化设计，端门至设备房外墙间空间装修砌墙处理。

17）站台门就地控制盘（PSL）应与站台门端门结合设计安装。

18）站台设备室宜设置在站台层，并与信号设备室和车站综合控制室位于车站的同一端，有效使用面积不宜小于 $23m^2$。

12.4.4 运行与控制

1）站台门控制系统由中央控制盘、就地控制盘、门控单元、就地控制盒、控制局域网和接口模块组成。

2）站台门采用两级管理三级控制方式，即控制中心、车站控制室集中监视和管理功能，系统级、站台级和就地级三级控制方式，同时在车站控制室设置应急控制。

3）整列站台门的控制优先权应从低到高排列，可分为下列三级：

（1）系统级，信号系统对站台门进行开关控制；

（2）车站级，就地控制盘对站台门进行开关控制；

（3）手动级，门故障情况下，手动操作对站台门进行开关控制。

4）站台门监控系统应以车站为单位独立设置，系统软件接口协议应采用开放式国际标准协议。

5）站台门的重要状态及故障信息应上传至本站车站控制室和控制中心。

6）中央控制盘和接口模块宜布置在站台门设备室，就地控制盘宜布置在每侧站台出站端，对于行车组织有双向运行需求的站台，应在站台两端均设置就地控制盘。站台门的控制及监视应分别设置，关键命令及响应应通过硬线传输。监视系统应能实现监视站台门系统的状态。

7）站台门系统障碍物探测功能应能探测到最小厚度为 5mm、最小宽度为 40mm 的硬障碍物。

8）站台门应设有瞭望光带等防夹安全措施；滑动门底部宜设置防站人挡板装置。

9）门体玻璃宜采用透明钢化玻璃，应进行均质处理，其玻璃自爆率不大于 3‰。

10）应用软件应能够调整电机速度曲线、门体夹紧力阈值、重复开关门延迟时间和重复开关门次数等参数，并应具有故障自动诊断、自动报警的功能。

12.4.5 供电与接地

1）站台门系统应按一级负荷供电，驱动电源和控制电源供电回路应相互独立。

2）站台门驱动后备电源储能应能满足在 30min 内至少完成开、关滑动门 3 次循环的需要。控制电源控制后备电源储能应能满足负载连续工作 30min。

3）站台门系统控制电源模块宜采用冗余配置。

4）驱动电源、控制电源与外电源的隔离阻抗不应小于 5MΩ。

5）站台门配电缆、控制电缆的线槽应相互独立。

6）站台门设备室设备应采用综合接地，接地电阻值不应大于 1Ω。

7）站台门与列车车厢宜保持等电位，当与钢轨有连接需求时，等电位要求应符合下列规定：

（1）站台门与钢轨应采用单点等电位连接，门体与钢轨连接线电阻值不应大于 0.4Ω；

（2）正常情况下人体可触及的站台门金属构件应与车站结构绝缘，门体与车站结构之间的绝缘电阻值不应小于 0.5MΩ，每侧站台门除端门外应保持整体等电位，端门做独立绝缘。

12.4.6 样机用房、仓库和维修工班用房

1）车站应设置站台门维修工班用房，设置标准宜按每 3~5 站设一处，每间工班用房不宜小于 20m²。

2）在车辆段综合维修基地应设置 1 间站台门样机房，用房面积不小于 80m²，宜设置在一层。

第 3 篇

关键技术与创新

书香之路

合肥市轨道交通 3 号线工程设计创新与实践

第 13 章

线路技术创新

13.1 线路平纵断面设计创新

13.1.1 深入研究远期延伸线衔接方案，确保方案科学合理

根据合肥市城市轨道交通线网规划，3号线与3号线南延线在方兴大道站衔接，翡翠湖停车场在方兴大道站与3号线正线接轨。总体组配合线网规划调整，深入分析3号线的功能定位、沿线居民的出行需求、线路长度与速度目标值的匹配性等，充分比选3号线与3号线南延线贯通/换乘的衔接方案，同时对线站位的方案进行了全方位对比研究，推荐风险和代价最小的预留方案，即3号线与南延线既可实现分段运营，又能预留贯通运营条件，后期实施根据客流灵活选择。方案科学合理，实现了远期线路接驳的灵活性，也保证了建设方案的可实施性，方案如图13.1-1所示。在后续线路设计中，应结合线网规划及建设规划，对线路起终点方案进行充分论证研究，确保方案科学合理。

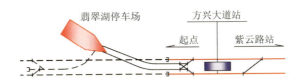

图 13.1-1　3号线起点与3号线南延线关系图

13.1.2 选线设计兼顾现状和规划

按照《合肥市城市轨道交通近期建设规划（2014—2020年）》，3号线通道沿文忠路—包公大道—北二环路敷设，线路出天水路站后沿文忠路敷设，向西拐入北二环路敷设至铜陵北路站。比较方案线路沿文忠路—颍河路—铜陵北路敷设，线路出天水路站后向西切割地块，拐入颍河路敷设，如图13.1-2所示。综合考虑线型条件、地块切割、拆迁量、客流、市政工程的影响等因素，最终推荐北二环方案。从实际实施情况来看，线路通车时，沿线新建了较多高层小区，且客流也比较理想，对城市发展起到了很好的带动作用。

按照《合肥市城市轨道交通近期建设规划（2014—2020年）》，3号线临泉西路站至潜

山路站段线路总长4.77km，约有3.6km长的线路与合九铁路并行，服务客流主要来自线路东侧区域。潜山路与合九铁路之间若无规划商业区或居住区支持，存在单边客流情况，对吸引客流不利，如图13.1-3所示。

3号线在选线设计过程中，充分与规划部门、辖区相关部门及轨道公司沟通，听取各方面建议，积极参与区政府各部门讨论及市民听证会，并多次向政府部门汇报协调，与各区县对接，密切对接线站位方案，最终沿潜山路敷设的线站位方案得到了各方认可，并获得了评审专家的一致通过。线路通车后，沿线开发强度显著提升，客流量也非常理想。

综上所述，线路选线设计时，应充分征求规划及辖区意见，兼顾现状和规划的需求，以选择合适的廊道。

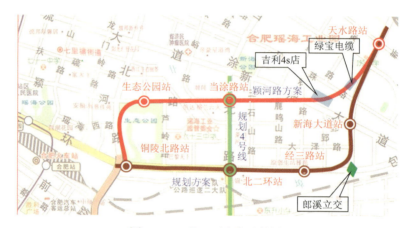

图 13.1-2　北二环方案比较图

图 13.1-3　潜山路方案比较图

13.1.3 线路平面曲线优化设计

线路平面优化设计统计（右线）：全线共设平面曲线 45 处，最小曲线半径为 350m。曲线总长 12.224km，占线路总长 32.8%；直线总长 25.077km，占线路总长 67.2%。设计过程中尽量优化曲线，减少小半径曲线设置。全线平面共设置 4 处 $R=350m$ 的小半径曲线。

以规划的轨道交通线网为基础，结合城市总体规划，进行全线车站布置，线路全长 37.2km，共设车站 33 座，其中换乘站 9 座。最大站间距 1812m，为合肥站—铜陵北路站；最小站间距 821m，为繁华大道站—芙蓉路站。结合线路条件，尽量减少线路曲线进站。3 号线车站特征如表 13.1-1 所示。

车站特征表　　　　表 13.1-1

项目		数目	占总数的百分比（%）
平面特征	直线车站	30	90.9
	曲线车站	3	9.1
	车站总数	33	100
纵断面特征	平坡车站	4	12.1
	车站坡度（≤3‰）	29	87.9
	车站总数	33	100

13.1.4 过渡段优化设计，保障交通降低风险

3 号线设 1 处过渡段，U 形槽结合道路红线及相邻车站线路条件，避开重要道路交叉口，沿文忠路道路中心布置。具体方案：学林路站设为高架车站，岱河路站为地下两层站。过渡段学林路站—岱河路站区间采用 28‰ 的下坡，线路出岱河路站后先采用 250m 长 25‰ 的下坡以增加盾构段线路埋深，同时进一步加大下穿合肥东站货场处覆土深度，有效降低了工程风险，如图 13.1-4 所示。

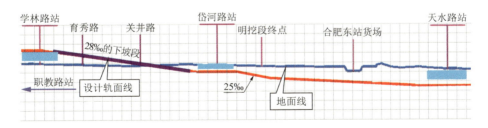

图 13.1-4　纵断面关系示意图

13.1.5 贯彻地质选线理念，合理设计纵断面

全线共 30 个地下区间，线路埋深综合考虑线路平面、车站形式、区间工法、地下管线、沿线地下构筑物、工程地质和水文地质等因素。条件许可时，设计尽量采用高站位低区间的

节能坡。车站覆土按2.5～3.5m考虑，地下两层车站一般埋深约15.0m，地下三层埋深约22.0m。

正线25‰及以上纵坡共有六处，四处25‰纵坡，一处26‰纵坡，一处28‰纵坡。28‰纵坡位于学林路站—岱河路站区间，线路出学林路站后，为尽早由高架转为地下段，采用28‰的下坡。大部分区间均采用高站台低区间的节能坡。同时，节能坡设计综合考虑了联络通道和泵房的设置情况，使其分布更加合理，从而节约工程投资。

通过线路平纵断面的优化设计，也为后期调线调坡预留了条件，大大减小了调线调坡难度。小半径曲线的优化也减小了轨道的磨耗，增强了乘客的舒适度。经运营部门反馈，目前乘客乘坐体验良好，基本没有不适的感觉。

13.2 调线调坡配以长短轨枕设计、区间加固等措施综合解决区间上浮难题

13.2.1 情况简述

潜山路站—史河路站区间左线全长824m，其中潜山路站北端头以北含224m暗挖段（盾构空推）。隧道埋深10.3～14.9m，最大坡度17.9‰，隧道主要穿越中风化、全风化、强风化泥质砂岩，地下水量较小。暗挖段设计开挖断面直径7.2m，初期支护厚0.3m，盾构空推前隧道底部施作0.2m高导台，空推过程中管片壁后吹填豆砾石。根据《合肥市轨道交通3号线工程潜山路站—史河路站左线结构断面竣工测量检测技术报告书》（HFDT3-CL-2019001），经对潜山路站（不含）—史河路站（不含）单线区间施工测量结果核查，平面上隧道中心线与设计隧道中心线最大偏差202mm；纵断面，设计轨顶面距隧道结构底高度部分段小于轨道结构高度设计值（760mm）2～299mm，设计轨顶面距隧道结构顶高度部分段小于接触网净空设计值（4460mm）1～93mm。区间左线平面实际隧道中心线与设计隧道中心线存在偏差，需对左线平面进行调整；纵断面也无法满足轨道及接触网设计要求，需对左线纵断面进行调整。

13.2.2 原因分析

潜山路站—史河路站区间左线上浮段发生在矿山法+盾构空推段中，该段为上坡，即上浮段位于该区间的高处。盾构管片与矿山法初支之间的设计空隙为0.3m，该空隙由豆砾石及浆液填充，管片脱出盾尾后，再通过二次注浆进一步填实壁后孔隙。施工过程中，豆砾石未能填满壁后空隙，特别是位于高处的隧顶附近空隙，同步注浆及二次注浆也未能有效填实壁后孔隙。隧道施工完成后，基岩裂隙水逐渐沿隧道周边汇集，水位由低到高，事发点位于区段的高处，由于地下水量较小，汇集需要时间，区间短时间内不会上浮，同步开展的施工及第三方测量数据也不会出现异常，当地下水汇集完成，区间发生上浮，贯通测量数据出现异常，壁后浆液已凝固，无法通过注浆纠偏。

13.2.3 解决方案

1. 调线调坡方案

左线平面：增加 3 段平面曲线，左 JD31（R-8000，I-0）接左 JD32（R-4000，I-0）接左 JD33（R-8000，I-0）。

左线纵断面：由坡段长和坡度 440m、2‰，200m、−26‰，290m、−5.3‰，260.073m、15.496‰，250m、−2‰ 调整为 420m、2‰，120m、−20.2‰，120m、−24.65‰，120m、−3.85‰，132.3m、−5.687‰，147.773m、12.331‰，140m、14.9‰，240m、−2‰。

具体流程如图 13.2-1 所示。

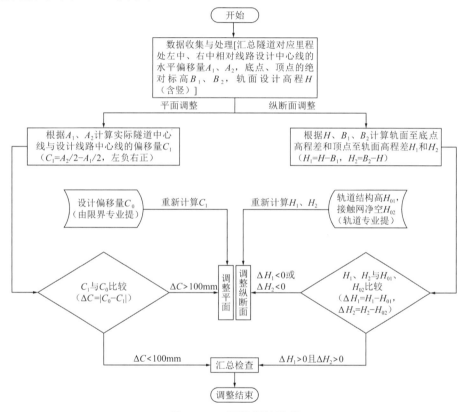

图 13.2-1　调线调坡流程

注：A_1、A_2—线路轨顶设计高程以上 1860mm 处圆心处与隧道边缘的左右横距；
B_1、B_2—设计线路中心线处隧道的顶点、底点标高；
H—考虑竖曲线的轨面设计高程；
C_0—曲线地段隧道中心线与线路中心线的偏移量；
H_{01}、H_{02}—轨道结构高度与接触网净空设计值。

2. 轨道处理方案

经轨道专业核实，纵断面调整后，左线区间（左 DK14＋313.8—DK14＋363.424、左 DK14＋449.172—DK14＋486.807、左 DK14＋566.574—DK14＋607.168、左 DK14＋717.033—DK14＋742.591、左 DK14＋910.924—DK14＋918.44、左 DK15＋016.214—DK15＋025.233）轨道结构高度普遍不足，最大超限值为 115mm。左线

区间（左DK14+695.966—DK14+745.643）水平偏差较大，最大超限值为118mm。

1）轨道结构高度不足860mm、水平偏差超过100mm以及轨道结构高度不足760mm、水平偏差超过60mm地段，隧道壁与两侧排水沟位置有部分冲突，需要将半圆形水沟调整为L形水沟，以满足排水顺接要求（里程范围为左DK14+695—左DK14+712）；针对长轨枕边缘距离隧道壁间隙小于100mm地段（左DK14+712—左DK14+745，共计33m），需要将长轨枕调整为短轨枕道床方案。

2）轨道结构竖直超限50~100mm、水平超限50mm内地段，长轨枕边缘距离盾构内壁最近为24~47mm（不足100mm），两侧水沟无法布置，如图13.2-2所示，需要将长轨枕整体道床配设两侧排水沟方案调整为常规短轨枕整体道床配设中心排水沟方案，如图13.2-3所示。常规短轨枕厚度为130mm，如图13.2-4所示。

3）轨道结构竖直超限50~100mm、水平超限不小于50mm地段，常规短轨枕边缘距离盾构内壁最近不足100mm，需要将常规短轨枕调整为薄型短轨枕方案，薄型短轨枕厚度为100mm，如图13.2-5所示。

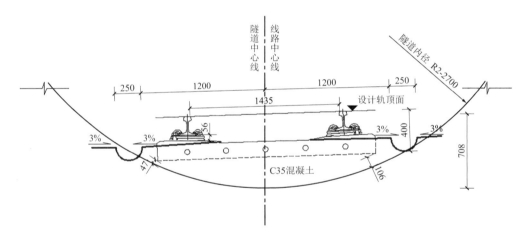

图13.2-2 轨道结构高度超限50mm时的长轨枕道床结构布置

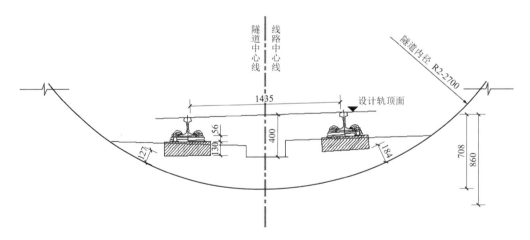

图13.2-3 轨道结构高度超限50mm时的常规短轨枕道床结构布置

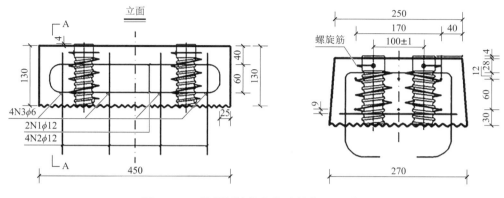

图 13.2-4 常规短轨枕方案（单位：mm）

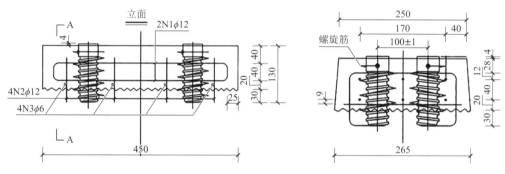

图 13.2-5 薄型短轨枕方案

4）针对轨道结构竖直超限和水平超限后需要采用短轨枕和中心水沟地段，为减少道床的开裂现象，提高道床的强度和抗裂性能，道床分块长度 7m 左右；采用 C40 抗裂抗渗纤维混凝土，纤维采用聚丙烯纤维，混凝土抗渗等级 ≥P8。

3. 接触网处理方案

纵断面调整后，左线区间局部地段区间设计轨顶面距隧道结构顶高度不满足接触网安装要求，差值最大达 84mm。

左 DK14+500～DK14+509、DK14+667 区段调线调坡后轨面至隧道顶净空在 4376mm 至 4393mm 之间不等，接触网无法正常安装悬挂点，调整悬挂点布置后，接触网悬挂点最不利点净空为 4400mm，接触网采用绝缘横撑特殊安装结构并取消弹性线夹。

4. 区间结构处理方案

放水降低隧道周边的水位，钻孔穿过二次注浆凝固层，深度 0.7m（含管片厚度），在隧道顶部注浆已达到下压隧道的效果。

5. 限界处理方案

线路调整后，潜山路站（不含）—史河路站（不含）左线测量数据部分区段安全及设计余量较设计值减少，其中左线实际隧道中心线与设计隧道中心线最大偏差 118mm。左线区间（左 DK14+446.173～DK14+488.317、左 DK14+565.07～DK14+622.232、左

DK14＋910.924～DK14＋918.44、左DK15＋016.214～DK15＋025.233）下部安装区间排水管、消火栓的空间不足，需要调整疏散平台下相关设备安装位置，给水排水专业提出区间全线排水管中心标高调整到轨面上 250mm，区间全线消防管管中心标高调整到轨面上 450mm，限界复核满足设计要求。

第 14 章

建筑与装修技术创新

14.1 车站设计与城市名片天鹅湖公园相融合

天鹅湖公园地处合肥市政务文化新区核心，天鹅湖环境优美，内有各种雕塑、园林树木、人工沙滩、喷泉等景观，是合肥市民旅游休闲的新去处。围绕天鹅湖公园建设有合肥大剧院、图书馆、市政务中心、省广电中心、体育场等重要公共建筑，是合肥的政治文化休闲中心，也是合肥市内最大的开放式公园之一，逐渐成长为合肥市的一张靓丽名片。天鹅湖公园全景如图 14.1-1 所示。

图 14.1-1　天鹅湖公园

3 号线从天鹅湖下穿，分别在天鹅湖公园北侧及西侧设大剧院站和祁门路站（图书馆站）。考虑到天鹅湖公园周边的景观重要性，为减少车站附属对周边城市景观的影响，加强车站附属与公园的深度融合，在施工图设计阶段对车站附属方案结合地块建设进行了深入研究与优化调整。

14.1.1 地铁出入口与周边建筑融合设计

将祁门路站的 12 个出地面风井结合图书馆地块的下沉广场侧出，7 个疏散楼梯及 4 个地面出入口接至下沉广场，4 组冷却塔布置在下沉广场里。将祁门路站 4 个出地面风井、1 个地面出入口及电梯与出版集团附属楼结合设置，如图 14.1-2 所示。

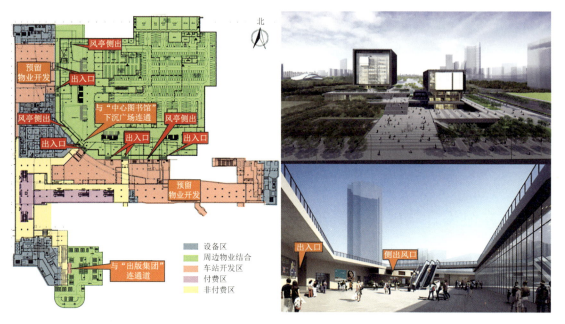

图 14.1-2　祁门路站附属与中心图书馆、出版集团结合设置

14.1.2　车站冷却塔与市政配电房一体化设计

大剧院站位于天鹅湖公园的北侧，为减少冷却塔对公园的影响，将大剧院站冷却塔与怀宁路下穿隧道的配电房一体化设计，布置于大剧院地块的绿化内，如图 14.1-3 所示。

图 14.1-3　大剧院站冷却塔采用下沉式设计

14.1.3　附属出地面造型与周边环境深度融合

3 号线怀宁路主变电所位于天鹅湖边上的图书馆地块，为减少对天鹅湖景观的影响，将怀宁路主变设置为地下主变，同时将出地面的楼梯、风亭造型与图书馆造型统一；大剧院站出入口结合合肥大剧院的造型优化，加强与周边环境的深度融合，如图 14.1-4 所示。

图 14.1-4　附属地面造型与周边环境融合

14.2　空间、艺术和文化设计创新

14.2.1　车站设计人性化

合肥 3 号线车站公共区中部采用电梯和 T 形楼梯的组合，在站台层形成了 4 个均匀布置的疏散点，便于乘客更加快速出站，提高疏散效率。

部分站点在城市道路两边各设置了 1 部出地面的电梯，解决了由于路中绿化分隔带、快速路等阻隔而无法实现无障碍过街的问题，使乘客过街便捷，极大地方便了无障碍人士。

换乘车站采用 T 形节点换乘，缩短了换乘距离，简化了换乘流线，乘客换乘其他线路更加方便、高效。

14.2.2　装修设计融合文化元素

合肥 3 号线的车站公共区装修更加讲究与合肥当地的文化及传统相结合（图 14.2-1）。南端穿越大学城区，北端穿越职教园区，沿线有安徽医科大学、国防科技大学等，线路的文化教育属性突出，晴耕雨读是合肥人家的常态，诗书传家是合肥人家的追求。全线车站装修围绕"书香之路"的主题概念展开，以"文化合肥、书香庐州"作为线路公共艺术创作主题，力求将古老的书院文化与当下的教育文化通过装饰手法加以传承发扬。标准站遵循管线高度集成、中跨尽量抬高的设计原则，柱面采用搪瓷钢板，墙面采用烤瓷铝板，地面采用白麻石材，顶棚则采用大小方通与造型铝板阵列组合，形成韵律感几何图案，配合整条 3 号线更新的 LED 光源，光线柔和舒适，打造出简洁大气的空间，如图 14.2-2 所示。

结合每站不同的地域文化特征，对 5 个车站的主题概念进行挖掘和演绎，以艺术的视角展现合肥城市文化精神的源流、成就与展望，5 个站点文化墙分别如图 14.2-3～图 14.2-7 所示。

5 座车站文化墙主题为：

锦绣大道站：文化主题《逐梦青春》；

祁门路站：文化主题《开卷有益》；

大剧院站：文化主题《大音希声》；

高河东路站：文化主题《爱莲说》；
职教路站：文化主题《匠心传承》。

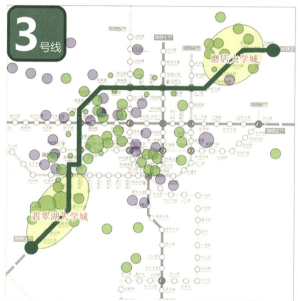

图 14.2-1　3 号线线路环境特征分析

图 14.2-2　标准站站厅及站台三角房

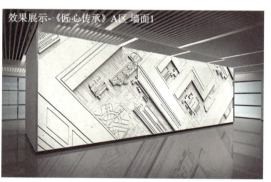

图 14.2-3　锦绣大道站文化墙《逐梦青春》　　　图 14.2-4　职教城站文化墙《匠心传承》

图 14.2-5　祁门路站文化墙《开卷有益》　　图 14.2-6　大剧院站文化墙《大音希声》

图 14.2-7　高河东路站文化墙《爱莲说》

同时，合肥 3 号线装修对地处庐阳区老城区的蒙城路站进行了重点设计，充分展示了经典的徽派建筑文化（图 14.2-8）。

图 14.2-8　蒙城路站公共区装修方案

第15章

结构关键技术与创新

15.1 车站结构关键技术与创新

15.1.1 车站围护结构落实"小桩改大桩"设计理念,减小变形,取消换撑,节约工期

1. 间隔钻孔桩+内支撑基坑支护形式在合肥地区的适用性

合肥3号线共设29座地下车站,除合肥站、潜山路站随换乘的1、2号线工程已同期建成外,还需新建27座地下车站。其中四里河站、临泉西路站、蒙城路站、阜阳路站及淮南路站位于一级阶地或一二级阶地交界处,基坑开挖范围内存在1~3m厚的夹砂层,采用地下连续墙或围护桩+止水帷幕方案,其余地下车站基坑开挖影响范围主要位于老黏土地层。

合肥典型二级阶地老黏土地层土体整体强度较好,土体渗透性较小,地下水不发育,车站主体围护和附属围护可采用间隔钻孔桩+内支撑的支护结构形式,典型二级阶地土层物理力学性能指标详见表15.1-1。

典型二级阶地土层物理力学性能指标　　　　表15.1-1

地层代号	岩性名称	土的状态	天然重度 (kN/m^3)	固结快剪 黏聚力c (kPa)	固结快剪 内摩擦角φ (°)	无侧限抗压强度 q_u (kPa)	静止土压力系数 k_0	基床系数K (MPa/m) 水平	基床系数K (MPa/m) 垂直	渗透系数 K (m/d)	桩的极限侧阻力标准值 q_{sik} (kPa)	桩的极限端阻力标准值 q_{pk} (kPa)
①$_2$	人工填筑土	松散	19.40	5	7	—	—	10	8	0.1~10	—	—
②$_1$	粉质黏土	可塑	19.70	45	17.1	110	0.48	40	35	0.008	60	500
②$_2$	黏土	硬塑	19.70	50	17.7	142	0.46	50	45	0.0024	85	1100
③$_2$	粉质黏土	硬塑	20.00	45	17.8	150	0.43	50	45	0.0056	85	1200
⑥$_1$	全风化泥质砂岩	硬塑至坚硬	19.30	38	17.3	70	0.43	39	42	0.024	85	1300
⑥$_2$	强风化泥质砂岩	—	23.40	90	22	—	0.28	135	160	—	160	1800
⑥$_3$	中等风化泥质砂岩	—	25.60	140	28	—	0.27	200	220	—	—	—

注:①$_2$、⑥$_2$、⑥$_3$层抗剪强度为直剪快剪强度。

2. 合肥1、2号线基坑支护间隔钻孔桩+内支撑设计方案

合肥1、2号线为既有线,二级阶地老黏土土层围护结构形式多采用$\phi 800mm@1100mm$钻孔灌注桩+3道内支撑+1道换撑的支护结构形式,如图15.1-1所示。建设过程中发现,采用小直径间隔钻孔桩,虽然加密了桩间距,增加了支撑道数,但是在基坑开挖过程中基坑的水平变形、地表沉降值均偏大。

随着合肥轨道建设的快速发展,对基坑开挖阶段的变形控制,特别是对周边建(构)筑物的保护越发重要,急需对围护结构方案进行优化设计。

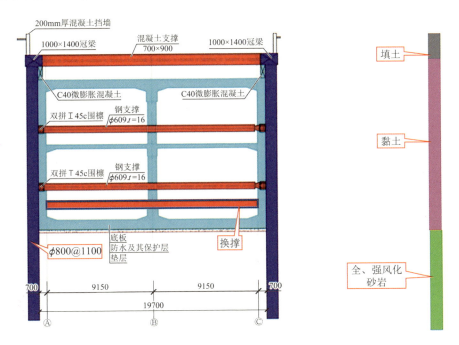

图15.1-1 合肥1、2号线基坑围护结构设计方案

3. 合肥3号线围护桩+内支撑优化设计方案

3号线结合合肥1、2号线设计经验,通过计算比选分析,适当加大桩径和桩间距,将原地下二层标准站主体围护结构方案($\phi 800mm@1100mm$+3道支撑+1道换撑方案)优化为$\phi 1000mm@1300mm$+3道支撑,如图15.1-2所示。

以典型地下两层站为例,主体围护结构周长500m,基坑深度17m,围护桩进入老黏土层深度8m,嵌固深度8m,分别采用$\phi 800mm@1100mm$、$\phi 1000mm@1300mm$两种桩径进行对比分析。

1)典型地下两层站$\phi 800mm@1100mm$钻孔桩+3道支撑+1道换撑基坑支护方案计算结果如下:内力位移包络如图15.1-3所示。地表沉降如图15.1-4所示。

2)典型地下两层站$\phi 1000mm@1300mm$钻孔桩+3道支撑基坑支护方案计算结果如下:内力位移包络如图15.1-5所示。地表沉降如图15.1-6所示。

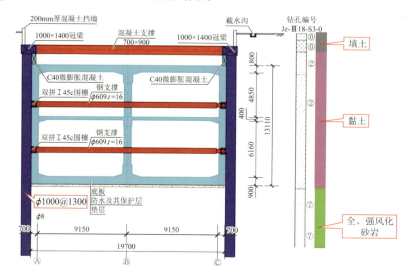

图 15.1-2　合肥 3 号线基坑围护结构优化设计方案

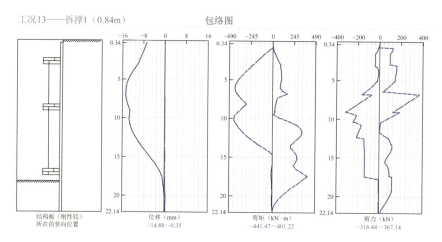

图 15.1-3　内力位移包络图

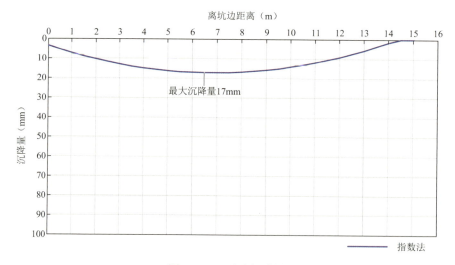

图 15.1-4　地表沉降图

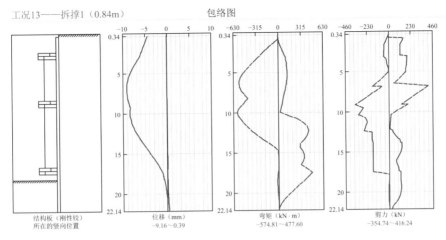

图 15.1-5 内力位移包络图

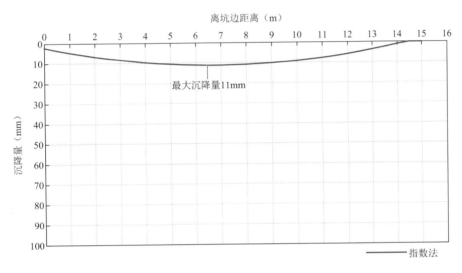

图 15.1-6 地表沉降图

3）使用效果

（1）地下二层站桩径由 800mm 加大至 1000mm，围护结构刚度加大，支护结构水平位移变形量减小 38%，地表沉降减小 35%。车站基坑施工期间变形报警情况大幅减少，施工效率显著提高；

（2）取消一道换撑，相应取消了一道纵向施工缝，后期运营使用结构渗漏水隐患减少；

（3）工序简化，工效提高，换撑取消后，增强了施工便利性，20 座车站实现当年开工，当年主体封顶，标准 2 层站主体工期约 11 个月，节省工期 3 个月以上。

4）造价对比

经比选分析，对于二级阶地典型地下两层标准站，采用 ϕ800mm@1100mm 钻孔灌注桩和 ϕ1000mm@1300mm 钻孔灌注桩在工程造价上基本持平。主要工程量及造价估算详见表 15.1-2，表 15.1-3。

地下两层标准车站φ800mm@1100mm 和φ1000mm@1300mm 围护桩工程量估算表　　表 15.1-2

序号	项目	φ800mm 桩		φ1000mm 桩	
		数量	单位	数量	单位
1	桩长	25	m	25	m
2	单桩面积	0.5024	m²	0.785	m²
3	φ10mm@150mm 单桩箍筋重量	258.1818	kg	322.7273	kg
4	φ22mm@2000mm 单桩加强箍筋重量	94.2	kg	117.75	kg
5	14φ28mm 或 18φ28mm 单桩主筋重量	1622.88	kg	2086.56	kg
6	单桩钢筋总重量	1975.262	kg	2527.037	kg
7	周长 500m 围护所需桩根数	500	根	385	根
8	围护桩钢筋总量	987.6	t	972.9	t
9	桩混凝土总量	6280	m³	7555.625	m³
10	含钢量	0.1573	t/m³	0.1288	t/m³

地下两层标准车站φ800mm@1100mm 和φ1000mm@1300mm 围护桩造价估算表　　表 15.1-3

序号	项目	φ800mm 桩		φ1000mm 桩	
		造价	单位	造价	单位
1	钢筋综合单价	6000	元/t	6000	元/t
2	钢筋总费用	592.58	万元	583.75	万元
3	混凝土综合单价	650.00	元/m³	650.00	元/m³
4	混凝土总费用	408.20	万元	491.12	万元
5	钻孔单价	320	元/m	340	元/m
6	钻孔总费用	400.00	万元	327.25	万元
7	合计	1400.78	万元	1402.11	万元

4. 本条小结

在既有设计经验的基础上，通过深化方案研究、经济造价比选，在合理控制桩间距、造价相当的前提下，1m 直径钻孔灌注桩较 0.8m 直径钻孔灌注桩更具优势，能更好地控制基坑变形和地表沉降，有效减小基坑监测报警次数；同时，优化一道换撑，提高了主体内部结构的回筑效率，节约工期，具有显著的经济效益和社会效益。

15.1.2　盖挖半逆作永临结合施工工艺及 HPE 工法在合肥地铁首次应用

1. 盖挖半逆作和永临结合施工工艺

1）当车站位于现状道路或跨越路口，或处于比较繁华而狭窄的街道下，无明挖条件，为尽量减少对交通影响及管线迁改次数，可采用盖挖半逆作法。

2）永临结合是在施工期间将临时工程与永久工程相结合，避免重复施工造成的浪费。车站在跨路口区域常采用局部盖挖半逆作工法施工，盖挖半逆作顶板下方使用钢立柱在施工阶段作为支撑立柱、运营阶段与车站钢筋混凝土立柱结合作为永久柱，实现永临结合。

3）盖挖半逆作段采用永临结合形式设置型钢混凝土柱或钢管混凝土柱，精度要求高。根据《地铁设计规范》GB 50157—2013 中第 11.6.4 条规定，作为永久结构使用的中间竖向支撑系统的设计，应控制支撑柱的就位精度，允许定位偏差不大于 20mm，同时其垂直度偏差不宜大于 1/500。目前国内常用的施工工法主要有十字锥板人工定位法、螺旋千斤顶法、HPE 垂直定位法等。十字锥板人工定位法及螺旋千斤顶法需人工挖孔进行人工定位，存在较大安全风险且施工工期较长；HPE 工法采用全机械化施工，施工速度快，垂直定位精度高，安全风险低，3 号线工程少数站点周边环境复杂、施工工期紧，推荐优先采用该工法。

2. HPE 工法的主要优势

1）垂直精度高，施工垂直度 ≤ $L/500$（L 为钢管柱长度）。HPE 液压垂直插入钢管柱工法由先进的施工设备施工，如图 15.1-7 所示。较常规的施工工艺，施工流程简单，施工速度快，平均完成单根钢管柱安装时间 10～20h，单根钢管柱安装的施工工期缩短了 70% 以上。

图 15.1-7　HPE 液压垂直插入机

2）将监控量测技术与垂直应交技术用于信息反馈设计与施工中，动态下修正施工方法及钢管柱垂直状态，确保钢管柱的垂直度。

3)运用全套管机下压插入钢管柱,节省吊装时间和劳动力,钢管柱吊装与柱体施工有效衔接。

4)运用下压吊装钢管柱,只需吊装一节6m护管,不需要吊装整个柱长的护筒,且可循环使用,节省大量材料。

5)提高安全性能。柱体定位时,不需下人施工,在地面上通过应交及监控量测技术定位安装护筒,施工安全,易于进行工程质量管理。

HPE工法适用范围详见表15.1-4。

HPE工法适用范围表　　　　　　　　　表15.1-4

适用范围		备　注
垂直度	≤L/500	L表示桩长
适用直径	300～2500mm	钢柱的直径或边长
深　度	≤50m	钢柱的长度
重　量	≤80t	钢柱的重量

3. HPE工法在合肥轨道的首次应用

3号线习友路站、繁华大道站、蒙城路站均位于城市中心区,周边交通流量大,管线复杂,为满足交通疏解及管线迁改需要,车站在跨路口区域采用局部盖挖半逆作工法施工,钢立柱永临结合。以习友路站为例,该站位于蜀山区翡翠路与习友路交口,沿翡翠路南北向布置,为地下两层车站。本站盖挖半逆作段长32.5m,宽20.9m,如图15.1-8、图15.1-9所示。

图15.1-8　习友路站盖挖半逆作范围

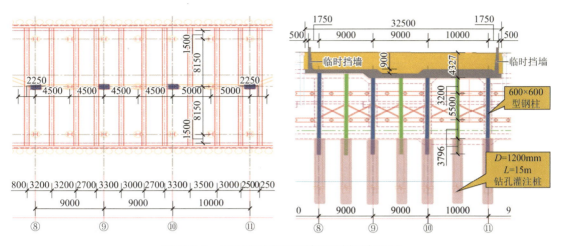

图 15.1-9 习友路站盖挖段结构平剖面布置图

对以上3个车站逆作永久钢管柱采用HPE液压垂直插入钢管柱工法施工和定位，取得了良好的效果。HPE工法工艺流程如图15.1-10所示。

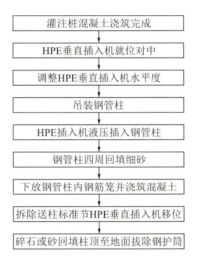

图 15.1-10 HPE 工法工艺流程

4. 使用效果

HPE工法在3号线的应用，取得了良好的施工效果。以习友路站为例，此站盖挖段共设置4根永临结合型钢柱，施工期间型钢柱承受顶板及上方覆土、行车荷载，使用阶段浇筑成型钢混凝土柱作为永久结构，现场施工和布置如图15.1-11～图15.1-13所示。采用HPE工法后，实测垂直度约为1/1000，满足国家标准《地铁设计规范》GB 50157—2013中1/500要求，且单根钢管柱施工时间10～20h，缩短约70%，单根20m长钢管柱增加费用仅约20万元，技术经济性较好，习友路站盖挖段型钢柱垂直度实测值和经济性比较分别详见表15.1-5和表15.1-6。

图 15.1-11　HPE 工法在 3 号线的应用（一）

图 15.1-12　HPE 工法在 3 号线的应用（二）

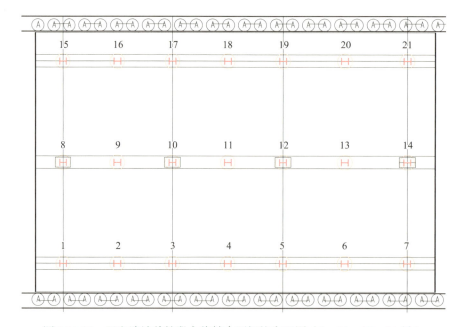

图 15.1-13　习友路站盖挖段永临结合型钢柱布置图（8、10、12、14 号）

习友路站盖挖段型钢柱垂直度实测值　　　　　　　表 15.1-5

桩号	垂直度
8	0.0015
10	0.0012
12	0.0011
14	0.0012

习友路站盖挖段型钢柱采用 HPE 工艺经济性比较　　　　表 15.1-6

数量（根）	HPE 工艺费用（万元）	普通工艺费用（万元）	增加费用（万元）
4	90.04	6.66	83.38

5. 本条小结

采用盖挖逆作或半逆作施工时，HPE 工法是一种先进高效工法，具有垂直度精度高、施工速度快，无需人工下底，安全性高等优点，垂直度达到 1/1000，使用效果良好，可在精度要求高的永临结合钢立柱中广泛推广。在钢立柱选型中，相较于型钢立柱后期外浇混凝土形成的劲性混凝土柱，钢管混凝土柱定位精度更高，承载力更大，施工更为便捷，宜综合比选经济合理性，在大跨、复杂等工程中应用。

15.2 区间隧道关键技术与创新

15.2.1 合肥首例盾构近距离下穿高风险拱桥

1. 盾构近距离下穿拱桥概况及保护方案论证

北二环站—经三路站区间沿包公大道正下穿二十埠河旧桥，旧桥 2003 年 5 月竣工。主桥为 1×20m 双曲拱桥，台身为浆砌块石，基础为 C20 素混凝土，主拱、肩拱均为钢筋混凝土结构，横桥向桥宽 45m，跨度方向约 21m，如图 15.2-1、图 15.2-2 所示。旧桥老化严重，2010 年经过加固处理。区间隧道与二十埠河旧桥基础竖向净距为 4.77~5.11m，旧桥基础持力层为硬塑状②₂黏土，纵剖面关系如图 15.2-3 所示。综合考虑旧桥健康状况、安全距离，隧道下穿旧桥确定为一级风险源，下穿施工的安全风险极大。

图 15.2-1　区间隧道下穿二十埠河旧桥平面图

论证下穿拱桥的技术措施，主要考虑：拱桥的健康状况；拱桥顺桥向及横桥向的既有差异沉降，叠加盾构下穿拱桥时顺桥向及横桥向发生的差异沉降；主拱裂缝；桥台基础素混凝土是否开裂。以上指标若有一项超标，须采取相应的保护措施。

图 15.2-2　二十埠河旧桥实景图

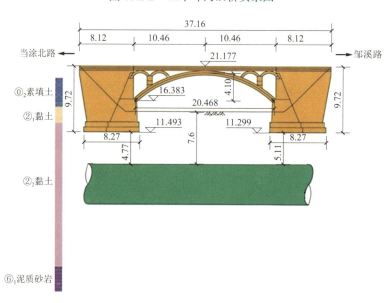

图 15.2-3　区间隧道与二十埠河旧桥纵剖面关系图（单位：m）

经逐项分析论证，顺桥向桥台差异沉降控制值为 5mm，横桥向桥台差异沉降控制值为 22mm，拱桥各项指标均在安全范围内。

经研究，对盾构隧道下穿拱桥采取原位保护措施：加强盾构掘进精细化施工；施工期间，临时封闭拱桥；采用克泥效施工工艺等。

2.盾构近距离下穿拱桥保护方案效果

2018 年 1 月，盾构下穿施工顺利结束。根据第三方监测数据，隧道下穿施工，引起桥台最大竖向沉降 12.71mm，顺桥向桥台最大差异沉降 4.17mm，横桥向桥台最大差异沉降 11.5mm，均满足桥梁安全控制标准。

3.本条小结

盾构法是一种非常成熟的施工工法，通过精细化施工，如盾构下穿重要建（构）筑物前，选取 100m 类似地层及埋深区段作为试验段，获取盾构掘进最优参数、同步注浆及二次注浆参数、盾壳注浆参数，可有效降低地层损失，减小盾构掘进对地面建（构）筑物的扰动；加强监测，信息化施工，可进一步保障盾构的良好掘进；下穿期间，临时封闭拱桥，可确保安全万无一失。

15.2.2 矿山法清除锚索盾构空推技术首次在合肥轨道应用

1. 矿山法清除锚索盾构空推技术概况及方案论证

潜山路站—史河路站区间出潜山路站后沿潜山路敷设，到达史河路站，区间长 824.291m，线间距 13～16m，平面最小曲线半径为 1200m，采用盾构法施工。天玥中心地下室锚索侵入左线隧道限界，长约 223m。侵入隧道限界锚索根数多，布置密集，盾构无法正常推进。锚索侵入潜山路站—史河路站区间左线隧道平剖示意分别如图 15.2-4、图 15.2-5 所示。

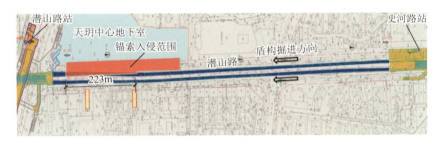

图 15.2-4 锚索侵入潜山路站—史河路站区间左线隧道平面示意图

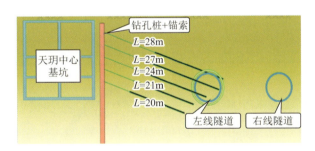

图 15.2-5 锚索侵入潜山路站—史河路站区间左线隧道剖面示意图

根据本工程特点，提出 6 种处理锚索方案。方案比选情况如表 15.2-1 所示。

方案一：人工清除锚索；

方案二：矿山法清除锚索 + 盾构空推；

方案三：矿山法清除锚索 + 盾构牵引；

方案四：矿山法清除锚索 + 盾构工作井；

方案五：矿山法清除锚索；

方案六：明挖法清除锚索。

方案比选 表 15.2-1

方案	工法概况	交通影响	管线迁改	风险影响程度	工期影响	造价增加（元）
1	在正线侧增建一条暗挖隧道，人工清除锚索	不占用道路，不影响交通	无管线迁改	因工艺影响容易出现塌孔现象，人工拔除锚索风险较高	5~6个月	1500万
2	暗挖法施工隧道并清除锚索，仅做初支，盾构机拼装管片通过	不影响交通	无管线迁改	较普通单线矿山法断面尺寸略大，但风险可控	4~5个月	1200万
3	暗挖法施工隧道并清除锚索，二衬施作完毕，牵引盾构机通过	不影响交通	无管线迁改	因尺寸断面最大，施工风险最高	6~7个月	1100万
4	暗挖法施工隧道并清除锚索，锚索影响范围外施作盾构接收井	因盾构工作井单独设置，此处需做交通疏解，交通影响较大	需迁改φ600污水管与2.2m×2.0m雨水箱涵	风险可控	3~4个月	1200万
5	整条左线隧道改为暗挖法施工	交通影响较小	无管线迁改	长距离的采用矿山法，风险相对较高	工期较长，较难控制	1250万
6	锚索影响区间改为明挖法施工	需对此段区间进行围挡施工，交通影响较大	需迁改φ600污水管与2.2m×2.0m雨水箱涵	明挖工法成熟，风险较小	约7个月	900万

采用多方案比选，综合考虑社会影响、安全、造价等因素，推荐矿山法清除锚索盾构空推方案。

2. 矿山法清除锚索盾构空推技术在3号线的应用效果

矿山法施工，可以充分清除侵入隧道限界的锚索；加强矿山法隧道的初支，采用上下台阶开挖，保障安全同时降低隧道收敛变形，有效控制盾构机刀盘与初支之间的间隙，降低卡机风险；在矿山法与盾构法隧道相接处，做好地层加固处理，有效保障盾构机进洞的安全；在盾构机前方堆填豆砾石，提供盾构机的反推力，确保管片环缝压紧，保障防水效果，如图 15.2-6~图 15.2-10 所示。

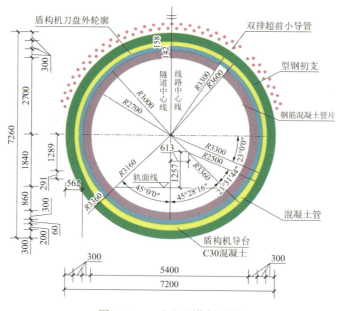

图 15.2-6　矿山法横断面图

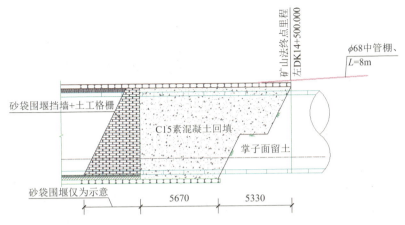

图 15.2-7　矿山法与盾构法相接处地层加固处理

图 15.2-8　在盾构机前方堆填豆砾石提供反推力

图 15.2-9　在管片背后吹填豆砾石、环间加拉紧条

图 15.2-10　管片二次注浆

3. 本条小结

调整初支与管片外轮廓净距为 300mm，有效降低卡机的风险；在刀盘前方堆填粒径 5～10mm 的豆砾石（不小于半径高度），可提供千斤顶反推力，压紧管片环间接头进行拼装，确保隧道防水效果；在隧道肩部范围设置两路风口往管片背后吹填豆砾石骨料，同时利用盾构机的同步注浆系统充分注浆密实管片背后孔隙，避免隧道成型地下水汇集后出现管片上浮的情况；每隔 5 环打开管片注浆孔及时进行二次补充注浆，形成封闭箍，截断壁后汇水通道，进一步抑制地下水串通汇集使隧道上浮；采用增设注浆孔管片（每环增设 10 个注浆孔），确保浆液密实填充管片背后孔隙和隧道的防水效果。

15.3　人防区间隔断门与 BAS 联动设计

近几年，全国范围内轨道交通工程建设及运营过程中时有安全事故发生，为保证列车的正常运行安全，3 号线人防设计加强了对区间人防隔断门安全性方面的设计，针对设备本身设置了多方位的机械锁定装置和相关的辅助安全措施。同时考虑到轨道运营方的需求，设置区间防护密闭隔断门开关到位状态信号干结点，由 BAS 系统实现采集，车站总控室显示，基本实现 BAS 系统对人防隔断门状态的监视，大大提高了运营人员平时对区间隔断门的巡查及维护管理的效率。

15.3.1　机械锁定装置

区间隔断门有 2 种安全机械锁定装置和 1 种安全辅助措施。

1）限位器（A）：作为主锁定，是区间隔断门锁定的最主要措施，确保门扇不移位或侵入限界，如图 15.3-1 所示。

图 15.3-1　限位器（A）

2）锁链（B）：作为辅助锁定装置，可以增加区间隔断门锁定不移位的安全余度，可以比较直观地判断人防门的锁定状态，如图 15.3-2 所示。

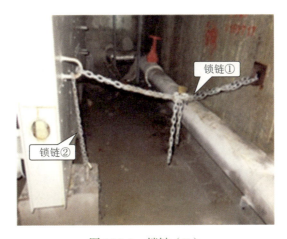

图 15.3-2　锁链（B）

3）限位器减速机输入轴罩盖（E）：一种安全辅助措施。全国范围内的安全事故案例证明，安全事故大多数是因为非专业人士私自违规操作，导致原本处于安全状态的机械锁定装置松动或移位。鉴于此，3 号线设计增加了该盖板锁定装置，可以有效地防止闲杂人员私自操作致使限位装置松动的情况发生，如图 15.3-3 所示。

图 15.3-3　限位器减速机输入轴罩盖（E）

15.3.2 区间隔断门状态动态监控装置

区间隔断门状态信号干结点由 BAS 系统实现采集，车站总控室显示，基本实现 BAS 系统对人防隔断门状态的监视。

当区间隔断门不在开到位状态时，车站总控室会有颜色提醒，另外区间门处控制箱门扇开位灯灭，提醒运营方和巡检人员限位器（D）状态异常或行程开关电控信号异常，需要及时维修，确保行车安全。

第 16 章

机电设备系统关键技术与创新

16.1 整体式智慧高效冷冻机房技术首次在合肥轨道应用

16.1.1 概述

车站通风空调机房设备管线繁多且布局复杂，设备集中布置可节省机房空间，方便人员通行及管理。合肥 3 号线的芙蓉路站、习友路站两座车站创新性试点采用整体式智慧高效冷冻机房，摒弃原有复杂的机房安装和繁琐的控制系统，运用模块化设计方案，将传统机房各分散设备紧凑整合在一台封闭机箱中，作为水系统的一个产品应用，成功解决空调水系统的设备装配化，节省地下土建空间，缩短安装周期，有一定的示范意义。

16.1.2 机房组成

1）集成水系统：冷冻泵、冷却泵、冷冻水泵控制箱、冷却水泵控制箱、排水泵控制箱、冷冻水惰性水处理罐、冷却水惰性水处理罐。

2）集成控制系统：超大屏触摸视讯终端、视频监视终端、大数据云平台、移动终端 APP、温度传感器、压力传感器、综合水质传感器及各类管部件。

3）集成电气系统：包括集成的所有设备供电，控制箱综合置于箱式封闭空间内。

16.1.3 机房技术特点

1）安装快捷：接通冷水机组供回水、冷却塔供回水、供电系统、控制系统、排污管道，系统即可运行。

2）万能接口：高效冷冻机房接口为万能型接口，可与绝大部分品牌冷水机组、冷却塔进行匹配连接。

3）隔声防尘降噪：采用密闭式结构设计，设计隔声降噪系统，将水泵振动噪声源与外界隔离，有效隔绝噪声，净化环境；采用过滤措施，隔离外界灰尘，降低设备的灰尘吸附，改善设备的使用环境，提高设备的使用寿命。

16.1.4 应用布置

芙蓉路站、习友路站整体式智慧高效冷冻机房实景如图 16.1-1、图 16.1-2 所示。

图 16.1-1　机房原理图

图 16.1-2　机房实景图

16.1.5 运行效果

1. 运行稳定

通过近几年运行观察，机组运行稳定，机房整洁干净，与 BAS 系统对接正常，除正常维护作业，没有发生故障性维护，通过数据查询，设备运行平稳，温度波动范围小，冷量输出平稳。

2. 操作方便

通过与其他站对比，采用高效冷冻机房的系统，通过一键启停系统，启动速度比传统机房快，高效冷冻机房启动后，冷水机组能够快速介入制冷，制冷效果快速显现。

3. 维护方便

通过本地视讯终端，能够直观有效地观察实时数据及查询历史数据，给现场运维人员有力的数据支持，以数据为依据，不再依靠经验，维护高效，降低维护频次，提高工作效率。

4. 故障预警

高效冷冻机房内配置有自带电缆和电气桩头位置温度检测传感器，防止接线接触不良，水泵电机设置振动位移传感器，检测电机运行状态，做到故障提前预警，保障设备安全运行。

5. 封闭机箱

经实际测量，习友路站和芙蓉路站的高效冷冻机房机箱外湿度 67%，机箱内湿度 57%，较低的湿度保证了电气设备的安全运行。

16.1.6 本节小结

对于未来轨道交通中通风空调系统的设计，绿色节能成为首要任务和方向，在设计、建设、运营、维护全生命周期内，要通过各种技术实现绿色节能目标。同时，设计也越来越趋向于设备装配化、系统智能化、运营数据化,各个系统之间的相互关联和互动也越来越集中,风水电系统联动、大数据节能已成为必然趋势。整装式智慧冷冻机房适合应用于轨道交通空调水系统,通过在 3 号线芙蓉路站、习友路站的成功应用,结合安装及运营回访,可以为后续空调机房的装配式发展提供借鉴。

16.2 地下主变电所首次在合肥轨道落地

3 号线怀宁路主变电所位于城市政务中心大型景观湖天鹅湖西南岸边,规划环保部门对地面建筑环境友好性要求较高。为了满足该区域规划要求,经综合考虑和方案比选,在合肥轨道首次采用地下主变电所方案。变电所主体建筑均设置在地下,出入口、安全疏散口、通风与吊装孔等附属建筑需露出地面,地面部分建筑风格摒弃传统变电站形式,采用普通民用建筑风格,充分融入周边环境,做到环境友好、功能完备。该地下主变电所一共有三层,主体长 61.20m、宽 27.7m、埋深 18.2m,总建筑面积 5188.5m²,如图 16.2-1 所示。

图 16.2-1 怀宁路主变电所

16.3 智能调光系统首次在合肥轨道应用

车站公共区及出入口的正常照明灯具众多,采用调光系统可以有效分时、分场景对灯具的照度进行调整。一方面便于站务人员管理,另一方面能够有效节能减排。

在合肥轨道首次采用调压式调光系统,该系统属于智能照明系统的一种。调压式调光系统主要由智能照明调光模块、智能照明触摸屏主机、智能照明网关、智能照明调光镇流器、智能照明照度传感器等部分组成。调压式调光系统的原理是通过智能照明调压调光模块对智能照明灯具回路的电压进行0~10V的模拟量调节，灯具的调光镇流器根据回路电压对灯具的照明进行调整，智能照明调压调光系统如图16.3-1所示。

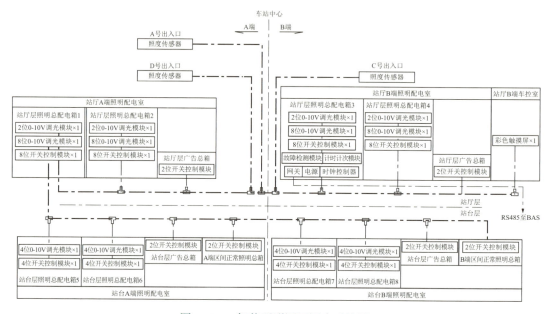

图16.3-1　智能照明调压调光系统图

图16.3-2　智能照明调压调光系统触摸屏主机面板

相对于传统的开关式智能照明控制而言，调压式调光系统对灯具的照度调整更加线性，过渡也更加平缓，站内乘客不容易察觉光线照度的变化，不会因为灯具突然变暗或者熄灭而造成乘客的恐慌。另外，该方案相较于DALI调光系统而言，系统结构更简单，维护和操作更直观简单，稳定性更好，如图16.3-2所示。

由于目前国内公共区灯具的光源主要采用LED为主。其他城市由于LED的光衰等因素，一般来说5年内就会对LED光源进行大面积更换。大面积更换LED光源一方面不方便，另一方面对站务人员而言维护保养也过于频繁。采用调压调光智能照明系统则可以在运营初期将公共区的照度上限值设置到相较于其他城市更高的水平，利用智能照明系统将公共区的照度维持在灯具最大照度的70%左右，待几年后LED光源光衰严重，则无需大面积更换LED光源，只需利用调压调光智能照明系统将照度调整至80%即可满足要求，实景如图16.3-3所示。之后再使用一段时间，当80%无法满足要求时，可逐步调整至90%，甚至100%，而LED光源的使用寿命最高约可提高至10年。故该系统可延长LED光源的使用寿命，减少维护成本，减轻站务人员的维护更换工作量。

图 16.3-3　车站智能照明调压调光系统实景图

出入口顶棚也采用了智能调压调光系统，系统可根据出入口照度传感器探测到的照度对光线进行调节，从而可以在晴天和阴天等多种天气状态下对出入口的照度进行调整，此类功能是时控等智能照明系统无法实现的。

16.4　二维码支付进入合肥轨道并实现与上海轨道互联互通

在"互联网+"时代大背景下，国内轨道交通自动售检票系统（AFC）新技术迅速发展，各个城市的轨道交通系统不断尝试引入新型支付模式，以丰富票务支付形式，给乘客提供更好的出行服务。

3号线自动售检票系统实现了将二维码支付成功运用于轨道交通通行中，有效解决了售检票系统存在的购票效率低、客流高峰期排队购票时间长、车票单次使用成本大等问题。采用二维码技术及手机支付，乘客只需凭移动应用APP生成的二维码即可实现"刷码过闸"，为市民和外地游客提供更多便捷的出行服务。互联网票务系统界面如图16.4-1所示。

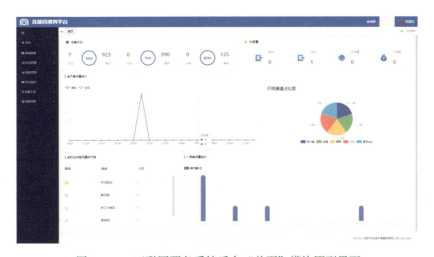

图 16.4-1　互联网票务系统后台"首页"模块原型界面

合肥市轨道交通互联网票务系统覆盖线路包含已运营的1～5号线。全线网自动售票机具备手机扫码支付购票功能，自动检票机具备二维码扫码及银联云闪付过闸功能，半自动售票机可处理非现金购票及过闸业务,互联网票务系统平台具备与第三方支付平台联网,支持移动支付介质(或其他支付介质)在轨道交通网中的使用及关联的资金清算、交易数据的整体处理及统计分析,并具备对轨道交通各线路 AFC 系统整体运营管理的功能。互联网票务系统总体功能如图 16.4-2 所示。

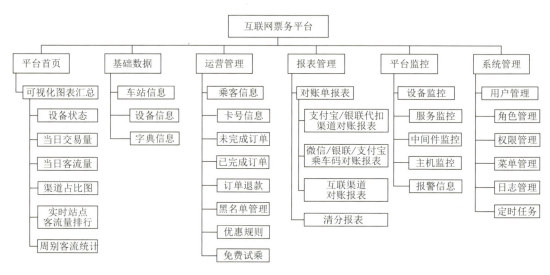

图 16.4-2　互联网票务系统总体功能

2019 年 4 月,合肥、上海两地实现轨道交通二维码乘车互联互通,合肥成为继"沪杭甬温"后,长三角地区第五个实现轨道交通二维码乘车互联互通的城市。目前合肥、上海、温州、宁波、杭州、南京、苏州、无锡、常州、徐州、长沙、武汉、南昌等城市轨道交通已实现"一码"畅行,互联互通总体功能如图 16.4-3 所示。

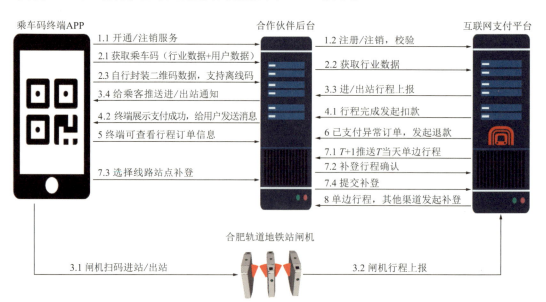

图 16.4-3　互联互通总体功能

16.5 国内首次采用带有检修平台的悬挂式综合管廊系统的车辆基地

传统轨道交通车辆段对管线综合规划不够重视，缺乏协调管理，库内各专业管线安装标准不一，不同专业间管线交叉重叠，造成检修空间不足，严重时甚至无法检修或抢修。此外，在结构上的连接采用焊接和预钻孔方式，影响受力安全，布局凌乱不美观，施工效率低，影响工程工期，也不利于设备的调试和后期维护。

3号线磨店车辆基地在全国首次采用带有检修平台的悬挂式综合管廊系统，将暖通管、给水管、压缩空气管、电力电缆桥架、信息桥架、FAS、BAS桥架等各专业管线进行综合布置，并且分层分类支吊安装，检修库内综合管廊系统原理图和库内实景如图16.5-1所示。维护平台满足施工期间管线的安装及后期的维护检修。该方案的创新是将管线集成和管线检修结合成一体化结构，提高了结构强度，缩小了占用空间，极大地方便管线安装和后期维护。该设计方案已获得国家发明专利。

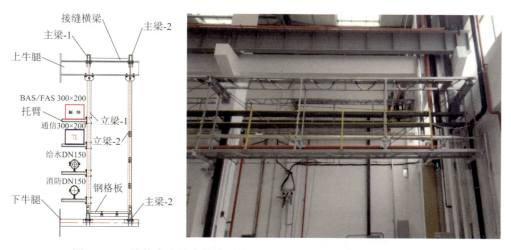

图 16.5-1　检修库内综合管廊系统原理图（左）和库内实景照片（右）

16.6 合肥轨道首次采用贯通式洗车布置模式

轨道交通洗车线布置形式主要有咽喉区通过式布置、与运用库并列通过式布置、咽喉区八字线通过式布置、尽头往复式布置。3号线磨店车辆基地采用出入段线贯通式洗车作业布置模式，与其他布置形式比较，具有以下特点：

1. 洗车作业

列车洗车时无折返作业和来回调车作业，洗车效率最高。

2. 用地

出入线贯通式洗车作业模式无需单独设置洗车线，相比其他洗车线布置形式，节约用地效果显著，且这种布置形式对车辆基地用地条件要求最低，如图 16.6-1 所示。

图 16.6-1　贯通式洗车库

3. 运营管理

由调度室统一安排洗车计划，运营部门可根据实际运营需求设计最优的列车交路，避免漏洗和重复洗，实现洗车效率的最大化。

磨店车辆基地通过多种先进的新工艺、新设备，优化车辆段的整体设计方案，提高车辆段的整体设计水平，减少投资等，产生良好的经济效益。

16.7　轨道系统 CPⅢ 轨道精测网技术应用

既有轨道施工精调以铺轨基标为依据，采用较为简单的 L 形道尺进行调整。利用调整好的线路中线点或贯通平差后的控制点进行测设铺轨基标，铺轨基标测设环节复杂，包括施工导线、轨道中线点、控制基标、加密基标，测量误差层层累积，且整个环节内人工观测和量测的工作量巨大，容易导致加密基标精度不稳定，影响轨道铺设的平顺性。传统铺轨测控工作示意图如图 16.7-1 所示。

图 16.7-1　传统铺轨测控工作示意图

正线轨道结构采用混凝土整体道床，整体道床浇筑完毕后，轨道调整量仅限于轨道扣件的可调量。精密控制测量的好坏起到关键作用，精密控制测量是保证地铁轨道高精度施工的重要环节。

轨道施工采用轨检小车进行调轨的方法。轨检小车能够保证轨道采用绝对定位与相对定位测量相结合的铺轨测量定位模式，即能够充分保证轨道的绝对定位和相对定位，保证轨道的高平顺性，在几何线形控制方面能够达到旅客乘坐的高舒适度要求。轨检小车采用强制归中的控制基点，平面和高程在同一基点上，使用方便，给施工提供了便利，利用轨道几何状态测量仪（俗称调轨小车）进行轨道精调控制，明显加快了施工进度。轨检小车进行调轨现场，利用轨检小车铺设后的轨道分别如图16.7-2、图16.7-3所示。

图16.7-2　CPⅢ轨道精测网及轨检小车进行调轨现场图　　图16.7-3　利用CPⅢ轨道精测网及轨检小车铺设后的轨道

16.8　合肥轨道首次采用整体绝缘站台门系统

站台门系统一般采用对地绝缘安装，即站台门底座采用绝缘垫片，固定螺栓采用绝缘套筒将站台门底座金属构件与站台板隔离，达到绝缘安装效果，保证站台门门体与列车车体等电位，阻隔轨道上杂散电流通过站台门进入车站，如图16.8-1所示。

传统绝缘安装缺点主要有：

1. 施工过程绝缘很难保证

绝缘垫片和套筒数量大，施工作业面多，与土建或装修单位交叉施工时，绝缘材料容易被污染，施工过程绝缘很难保证。

2. 运营期绝缘很难保证

轨道侧绝缘构件（垫片、套筒）无法有效保护，运营期钢轨打磨产生的金属粉尘附着在绝缘件上，导致绝缘失效。

图16.8-1　站台门系统传统绝缘安装方案

站台门门体对站台板绝缘一旦失效，容易造成站台门与车体间电位差，威胁乘客上下车安全；轨道上杂散电流通过站台门进入车站，对土建结构以及站台门造成腐蚀。

针对上述问题，合肥3号线站台门门体采用整体绝缘方案，具体包括：

1）站台门门体绝缘安装；

2）站台门门槛独立绝缘；

3）站台门立柱绝缘处理。

3号线站台门系统保留传统的绝缘安装方案（绝缘垫片+绝缘套筒），另外增加了门槛独立绝缘和立柱绝缘处理。门槛采用不锈钢踏板+绝缘型材的方案，如图16.8-2所示。

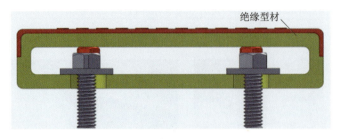

图16.8-2　站台门独立绝缘门槛

门槛踏步面采用不锈钢，保证使用寿命和耐磨性。门槛下部及周边采用绝缘型材包裹、隔离，乘客可接触的立柱外露部分均粘贴绝缘膜，使站台门门体实现对站台板绝缘，后期可不受底座对站台板绝缘失效影响，保证运营和乘客的安全。

第17章

环保设计关键技术与创新

17.1 首次全生命周期参与轨道交通设计

3号线设计过程中,环保设计首次自规划环评阶段即参与环保选线和方案论证,在建设项目环评阶段、初步设计阶段、总体设计阶段、配合施工阶段至运营后,均发挥了重要作用。

环保设计全生命周期参与轨道交通设计的优点主要在于:

1. 从源头起,保证线路走向和敷设方式的环境合理性。考虑到噪声、占地和景观等综合影响,规划环评阶段3号线即优化了敷设方式,减少了部分高架桥梁的长度。
2. 确保环评报告及批复的环保措施可行,并得到全面有效的落实。
3. 环评批复后,根据工程设计内容调整及外部环境变化情况,及时优化环境保护措施。
4. 开通运营后,结合地方政府及群众诉求,及时补强环保措施。

17.2 声屏障设计创新

17.2.1 概述

2019年12月,3号线通车试运营,高架段设计直立式声屏障6246m,封闭式声屏障1076m。2021年7月,结合梦溪小镇处全封闭声屏障顶部开孔优化设计,将梦溪小镇4~5号楼处185m直立式声屏障改造为全封闭声屏障。截至2021年8月,3号线全线共实施直立式声屏障5876m、封闭式声屏障1261m。

2021年8月,随着高架段两侧保利罗兰香谷小区、美的金科郡小区陆续交房,部分居民反馈3号线车辆运行噪声影响生活休息,要求高架路段增设声屏障。

接到相关诉求及反馈后,设计单位一方面配合轨道公司同新站区政府沟通,对高架段全线的现状用地、规划用地及土地出让情况等进行了调研和梳理,尤其是新建小区、规划居住、医疗、教育等敏感地块路段;另一方面同轨道公司各相关部门对降噪措施优化设计方案的可行性进行了充分的研究。

17.2.2 设计难点

后期建设的小区及规划地块路段降噪措施优化存在主要难点：桥梁基本为变截面梁，跨度从 10.6m 渐变至 18.9m，对于最大跨度处，国内轨道交通目前没有安装全封闭声屏障的先例；既有桥梁基础需要进行检算、改造，对于桥梁安全要求非常高；高架区间与 220kV 高压走廊垂直相交，相应路段方案设计及施工安全难度大；一次性彻底解决高架段噪声问题涉及社会稳定、居民出行、运营安全等多方面因素，施工时间长、跨度大、难度高。

针对上述情况，设计单位多举措开展深入研究，深入调研国内其他同类型项目的桥梁、声屏障设计情况，同时邀请了国内市政桥梁设计和环境保护专业经验丰富的专家对优化设计方案进行了充分论证，最终形成了 3 号线高架段降噪优化设计方案。

17.2.3 设计方案

主要设计方案分述如下：

1. 将高架段文忠苑小区段、梦溪小镇以东至出入段线终点区间（不含高压廊道），共计 1490m 改造为全封闭声屏障；

2. 将学林路站（幼儿师范站）至职教路站（职教城站）区间 330m 半封闭声屏障改造为全封闭式声屏障；

3. 对居民反映噪声较大的大众路站（职教城东站）、相城路站车站南北两侧镂空区域采用消声百叶封闭，如图 17.2-1 所示。

图 17.2-1 全线优化设计完成后现场图

17.2.4 小结

从设计角度分析，对于轨道交通高架段声屏障设计，除严格按照环评要求采取措施外，还应该统筹考虑周边城市发展、人民群众需要等因素，全线预留设置全封闭声屏障的条件，包括但不限于桥梁基础荷载、预埋螺栓、接触网安装方式、综合接地等多条件。

3 号线高架段降噪措施提质改造，是目前国内已开通运营的轨道交通线路中最大规模的一次升级改造，既是对 2022 年新施行的《中华人民共和国噪声污染防治法》的有效落实，也是对人民群众向往美好生活的最好呼应。

第 18 章

总包管理创新

18.1 合肥轨道交通 3 号线总包管理体系与思路

18.1.1 以"四控两管一协调"为中心建立总包管理体系

总包管理本着"以人为本、价值优先"的设计管理理念,吸收国内外的成熟经验,通过"四控两管一协调"及各种有效的管理手段和方法,优质高效地把本项目建设成为一条"安全便捷、环境协调、技术先进、造价合理"的轨道交通线路。

1)合同管理

以合同为依据,以"一体化、集中优势、指令唯一"为原则,实行分级管理;以合同约束为基础,以主动服务为责任,体现奖罚分明。

在 3 号线设计过程中,总包掌握和熟悉各参建设计单位合同的主要内容,建立合同管理台账,梳理编制年度设计费支付计划以及合同执行情况等。

2)信息管理

以信息传达"指令唯一"为原则,以信息网络数据库为平台,以勘察设计文件资料为对象,实现信息管理的适时高效和准确。

在 3 号线设计过程中,信息资料由专人负责管理,及时进行发放、回收、验收、分类、整理、归档,确保信息资料的安全、完整、可追溯。

3)进度控制

实行"计划制定、过程跟踪、及时纠偏、实现目标"的动态控制,保证各阶段设计进度满足工期目标。

在 3 号线设计过程中,总包根据业主的综合进度目标,编制年度、季(月)度计划,组织单项设计单位编制三级计划。在设计开展以及审查过程中,总包对计划进行动态管理,通过巡检、例会、周(月)报等形式跟踪、检查各单项设计单位的计划执行情况,对无故推迟计划的设计单位进行通报,影响关键时间节点的计划及时向总体和业主做好汇报,确保总体进度满足要求。

4)安全控制

安全是轨道交通建设及运营的基石,安全风险控制在城市轨道交通勘察设计全周期内是十分必要和重要的,覆盖了项目的整个生命周期,包括设计阶段、施工、系统设备采购及安装阶段、调试及验收阶段、缺陷责任期、试运营及正式运营阶段。

在3号线设计过程中,总包主要对信息资料的安全实行全过程管理,包括从事本项目人员的生命、设备、资料、网络等。总体总包指定各单项设计单位安全责任人,对本单位的安全管理工作全权负责;在日常工作中做到保密资料不上网、不乱丢,废弃纸质资料应统一处理和销毁,最终的成果文件和重要资料及时进行整理和归档。

5)质量控制

以"事前指导、过程控制、成果审核"为主线,按照ISO9001质量管理体系,全程跟踪控制,实现工程规模与系统配置的"最优性价比"。

在3号线设计过程中,总包对设计文件审查以及配合施工做到全面管理。在设计过程中,开展设计会签工作,消除专业间的接口矛盾和漏项;协助业主完成各阶段重大方案、专项和专题评审会议,督促落实审查意见;编制《配合施工管理办法》,督促设计每周开展配合施工,及时解决现场施工出现的设计问题,协助处理施工问题。

6)投资控制

以价值工程理论为指导,以"功能适用、标准合理、经济合理"为原则,以"设计成果评价指标体系"为标准,以"优化设计、限额设计、概预算编制、变更设计控制"为手段,实现工程规模不突破、概预算限额目标不突破和寿命周期成本最低的投资控制目标。

在3号线设计过程中,总包协助总体组开展限额设计管理。正确合理确定各阶段各标段限额设计的目标;明确限额设计中各单位的职责;处理好限额设计与其他方面的关系,如边界条件变化的控制;处理好设计费与控制工程投资及经常使用费的关系,科学划分明晰接口并严格管理,有效控制利益驱动对限额设计目标实现的负面作用;严格控制设计变更,按业主审批的"变更实施管理细则"分类进行严格控制。

7)设计协调

轨道交通设计中接口关系众多,保持系统的总体完整性和运作协调性,是整体功能综合平衡的需要。良好的技术接口管理可充分发挥轨道交通工程功能、降低造价、提高效益。

在3号线设计过程中,轨道交通是一项庞大的系统工程,接口多、信息资料杂,总包处理好与业主、与总体组各专业、与各单项设计单位以及与其他相关单位之间的关系,让设计过程变得更顺畅。在设计不同阶段,总体总包单位编制《设计接口统一规定》,具体明确各专业间的接口关系,采用"设计资料互提单"和"工作联系单"作为接口工作的重要记录,通过设计会签、文件审查方式确认接口是否正确合理。总包做好各类台账的建立、实时登记、及时反馈沟通,不仅让总包工作事半功倍,更让各专业、各单位提高了工作效率。此外,总包还积极组织巡检和交流会,让设计和现场问题得以及时讨论和解决,避免相同问题重复出现,大大提升了设计质量,消除了安全隐患。

18.1.2 建立完善的制度是做好总包管理的基础

总包组依托《城市轨道交通工程设计总包管理作业指导书》施行总包管理，根据业主的具体要求和地方特点编制适合本地轨道交通工程的各类管理办法，如图 18.1-1 所示。

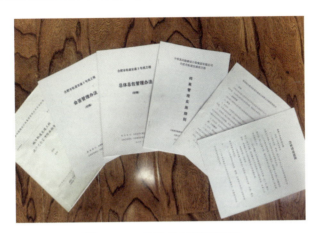

图 18.1-1　总体总包管理制度

总包管理坚持"完善制度、规范行为、严格过程、强化考核"的总管理方针。完善制度，就是完善管理体系建设、优化设计管理流程、优化组织结构、优化目标管理、优化信息交流的平台、优化教育培训体制、不断改进体制，使管理体制高效运作。

规范行为，就是规范设计行为、管理行为，该做的事情一定要按部就班去做，不要偷懒、省略；该完成的工作，要扎扎实实，按要求完成。尽可能形成标准化的工作行为，形成一种规范行为的管理文化。

严格过程，就是明确识别每项工作的实现过程，从过程的层面对工作加以控制、调整，以保证工作最后成果的准确、完整。

强化考核，就是坚持考核辅助手段和方法的运用，保证管理体系的高效运作。虽然考核不是万能钥匙，但是，没有考核是万万不能。强化考核的背后是考核评价体系的建立和检查落实，合肥 3 号线土建、系统单项设计单位多，人力资源、团队素质、设计理念都不尽相同，对单项设计单位的管理尤为重要。合肥总包组制定了考核管理标准，对未按制度、指令执行等行为，按照"一提醒、二警告、三通报"的原则进行管理。对多次或较长时间未执行要求的单位，总包将暂缓办理该单项设计单位的请款支付申请及建议业主单位对其进行处罚。同时，在每季度、每年度出具考核管理报告主送各单项设计单位并抄送业主。

18.1.3 精心组织会签是质量控制的重要手段

会签工作是消除专业间接口矛盾和漏项的重要措施，它直接影响工程的设计质量、施工质量、经济效益等。总包应以会签管理为抓手，以"四个做好"为目标达到控制质量的目的，如图 18.1-2 所示。

图 18.1-2　图纸会签

1）做好验收

总包会签管理员对照《文件编制统一规定》对分项设计单位送审文件、图纸进行检查和验收，具体包括文件图册装订的大小、文件封面的排版、字体、章节的编排，内部签署是否齐全等，满足会签要求后由会签专业填写《城市轨道交通工程设计会签登记表》并进行会签。

2）做好通知

总包会签管理员应根据会签及出图计划，提前通知会签专业集中现场会签，对未能及时到场会签人员进行通报，不能影响文件流转以及正式提交的时间。

3）做好闭合

会签人员应认真审核设计文件和图纸，确认本专业要求是否得到满足，在第一轮会签时应提出全部会签意见，设计单位对首轮会签意见修改完善后进行第二轮会签，直到确认会签意见完全落实，总体及会签人员进行无意见签字。

4）做好归档

各专业、各系统、总体的会签意见是重要的质量记录，是设计文件和图纸的最终成果修改依据，务必形成纸质的、签署齐全的会签记录单、意见单及回复并归档。

18.1.4　做好资料及档案管理是生产经营的有效保障

档案管理工作是企业生产经营管理的重要环节，是强化企业内部控制、防范经营风险的重要基础性工作。国家严格落实工程质量责任终身制，推行竣工后永久性标牌制度。加强档案工作对于还原历史真实面貌、维护公司及员工合法权益具有十分重要的意义。

1）档案体制要健全

档案管理工作一定要有健全的管理体制和职责分工，我单位档案工作遵照统一领导、统一制度、分级管理的原则。从集团公司相关部门到负责项目的每一个设计人员、总包人员都明确了档案职责分工。

2）档案管理要及时

档案管理人员、档案经办人员要做到"眼疾手快"，在日常工作中及时完成档案的汇总、分类、整理、装盒、归档，避免因滞后处理造成档案遗失，电子文件还应及时备份，如图 18.1-3 所示。

图 18.1-3　信息资料装盒及归档

3）档案工作要细心

档案管理工作看似简单却很枯燥，往往会造成"这个看错""那个不小心"的情况。档案的文件形式多样，档案管理人员在平日收集汇总文件时应注意文件的格式、发送或接收的日期、签署盖章和附件等是否符合要求，若不符合责任人须进行解释说明或整改，避免时间久远后难以补救。

4）归档方式要创新

强技赋能，电子档案通过向总包管理系统及时上传、备份，做到需时可查，随时调阅，即时下载。持续推进构建系统完备、高效实用、安全可靠的档案信息化基础设施，提升档案信息化能力。推进传统载体档案数字化，努力实现档案管理工作的高效务实。

5）档案保存要安全

加强实体档案、电子档案和档案库房安全管理。档案收集和归档环节，要确保在工作活动过程中形成的具有保存价值的文件材料收集齐全、准确，并及时归档。规范档案借阅登记和及时归卷程序，确保纸质档案安全万无一失。定期对档案清点核对，做到登记台账与档案实体相符。对电子档案载体进行病毒查杀并定期备份，保证电子档案的信息安全。

18.1.5　做好会务管理是树立总包口碑的契机

会务管理也是总包管理的重要组成部分。在合肥 3 号线设计过程中，经历的工可审查会、初步设计审查会以及各类方案审查、专项审查会、设计例会等不下千次，做好会务管理和组织能树立总包良好的口碑，提升企业形象，如图18.1-4所示。

图 18.1-4　会场布置图

1）统一领导，分工合作

不以规矩，不成方圆。统一集中的领导是会务管理组织的保障。由总包部负责人统一领导，做好会务各环节的分工，总包组成员各司其职，又互通协作，保证会议的顺利召开。

2）注重准备，有备无患

积极主动与主管部门密切沟通，及时、准确掌握会议规模、会议形式、参会人员情况等信息。准备好会议可能用到的所有物品以及文件资料，及时发布会议通知或编制会务手册。

3）精心统筹，有序组织

会务组织按会前、会中、会后进行安排。

会前除做好通知和资料发放外，还需要做好参会专家、领导的行程、住宿、饮食安排和会议室的布置，包括桌椅席卡、音响话筒、灯光、PPT投屏等；会中做好会议记录、会场照片拍摄、政府职能部门意见的收集记录，专家费用发放等，在会议过程中要及时关注会议情况，解决与会人员的诉求；会后组织与会人员用餐或返程，及时回收会议资料，如图18.1-5所示。

图 18.1-5　评审会会前资料和席卡

4）重视细节，提升亮点

正所谓"细节决定成败"，细致的准备组织很重要，尤其需在细节上下功夫。例如，提前了解与会领导讲话安排并准备发言稿；对异地或不熟悉会议室位置的与会人员，做好指示牌和人员的引导等。

5）会后总结，汲取经验

反思才能进步，总结才会提高。会议全部结束后，总包会务组及时总结本次会议的组织情况，对事前未准备和过程中未能有效解决的问题进行讨论，并在下一次会议中杜绝。

18.2 率先实现轨道交通总包信息化管理

随着市场经济的高速发展，强化轨道交通项目过程精细化管理，已经成企业提升竞争力的重要途径。如何借助互联网，实现网络化、智能化管理，打造以项目为中心的高效管理平台，是企业在信息化时代所面临的重要任务。

18.2.1 既有 1、2 号线总包管理

合肥 1、2 号线的总包管理还是传统意义上单一的人工管理。会议通知和收发文工作采取电话、QQ 等方式进行信息的传递，设计文件需组织人员集中在某处进行统一的会签，设计产生的信息资料需要多人进行整理、保管等。

轨道交通工程设计工作会不断产生大量的信息资料，它们流通是否顺畅、反馈是否及时、保存是否完整，是目前设计管理中比较困难的控制点，这将直接影响到接口管理的效率，也是决定总体总包管理成功与否的标志，所以总包管理需进一步精细化。

18.2.2 合肥 3 号线总包信息化管理手段

合肥 3 号线工程是铁四院在合肥中标的第一条设计总体总包线路，首次在 3 号线中采用由铁四院自主开发的城市轨道交通设计总包管理系统进行全方位网络化管理，如图 18.2-1 所示。

图 18.2-1 轨道交通总体总包管理系统登录界面

1）系统简介

本系统为国内第一个轨道交通设计总体总包管理系统，充分利用互联网的优势，将总体总包管理工作全方位、全过程地纳入系统管理中，在大幅度提高工作效率的同时，也极大地提高了管理的规范化、精细化程度，提供了强大的可追溯功能，同时也做到了管理过程的公开和透明。

本系统配备两台专用服务器，保留了与业主单位 OA 系统、BIM 管理平台等系统的接口，可根据不同城市业主的需求量身定做，升级扩容。所有设计管理过程及成果均记录在系统中，文件永久存放，可直接移交归档。2017 年 11 月 10 日，本系统获得了"湖北省 2017 年企业管理现代化创新成果三等奖"；2019 年 10 月 21 日，本系统取得了国家版权局计算机软件著作权登记，登记号：2019SR1064402，如图 18.2-2 所示。

图 18.2-2　计算机软件著作权登记证书

2）功能简介

城市轨道交通设计总体总包管理系统包含十个大的子系统：公共信息发布、项目人员管理、项目过程管理、项目合同管理、项目沟通管理、设计变更管理、设计考核管理、报批报建管理、系统管理及个人事务等，如图 18.2-3 所示。

图 18.2-3　轨道交通总体总包管理系统主要功能

系统在互联网上运行,无需安装客户端,开放性高,同时使用专用的服务器提供服务,采取了严密的安全防范措施及设备,保证了系统的安全性。

系统用户为轨道交通参建各方,业主、设计咨询、施工图强审、总体总包单位、分项设计单位、施工单位、监理单位全方位覆盖;将轨道交通项目从工可研究、总体设计、初步设计、施工图设计、施工配合到运营开通全过程纳入管理。

3)总包管理系统的创新点

(1)专用系统,确保安全

本系统为本单位专用轨道交通工程总体总包管理量身定做,使用专用的服务器提供服务,采取了严密的安全防范措施及设备,确保信息安全,避免了在社会公共信息平台传递信息的安全隐患。

(2)及时监控,掌握全局

本系统将总体总包管理全方位、全过程纳入进来,设计进展情况、人员情况、合同支付情况、计划完成情况、文件信息、考核情况、会签审查情况、成果提交情况及最终成果都在系统中全面反映,而且是即时的最新情况,为管理决策提供科学、全面、准确的依据。

(3)及时处理,减少时滞

由于是在互联网上运行,设计人员及设计管理人员不受时空限制及时处理待办事项,极大地解决了总包管理中设计会签时间长专业多的难题,提高管理效率,使设计管理进程能够顺利推进。

(4)规范流程,标准作业

本系统将根据业主的管理要求定制总体总包管理作业流程,因地制宜预先设置,固化作业流程和标准,减少了人为因素造成的管理偏差,在提高服务质量、提高工作效率的同时,也提高了标准化、精细化管理水平。

(5)信息传递,即时到达

由于业主、设计咨询、施工图强审、分项设计单位等参建各方不在同一处办公,设计管理过程中的文件、信息传递只能靠纸质文件,费时费力,且容易发生丢失贻误的情况。系统提供的信息传递功能,即送即达,且由于在专用系统上传递,信息安全也得到了保证,极大地提高了信息传递的准确性、及时性、安全性,从而提高了整个设计管理的工作效率。

(6)提前预警,及时纠偏

计划管理是总包管理的工作重点和难点。由于轨道交通受制约因素多,内外部接口复杂,计划频繁调整已成为轨道交通项目设计管理的一大特点。系统提供的功能,给计划调整的审批带来极大的便利性;对于已确定的计划,系统会分别提前5天、3天及当天发送提醒信息给各计划执行人及相关管理人员。对于轨道交通行业设计人员,提醒预警功能十分实用;对于计划管理人员,则可极大地减轻劳动强度,提高工作效率,保证整个项目按计划推进。

(7) 数据统计，形成报表

管理离不开数据，报表是目前管理工作的一个重要手段。本系统将记录保存管理过程中形成的大量数据，根据管理需要，系统自动从中调取相关数据，形成统计报表，减轻了管理人员的重复劳动的工作量，把精力用在管理、调度指挥上。

(8) 成果文件，自动归档

本系统在成果管理方面，将各单位提交的送审稿到会签意见、各级审查意见及执行情况以及最终的设计成果均做长期保存，为日后查询调用提供条件。也可根据本地档案管理部门要求，预留与档案管理系统接口，形成设计成果自动归档。

(9) 过程记录，提供追溯

本系统中，所有管理过程均保存记录，提供了强大的可追溯功能。

18.3 本章小结

做好总包管理工作除了要有扎实的管理经验和业务水平，总包人员的职业素质和责任心也非常重要。总包人员要有"不达目的不罢休"的态度，在管理工作中勇于"较真"，这样才不会将管理工作流于形式。坚持"四控两管一协调"的管理体系，善于应用总包管理系统等信息化手段，真正做到管理过程精细化。

第4篇 工程实践与设计提升

书香之路

合肥市轨道交通 3 号线工程设计创新与实践

第19章
综合类经验总结

19.1 行车交路设计总结

19.1.1 客流出行需求与运营成本分析

城市轨道交通工程设计中，为合理匹配全线客流量断面大小起伏的特性，行车组织设计一般采用大小交路的运输组织方案，即在高断面区段，单独组织小交路，以大小两种交路来加强对高断面客流的服务效果，从而有效满足高断面客流人群出行量大、等待时间短的出行需求；同时，全线开行的一个大交路为普适型和全照顾型交路，对全线客流进行服务。

从全线来看，处于大交路范围内且未被小交路覆盖的区段，往往是线路两端，这些区域通常也是客流较小的区段。端头客流仅采用大交路的运输服务，能有效、较充分地满足端头区段客流的出行需求。虽然这些区段客流乘行的时间间隔略有加长，但该种开行方式对客流的运输承担上具备较强保障，同时可较高效地节约运营成本。

19.1.2 运营组织选择

目前，国内有较多城市已开通轨道交通，形成的案例也具有丰富性和多样性。实际运营中，一些大城市和特大城市，在早、晚高峰时期，有些轨道交通线路端头区段的客流量并不小，甚至还很大，高峰期间客流量较饱满；而在平峰的时候，线路端头的客流量会下降较多。为应对这种客流变化趋势，一些城市在实际运营中会在高峰时期采用全线单一交路，平峰时期采用大、小交路套跑的运营方案，这样的运营交路方案可以更好地贴合客流特征，灵活应对客流的变化特点，在满足运营需要的基础上，更好地节约运营成本。

结合合肥3号线及其他国内轨道交通运营实例，主要经验如下：

1）轨道交通客流预测结果形成往往较早，受城市规划及建设实施程度等方面的因素影响，客流预测可能不一定都能够吻合未来城市实际发展情况，因此预测客流数据也往往会与未来实际产生的客流出行量有一定的偏差。这种偏差可能会导致交路设置与实际运营需求不完全匹配。

2）轨道交通方案设计中应该充分考虑城市规划、区域发展、新区建设、人口布局等因素，尽可能在设计过程中多收集线路沿线及周边现状与规划资料，征求城市建设、规划、国土等相关职能部门意见，合理、全面、灵活设置配线，使辅助配线具备多种方案运营的灵活性和可能性，从而能够以较丰富的运营条件充分应对后期实际运营的多种运营需求。

3）在合理、灵活设置配线的基础上，配置多种类型、适合多个客流形态、灵活运营的交路模式。合理而灵活的运营交路方案应力求实现：满足已有预测客流各时期的出行需求，方案运能充分，能较好节约运营成本；具备灵活调整的可能性，能够一定程度地应对线路中间区域、端头区域或大客流出行区间的增长、缩短和变化的各种可能性，能够为线路和客流变化，留有较充分的运营交路应对措施和方案，具有多种运营调整的可能性。

综上分析，我们认为运营方案不是一成不变的，在设计之初，应考虑留有灵活、可变、多样的运营条件，以方便在实际运营时，结合具体条件和实际需要，灵活选用不同的运营方案，从而合理、经济地匹配客流出行特征，方便运营管理，带来更好的经济效益。

19.2　轨道设计总结

19.2.1　段场内碎石道床道砟坡脚设置挡砟块

为了防止道砟散落，设计要求碎石道床道砟坡脚整齐、干净，段场库外碎石道床地段（含出入线、试车线和培训线等）设置有挡砟块，一方面可以避免道砟散落在线间排水沟盖板上，另一方面便于后期的养护维修，如图 19.2-1 所示。

图 19.2-1　碎石道床铺设挡砟块现场图

19.2.2　多专业共同参与过轨管线预埋

由于过轨管线涉及专业多，范围广，在轨道施工过程中，甚至轨道施工完成后，仍有专业提出要求增加过轨管线，或对轨道完成预埋的管线进行废弃，给轨道施工带来不便，也造成了大量预埋管线的浪费。

鉴于此情况，本着责权分明、按需过轨的原则，轨道专业对强、弱电系统等过轨管线提出要求，各系统专业在道床中若有过轨管线，过轨管线由相关专业自行提供材料并在现场铺轨单位浇筑道床混凝土之前进行预埋预留，铺轨单位提前一周将铺轨详细进度通知相关专业。为了做好管线预埋的相互监督和配合，各系统专业和轨道专业的设计、施工建立工作联络群，由铺轨单位提前发布道床浇筑计划，告知相关系统安装单位提前预埋管线，设计单位进行复核并反馈。

按此方案实施后，过轨预埋管线位置准确，利用率达到98%，同时减少了后期安装单位对于预埋管线使用的纠纷，如图19.2-2所示。

图 19.2-2　道岔区过轨管线预埋后的现场图

19.2.3　区间泵房预埋管位置预埋过高，导致浮置板道床排水能力削弱

由于钢弹簧浮置板道床地段采用的中心排水暗沟，且排水沟沟底标高均低于普通水沟，一般为轨面以下750mm，当预埋管管口底部的标高过高时，尤其是在小半径曲线地段钢弹簧浮置板道床地段采用中心排水暗沟时，需要重新凿除预埋管，如图19.2-3所示。一方面，对管片不利，容易形成渗漏水；另一方面，也影响了工程的进度。建议后续设计中，预埋管尽量避让钢弹簧浮置板道床段。

图 19.2-3　区间预埋管凿除前的预埋现场图及凿除后重新预埋的现场图

19.3 声屏障设计经验总结

19.3.1 声屏障配施经验

1. 概述

设计单位在配合声屏障施工过程中,发现声屏障底部与桥梁护栏板之间存在缝隙,可能影响降噪效果。

高架桥梁土建施工时,预埋钢板与桥梁护栏板顶部平齐,声屏障 H 型钢立柱安装的 3cm 厚底座钢板突出护栏板,导致声屏障屏体底部与桥梁护栏板间存在 3cm 空隙,影响降噪效果。为保证声屏障降噪效果,落实环评及批复要求,须对空隙进行封堵,如图 19.3-1 所示。

图 19.3-1　声屏障底部与桥梁护栏板间空隙现场照片

2. 处置方案

设计提出采用 C 型铝合金封堵声屏障底部空隙,规格为 65mm × 50mm × 1.5mm × 1600mm,开口向上布置,线路内侧采用铝合金拉铆钉(直径 5mm,间距 300mm)与声屏障铝合金框体连接,同时对安装后存在的局部缝隙采用耐候胶密封,如图 19.3-2 所示。

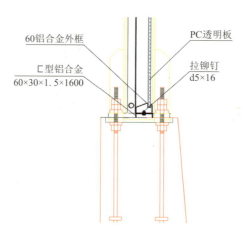

图 19.3-2　问题处理方式示意图

3. 经验总结

设计单位应加强接口协调管理，明确桥梁专业与声屏障设计及责任分工界面。在桥面附属工程中预留桥梁声屏障基础，同时应在接口设计及交底时，确保设计原则、标准及专业接口要求一致。

19.3.2 全封闭声屏障顶部开孔优化

1. 概述

根据环评要求，本项目高架段设置了部分全封闭声屏障。

国内轨道交通高架段全封闭声屏障设计，大部分根据现行国家标准《地铁设计规范》GB 50157 通风排烟要求，在顶部预留了 2.0~2.5m 宽的开孔。本项目全封闭声屏障设计顶部开 2.0m 宽孔。部分全封闭声屏障路段处居民反馈全封闭声屏障顶部开孔漏声，影响工作休息，并反馈至当地生态环境部门，要求完全封闭顶部开孔，如图 19.3-3 所示。

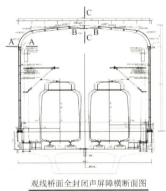

观线桥面全封闭声屏障横断面图

图 19.3-3 投诉点问题现场俯视图及全封闭声屏障横断面示意图

2. 处置方案

轨道公司组织设计单位进行了研究，结合国内轨道交通高架线路的减振降噪最新研究及工程应用情况，最终形成了降噪措施优化设计方案，具体如下：

对梦溪小镇 1~5 号楼全封闭声屏障顶部 2m 开孔，在满足通风排烟要求的前提下，结合楼间距进行部分封闭，即：对应居民楼处顶部 2m 开孔采用 PC 板封闭，对应楼间距处仍保留2m宽开孔。封闭后可最大程度减少声屏障顶部开孔的漏声，如图19.3-4、图19.3-5所示。

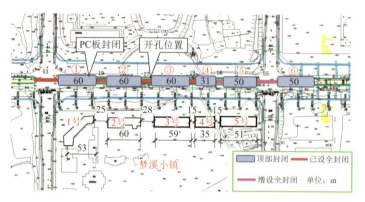

图19.3-4　全封闭声屏障顶部开孔优化方案示意图

图19.3-5　优化设计后现场图

3. 经验总结

原设计全封闭声屏障顶部有2m宽开孔，符合设计规范要求，但针对两侧居民反映的开孔影响降噪效果问题，在今后设计过程中应引起足够重视，可以优化改进的具体内容包括：

1）在满足设计规范的前提下，尽可能减小顶部开孔宽度；

2）环保、暖通、建筑、电力、FAS等相关专业，对现行的全封闭声屏障顶部开孔方式进行合理优化和其他替代方案研究，确保最大限度地减小顶部开孔。

第 20 章

建筑与装修经验总结

20.1 积极开展标准站方案、配线空间利用、换乘站、高架站专题研究

20.1.1 标准站方案研究

1. 地下岛式车站站台宽度研究

地下二层标准岛式车站：结合合肥在建 1、2 号线工程的设计情况，提出了 3 号线站台宽度设计标准，即处于客流量大的城市核心区域的地下二层标准站采用 12m 岛站台、核心区域外地下二层标准站采用 11m 岛站台，个别站点视情况确定。

换乘车站：通道换乘车站，地下二层车站采用 12m 岛式站台，地下三层车站采用 13m 岛式车站；节点换乘车站采用 14m 岛式车站。

2. 公共区布置

优化公共区柱跨，优化自动售票机布置并采用内嵌布置，以留出排队购票空间；公共区楼扶梯进一步优化，在中部结合透明电梯设置 T 形楼梯，在加强站台疏散的同时，优化了站厅空间效果，如图 20.1-1 所示。

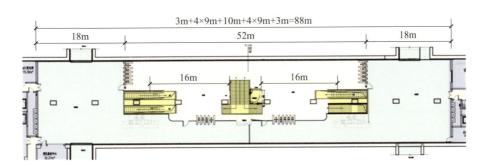

图 20.1-1 地下二层标准岛式站公共区布置图

3. 设备管理区布置

推进车站平面布置标准化和设备管理用房模块化，将弱电用房、办公管理用房分区集中布置，利于综合管线的布设以及运营维护，利于站务工作组织。设主次要通道，主通道

双向开门，宽 1.8~2.0m；次通道宽 1.5m。

结论：通过对公共区及设备区布置的优化，基本确定了地下二层岛式标准站的规模：岛式 11m 站台牵引混合变电所车站长 205m、降压所车站长 197m；岛式 12m 牵引混合变电所车站长 203m、降压所车站长 195m。

20.1.2　标准站设备小端的标准化研究

积极开展设备小端的出入口与风亭组合布置研究。通过研究设备小端的出入口、风亭的平面布置，采取局部下沉新风、排风道结构底板以解决出入口斜坡段上跨风道的高差冲突，通过调整出入口出地面部分上盖的开口，解决出入口与排风井、活塞风井的距离冲突，既缩短了风道长度，节省了工程投资，同时有效地整合优化了出地面附属建筑，减少占地。

20.1.3　配线车站空间利用研究

四里河路站、新蚌埠路站、岱河路站设置了单渡线，考虑到单渡线站内的可开发规模较小，价值较低。通过适当扩大公共区的规模、四里河路站引入运营出退勤用房、岱河路站将过街出入口通道优化至车站主体内等手段，对配线上方的空间充分利用。

方兴大道站设置了折返线及单渡线，结合道路地形高差，对配线局部采用单层明挖的方式，同时结合运营需求布置运营工区用房。

繁华大道站、祁门路站、望江西路站、潜山路站、界首路站、北二环站等站点设置了双停车折返线、单渡线及联络线等，结合车站周边条件，尽量同期实施物业开发所需的出入口，为后期配线上方空间开发预留好条件，以反哺运营。

结论：结合站点周边条件，通过对配线上方空间的研究，对有条件的车站同步实施大空间开发的附属土建，为配线上方大空间开发预留好了条件。

20.1.4　车站与市政衔接研究

1. 市政廊道预留

方兴大道站、繁华大道站、大剧院站、铜陵北路站、北二环站周边均规划有市政高架或下穿隧道，如图 20.1-2、图 20.1-3 所示。通过积极与规划市政方案的对接，多方案比选论证站位方案，保证了规划市政工程的远期实施条件，同时稳定了车站站位。

2. 城市过街通道预留

新蚌埠路站等车站位于道路交口的一侧，为加强客流吸引，满足客流过街的需求，结合车站同步实施地下过街通道。同时对部分近期无实施条件的站点预留了地下过街通道的土建条件。

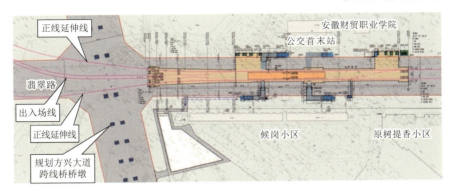

图 20.1-2　方兴大道站与规划方兴大道市政高架

图 20.1-3　大剧院站与路中规划市政下穿道路

20.1.5　换乘站方案研究

通过梳理研究 3 号线与近、远期线网的换乘方案，遵循近期线路节点同步实施、远期线路换乘预留节点的原则进行设计。

3 号线与 1 号线换乘的合肥站、与 2 号线换乘的潜山路站土建工程已随同 1、2 号线实施，通过调阅原土建及机电设计图纸，研究好 3 号线的设计接入条件，对需进行改造的 AFC 系统（含线槽）、导向及盲道系统，以及综合监控、电梯遵循满足功能、少改造、方便施工、严控运营干扰的原则，确定合理改造方案，在招标图及施工图中落实。

3 号线与 6 号线换乘的望江西路站、与 7 号线换乘的繁华大道站属于远期实施线路。望江西路站只实施换乘节点部分土建结构，设计考虑了临时排水措施；繁华大道站属于通道换乘形式，土建预留区间下穿车站的实施条件。

考虑到 3、4、5 号线属于同一轮建设规划，但不同期开通，其中祁门路站为 3、4 号线 T 形节点换乘车站，蒙城路站为 3、5 号线 T 形节点换乘车站，北二环站为 3、4 号线 T 形节点换乘车站。4、5 号线车站机电设备系统不在设计范围，但土建结构施工一次完成。组织机电设备系统对 4、5 号线的土建预留方案进行研究，以少改造的原则预留后期 4、5 号线设计接入条件。考虑到 4、5 号线机电设备系统方案尚未确定，4、5 号线车站机电设备系统方案按 3 号线标准进行预留，且考虑后期系统实施方案的兼容性。

20.1.6 高架站方案研究

1. 取消站台层端部配电间，优化站台层空间效果

3号线高架站为路中三层车站，一层为架空层，二层为站厅层，三层为站台层，设备用房采用外挂方式设置于道路两侧地块内。一般高架车站设计时，为解决站台层强电、弱电设备布置，均需在站台层两端各设置一间设备间，设备间高度约3.5m，极其影响站台层采光及视觉通透性。

通过与强、弱电专业深入沟通对接，将设备房间设置在站厅层，电缆通过站台板上至站台层时，在站台端部设置1~2面高度约为1m的室外柜，满足功能需求前提下，减少对站台层采光影响。在满足功能需求的基础上，考虑乘客使用的舒适感，做好建筑设计，如图20.1-4所示。

图 20.1-4　某城市高架站站台层实景（左）与3号线高架站站台层实景（右）

2. 优化站台层导向标识设置，改善站台层空间效果

通过反复比选综合管沟及门式墩布置方案，结合高架站通透轻巧的造型，选用门式墩的导向系统方案。通过与导向、弱电系统各专业的反复协调对接，对站台层导向牌、PIS、摄像头、广播点位进行整合，站台层门式墩/T墩的数量优化核减为9组，进一步优化了空间效果。

20.2　积极开展车站附属专项梳理

20.2.1　地面附属退道路红线梳理

结合先期开通的1、2号线地面附属设施的景观效果及其他城市先进经验，为更好地提升轨道交通沿线城市景观，避免地面附属设施对城市景观产生较大影响，方便市民出行，对3号线地面附属退道路红线情况进行梳理。在不增加用地协调的情况下，对有条件的出入口风亭考虑退让道路红线1~3m，优化了出入口与城市景观的融合效果，提升城市品质。

对冷却塔退道路红线进行梳理，在优化设备体量的同时，结合站点周边用地规划及建设情况，对有条件的站点冷却塔结合地块实施不同措施：习友路站冷却塔结合新建电信裙楼布置、祁门路站冷却塔结合图书馆下沉广场设置、大剧院站冷却塔结合怀宁路下穿隧道的配电房下沉设置；对有条件的站点冷却塔做适度退让，同时采用高杆法青＋夹竹桃等速生型植被进行绿化隔断，减少对城市景观的影响，如图 20.2-1 所示。

图 20.2-1　冷却塔周边绿化景观效果图

20.2.2　地面附属标高梳理

核对出入口平台标高、附近地形标高、人行道标高以及道路恢复图纸，以及现场标高复测，以确定车站附属标高。在附属施工出图前，已对附属所在的现场进行了进一步现场确认及地形标高复测，并与道路恢复单位进行了提资确认及双方图纸会签确认。在有效控制出入口标高超高的情况下，总结出以下经验：

1）车站附属范围的地形标高按 1∶200 提供，保证足够的标高参考点。同时对附属标高进行复测比对，现场踏勘确认；

2）建议道路恢复图纸中，对相应的地铁出入口附近的人行道标高在总图中标注清楚，并在交底文件中进一步强调，确保按图施工；

3）对现状人行道与道路的高差大于 0.2m 的，要研究道路恢复图中是否有可能调整至 0.1~0.2m，从根源上消除高差衔接问题；

4）建议在道路恢复过程中加强现场管理，针对标高问题进行专项管理，敦促按图施工；

5）对防洪防涝专题中，部分防涝水位高出地形较多的站点，要求专题单位进一步核查，确保防洪水位无误。

20.2.3　地面附属衔接道路梳理

在附属施工进入尾声，绿化铺装紧张施工的阶段，组织各设计单位对各站点的所有出入口、风亭进行梳理，厘清出入口与道路衔接过程中的问题，包括路灯、堆土、建筑垃圾、管杆等协调施工单位及时清除。对于地块衔接中的高差，现场指导绿化铺装单位衔接实施到位，保证出入口在开通前与市政道路的平顺衔接，如图 20.2-2 所示。

图 20.2-2　出入口衔接梳理

20.3　配合施工总结

20.3.1　站台层设备区临轨行区墙体优化为钢筋混凝土墙体

1. 情况说明

招标图阶段，站台层无走道侧面向轨行区的墙体和渡线区中间分隔墙采用混凝土实心砖砌体墙，在轨行区长期风荷载作用下，存在倒塌等风险。

2. 解决方案

施工图阶段站台层无走道侧面向轨行区墙体和渡线区中间分隔墙统一采用钢筋混凝土墙，避免倒塌风险。

3. 经验总结

站台层临轨行区的墙体应统一采用钢筋混凝土墙。

20.3.2　临轨行区变电所设备运输门洞封堵

1. 情况说明

运输门洞在设备安装后采用防火墙封堵，封堵材料未明确。

2. 解决方案

考虑到现场的施工进展及难度，结合结构安全，确定采用混凝土实心砖，经结构抗风计算后，运输门洞采用加筋砌体墙封堵，并形成交底文件。混凝土实心砖封堵满足临轨行区的抗风压要求。

3. 经验总结

施工图中要明确各节点的详细做法，避免遗漏。

20.3.3　站台层楼梯下三角机房混凝土顶板设计遗漏

1. 概况

考虑到火灾情况下站台—站厅楼扶梯疏散的重要性，为保证楼扶梯在火灾情况下的绝对安全，需对三角机房与楼扶梯之间进行防火隔断。3 号线统一要求三角机房顶板采用混凝土板。

2. 情况说明

芙蓉路站、界首路站、北二环站等车站二次结构施工图设计时，楼梯下三角机房混凝土顶板设计遗漏。

3. 解决方案

考虑到现场土建施工单位已撤场，正进行设备区装修。对有施工条件的均应按照混凝土板浇筑到位，对现场条件困难的，三角机房顶板在满足耐火极限的要求下，采用满足相应耐火极限的防火板封堵。

4. 经验总结

针对二次结构图容易遗漏的工程内容，建筑专业应加强图纸会签。

20.3.4 设备区楼梯净宽不满足要求

1. 概况

3 号线消防验收过程中，发现部分疏散楼梯的宽度不满足要求。

2. 情况说明

部分设备区疏散楼梯安装栏杆后净宽不足 1.2m，或梯段存在休息平台的结构柱，造成梯段净宽或休息平台净宽不足 1.2m，影响消防疏散，如图 20.3-1 所示。

 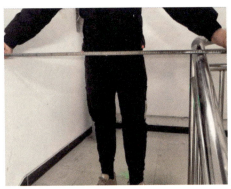

图 20.3-1　疏散楼梯净宽不足

3. 解决方案

整改栏杆扶手至梯段结构边布置，扩大梯段净宽。

4. 经验总结

在设计阶段应按梯段净宽考虑富余量，建议梯段及休息平台净宽不小于 1.3m，同时加强对建筑平面图和结构图的会签管理，疏散楼梯详图中补充结构梁及支撑小柱，避免结构柱影响疏散宽度。

20.3.5 蒙城路站内电梯基坑相关节点图未设计

1. 概况

3号线蒙城路站内的垂直电梯延伸至5号线站台层,5号线部分的电梯基坑及预埋件需随3号线实施。

2. 情况说明

由于5号线二次结构相关工程已由土建施工单位进行甩项变更,相应的节点图未开展设计。

3. 解决方案

补充相关图纸并由机电安装施工单位完成浇筑。

4. 经验总结

针对同期实施土建的车站工程,后续线路在设计过程中,应协调取得最终的设计图纸,可能的情况下与原设计进行充分沟通,避免重复设计或遗漏设计内容。

20.3.6 离壁沟改造

1. 概况

离壁沟是地下站内排水最后一道屏障,做好离壁沟构造是疏导侧墙渗漏水的关键。

2. 情况说明

设计要求离壁沟的钢筋混凝土边沟需与结构中板同步浇筑,现场普遍未同步浇筑,或浇筑的离壁沟宽度不满足设计要求,造成后期存在大量的离壁沟改造返工,同时影响了工程质量。合肥站3号线土建部分由1号线同期实施,设备区离壁沟现场遗漏。设备区装修图中要求侧墙均需做离壁沟,机电施工单位进场未见离壁沟。

3. 解决方案

经协调,由3号线机电装修施工单位实施,按要求浇筑并走变更程序。

4. 经验总结

设计应就该问题形成专项的设计交底,并交由监理落实到位。

20.3.7 高架车站站台层预留地漏位置侵入站台门绝缘区

1. 概况

为解决高架站站台层积水,在站台层设置了地漏排水。

2. 情况说明

主体施工图阶段,高架段站台门专业提资绝缘区宽度为站台门外1.2m宽,站台层地漏设置位置距离站台门1.5m,满足要求。后经站台门设备招标后,站台门外侧绝缘区宽度调整为2.0m,原预留地漏位置位于绝缘区内,不满足要求。

3. 解决方案

协调土建重新在站台板补开地漏孔位置。

4. 经验总结

加强专业接口管理,并做好设计交底。

20.3.8 高架站公共区装修厚度不满足 AFC 检修线槽安装

1. 情况说明

高架站站厅层地坪装修厚度为 100mm,AFC 线槽按地下站的标准招标,安装高度需 100mm,安装后无法铺贴石材。

2. 解决方案

通过协调弱电单位对线槽设计进行优化,线槽高度优化为 70mm,线槽检修口处高度 100mm。协调土建施工单位对施工误差部分、线槽检修口处局部凿除混凝土,满足安装要求,如图 20.3-2 所示。

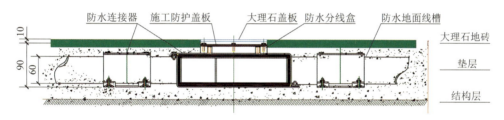

图 20.3-2　AFC 线槽工艺要求及现场改造图

3. 经验总结

建议新建线路高架站的站厅层装修厚度按 150mm 设置。

20.3.9 车控室砌墙图防火窗位置与弱电系统工艺图位置不符

1. 概况

弱电系统工艺图出图较晚,在设备区装修图纸完成后弱电系统提出车控室观察窗位置须结合 IBP 盘一体化进行调整。交底文件中明确未完成招标的设备用房,须等设备招完标明确房间尺寸后再行砌筑,同时结合综合监控对观察窗的位置要求进行调整交底。

2. 情况说明

现场为赶工程进度,按照砌墙施工图完成了观察窗预留,造成后期须结合 IBP 盘一体化进行改造调整。

3. 解决方案

协调机电安装单位采用干挂铝板对观察窗局部封堵。建议后续设计中观察窗边距离 IBP 盘布置一侧的墙体距离不小于 1.8m,或在交底中进一步明确后砌筑。

4. 经验总结

综合考虑到防火观察窗的耐火极限，建议防火观察窗的尺寸调整为 2.4m×1.5m。

20.3.10 站台门端门上方及侧面、风道消声器上方需封堵材料未明确

1. 情况说明

站台门端门上方及侧面、风道消声器上方需封堵材料未明确，与各设备专业核实，站台门端门及排风道消声器上方均需砌体墙封堵。

2. 解决方案

砌筑墙图中应引注说明进一步明确，补充交底文件中明确端门及排风道消声器上方采用混凝土实心砖封堵。端门柱与设备区墙体之间考虑施工衔接宜采用混凝土浇筑。

3. 经验总结

施工图设计需要重点关注隐蔽部位的工程做法，并在图纸中明确。

20.3.11 换乘站站厅封堵墙遗漏

1. 概况

换乘站土建同期实施，装修分期实施。因建设时序不匹配，站厅及部分出入口不满足开通要求。

2. 情况说明

应在分隔处增设临时封堵墙（满足耐火极限 3h 的要求），保证近期线路开通，待远期部分满足开通要求后拆除此墙，如图 20.3-3 所示。

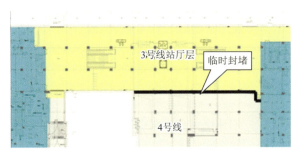

图 20.3-3　换乘站公共区增设临时封堵墙

3. 解决方案

以变更形式增设封堵墙，建议新线设计时充分考虑建设时序问题，图纸中增加换乘节点处临时封堵措施。

4. 经验总结

针对分期运营的车站，应做好近远期的分隔，并在图纸中明确近期、远期的拆除、复建内容。

20.3.12 挡烟垂壁设置遗漏或错误

1. 概况

挡烟垂壁的设置位置：出入口通道与主体接口处；站台至站厅楼扶梯洞口处；对于站厅公共区面积超2000m²的车站，公共区需增设挡烟垂壁；换乘站的接口处需增设挡烟垂壁。

2. 情况说明

挡烟垂壁应在设备区装修图、公共区装修图及通风空调图纸中同时体现，避免遗漏。公共区T形楼梯下站台处挡烟垂壁设置范围有误，管线影响挡烟垂壁安装。公共区下站台楼梯处踏步从第三级开始出现孔隙，所以挡烟垂壁应从第三节踏步前开始，中间管线空间应从站台边缘（站台门执行器上部）至挡烟垂壁范围内设置。

3. 解决方案

积极协调施工单位按要求补充挡烟垂壁。

4. 经验总结

除通风空调施工图中需反映挡烟垂壁的内容外，建筑装修图纸中应进一步明确，避免施工遗漏。

20.3.13 地下三层车站预留孔问题

1. 情况说明

地下三层车站在设备层存在变电所夹层，对于结构中板的预留排水孔以及至区间的强弱电孔洞，应贯通至地下三层，而不是仅在变电所夹层或400mm厚结构板预留孔洞，避免造成后期二次开凿。

2. 解决方案

协调土建施工单位二次开凿。

3. 经验总结

预埋孔洞应补充说明预留孔贯通至地下三层，或在交底中进一步明确。

20.3.14 设备大端垫层厚度不满足弱电提资预埋DN100钢管需求

1. 概况

车站走道地坪下一般会预埋一定数量的过廊管，DN100钢管的外径约114mm，公共区地砖厚度25mm，设备区地砖厚度10mm，垫层厚度不满足DN100钢管的敷设要求。

2. 情况说明

地下三层车站设备层地坪装修厚度为100mm，部分过廊管为DN100，无法满足要求。

3. 解决方案

经与弱电系统核实沟通并在交底文件中明确，站厅设备大端垫层或设备层弱电埋管统一由DN100调整为DN80，如图20.3-4所示。

图 20.3-4　设备区走道预埋过廊管

4. 经验总结

应了解各套管的公称直径与实际尺寸的差异。

20.3.15　人防预埋管偏低问题

1. 情况说明

大剧院站 1 号风亭新风道人防门上方预埋的人防套管距离人防门框边线仅为 190mm，与人防门扇自身吊环冲突，预埋套管无法使用。

2. 解决方案

经各专业确认，将原有套管按人防工艺进行封堵，重新开孔避让人防吊环，满足预埋套管安装要求。

3. 经验总结

应严格按照人防系统的提资需求开展设计，受条件制约不能按标准提资实施时，应加强与人防专业的沟通。

20.3.16　提升高度较高的出入口扶梯扶手问题

1. 情况说明

部分车站出入口提升高度较大，扶梯上搭接点与楼梯上踏步之间距离过大，造成楼梯扶手不能遮挡扶梯，存在安全隐患，如图 20.3-5 所示。

图 20.3-5　部分出入口扶梯侧临空面缺少防护栏杆

2. 解决方案

电梯临空面增设扶手无法生根，经研究，在楼梯扶手处增设横向构件，延伸至电梯水平板后形成安全扶手，保障电梯临空面的安全，如图 20.3-6 所示。

图 20.3-6　出入口扶梯侧临空面增设栏杆方案

3. 经验总结

与电扶梯专业沟通，做好接口设计。

20.3.17　出入口与钢结构之间的缝隙未填实，影响出入口防淹

1. 情况说明

出入口与钢结构之间的缝隙未填实，影响出入口防淹。

2. 解决方案

出入口侧面的挡墙应采用混凝土施工至玻璃幕墙钢结构底，或者采用砖砌体砌筑至钢结构底，不应在钢立柱侧面直接采用干挂石材，如图 20.3-7 所示。

图 20.3-7　出入口地面亭侧面实体挡墙

3. 经验总结

应高度重视车站防内涝问题，排除隐患。

20.3.18 站厅公共区综合管线与吊顶冲突

1. 情况说明

祁门路站大里程端 12 号出入口处站厅公共区风管安装底标高 3.4m，此区域公共区吊顶标高 3.5m，现场施工无法同时满足风管安装高度与公共区吊顶高度求。

2. 解决方案

通过优化设计，压缩风管适当抬高标高；同时装修调整主次龙骨，铝合金圆通贴风管底部安装，保证吊顶 3.5m 顶棚标高。

3. 经验总结

加强配合施工，敦促施工单位按图施工。

20.3.19 扶梯招标后基坑宽度变小，安装完后洞口太大，石材无法铺贴

1. 情况说明

扶梯洞口结构宽 1.8m，扶梯招标后宽度 1.62m。扶梯安装就位后，扶梯侧挡水台及收口石材均悬空 5～18cm。

2. 解决方案

站厅洞口处扶梯，增加 L 形镀锌钢板与结构板固定，上铺石材；出入口处缝隙太大时，采用镀锌方钢立柱支撑，再用 L 形镀锌钢板与结构板固定，上铺石材，如图 20.3-8 所示。

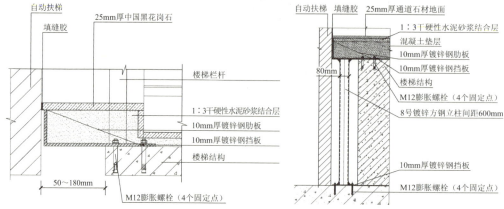

图 20.3-8 扶梯设备招标后预留孔洞收口处理

20.3.20 出入口垂直电梯通道处靠电扶梯一侧无结构墙，墙面板无法安装

1. 情况说明

出入口垂直电梯通道处靠电扶梯一侧无结构墙，墙面板无法安装。

2. 解决方案

通过增加钢结构立柱墙，干挂烤瓷铝板；靠楼梯一侧柱子增加钢结构梁，干挂石材与顶棚铝板收口，如图 20.3-9 所示。

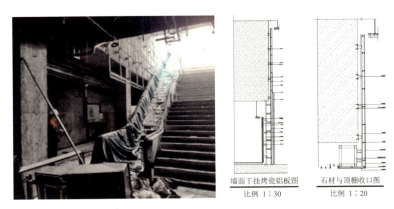

图 20.3-9　电梯与扶梯的装修收口

20.3.21　车站周边建筑物与地铁出入口防火间距设计

1. 概况

经三路站 1 号出入口依据实嘉原创生活小区 26 号楼竣工资料进行设计，该楼阳台为外凸敞开式构件，混凝土梁板柱及钢管、玻璃栏板等建筑材料为不燃材料。车站 1 号出入口与该楼间距符合《建筑设计防火规范》GB 50016—2014 第 5.2.2 条及附录 B 关于防火间距的条文解释，即防火间距可以从建筑物外墙算起，为 9.18m，满足规范要求。

2. 情况说明

3 号线 2015 年开工建设后，实嘉原创小区 26 号楼的居民陆续入住，部分居民将敞开式阳台改造为全封闭阳台。2019 年 12 月消防验收过程中，专家认为应按照封闭阳台考虑，则 1 号出入口与小区 26 号楼之间的防火间距不足。

3. 解决方案

根据以上情况，做出优化方案：在邻近建筑一侧增设防火板隔断，满足 3h 耐火极限，满足阳台封闭后消防要求。

4. 经验总结

设计人员应统筹考虑和重视车站各阶段设计的控制因素，特别涉及消防安全规范，严格控制与邻近建筑物的防火间距，严禁占用消防环道，同时随时跟进现场周边情况，并在设计中采取针对性的措施。

20.3.22 附属施工时需临时封闭小区出入口，协调困难导致车站附属方案调整

1. 情况说明

界首路站 2 号风亭施工围挡影响小区内部道路衔接临泉路，需临时封闭小区道路，难以协调。

2. 解决方案

与主体接口不变，2 号风亭轮廓向西偏移，避让小区内部道路，并履行变更程序，如图 20.3-10 所示。在设计附属结构时应考虑到施工时的围挡对周边的影响，避免侵占小区出入口及消防环道，减少后期变更。

3. 经验总结

设计应加强现场核查，高度重视消防相关问题，尽量减少占用消防环道。

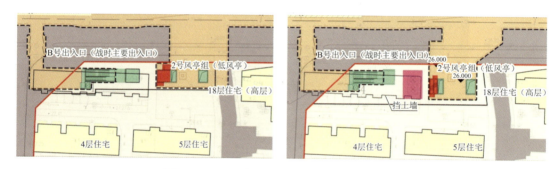

图 20.3-10　界首路站 2 号风亭变更前后方案

20.3.23 道路现状与规划资料不匹配轨道附属设计

1. 概况

天水路站 C 号出入口，位于冠联机动车检测中心围墙外，人行道内侧。根据前期市规划部门提供红线及地形资料，天水路道路红线为 30m，前期设计时现状被破坏。

2. 情况说明

天水路拓宽工程将天水路道路红线拓宽至 45m。出入口设计，按照原 30m 红线宽度设计，导致出入口侵入道路红线且占用人行道较多。在施工之前，设计单位现场巡检发现，现状道路红线与规划资料及地形图不一致，因此提出优化调整方案。

3. 解决方案

根据规划与现状道路不匹配的情况，提出优化方案：根据新站区提供的最新道路红线，平移调整 C 号出入口位置，满足规划退让道路红线要求，并履行变更程序。

4. 经验总结

设计人员应统筹考虑和重视车站各阶段设计的控制因素，特别是基础资料，应随时跟进周边控制因素变化情况，并在设计中采取针对性的措施。

|第 21 章|
结构工程经验总结

21.1 车站结构

21.1.1 合肥地区膨胀性老黏土特性及处理

1. 概况

3 号线沿线地表均为第四系地层覆盖，厚度 15～40m，总体上从西北向东南由薄变厚。下伏基岩主要为下第三系定远组泥岩、白垩系上统张桥组泥质砂岩和侏罗系上统周公山组砂岩及等。

②$_1$、②$_2$ 层第四系上更新统硬塑黏土具有中—强膨胀潜势，在天然含水量下，强度较高，压缩性低，当含水量增加和结构遭扰动后，其力学性质明显减弱。当膨胀土失水时，土体即收缩，甚至出现干裂，而遇水时又膨胀隆起，即使在一定荷载作用下，仍具有胀缩性、超固结特性和膨胀性，在干湿交替环境作用下，黏聚力、内摩擦角、抗剪强度、承载力等严重下降，土层开挖后稳定性差。

2. 情况说明

膨胀土具有显著的吸水膨胀和失水收缩的变形性能，在荷载作用下仍能浸水膨胀，产生膨胀压力，同时膨胀土还具有胀缩变形的可逆性，在吸水膨胀、失水收缩后，有再吸水再膨胀、再失水再收缩的特性，在膨胀力及其反复胀缩变形条件下，易造成建筑物的结构发生开裂。

根据《合肥市轨道交通 3 号线工程地质灾害危险性评估报告》（安徽省地质调查院，2014 年 3 月），合肥地区大气影响急剧深度为 1.44m，大气影响深度为 3.20m。

拟建场地内普遍分布有第四系上更新统下蜀组黏土和全风化岩，根据地区经验，第四系上更新统下蜀组黏土及土状全风化岩局部具有中—强膨胀性，且均匀性较差，具有遇水软化特点。对基坑开挖和施工造成风险。

此外，3 号线场地内普遍分布基岩为白垩系的泥质砂岩，根据土工试验结论，土状全风化岩局部具弱—中膨胀性，自由膨胀率（δ_{ef}）= 35%～63%，且均匀性较差。强风化及中等风化岩具备暴露时间长易开裂、泡水易软化等特点，如图 21.1-1 所示。

3. 解决方案

针对合肥地区膨胀性岩土特性,在地下车站基坑支护设计、主体结构设计,回填及浅层地基处理中考虑其影响。

图 21.1-1　膨胀性黏土及危害

1）基坑支护设计

按照"短开挖、快封闭、强措施、防渗入、留基土"的原则进行处理,主要内容包括:

(1) 短开挖:指基坑开挖深度不宜过大,一般建议不要超过 2m,从而方便桩间挂网喷混凝土能及时施作,最大限度地减少土体临空面暴露时间;

(2) 快封闭:指随挖随对桩间暴露土体进行挂网喷混凝土,保证土体的临空面最短时间内封闭;

(3) 强措施:由于桩间土体有膨胀性,为保证桩间土体的稳定,桩间钢筋网片与围护桩可靠牢固的固定,结合合肥地区基坑支护经验,设计采取对桩间挂网喷混凝土中增加加强钢筋的做法来处理;

(4) 防渗入:雨水、施工用水、管网漏水等不得流入基坑槽壁,从而造成膨胀土的含水量发生较大变化从而发生危害,加大基坑周边地面硬化的范围,硬化层适当加厚并配钢筋网,基坑周边设置截水沟,如图 21.1-2 所示;

(5) 留基土:基坑挖土接近基底设计标高时,在其上部预留 300mm 土层,待下一工序开始前人工挖除,及时施工垫层、防水层和底板结构,尽快封闭基坑。

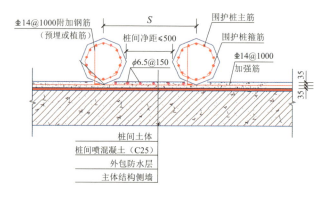

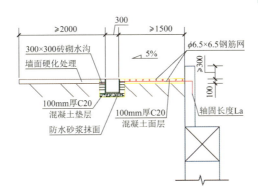

图 21.1-2　桩间喷混凝土加强筋做法图及地面硬化及排水沟做法图

2）主体结构设计

主体结构设计时，根据勘察报告提供的膨胀土膨胀力指标P_e及大气影响深度指标，增加膨胀力工况计算。膨胀力工况将土体膨胀力作为偶然荷载，仅验算承载能力极限状态，各构件强度情况。

3）基坑回填及浅层地基处理

因合肥地区黏土普遍具有弱膨胀性，直接进行基坑或车站顶板回填，对结构受力不利，采用非膨胀性黏土回填，不易购买，成本较高，需就地利用膨胀土。

根据室内试验，合肥黏土弱膨胀性一般掺3%石灰可消除膨胀性；根据本地设计经验，一般掺5%～7%石灰对其处治，可消除弱膨胀性。

（1）基坑回填：3号线设计对主体与附属基坑回填：采用掺6%石灰改性后的黏土作为顶板隔水层。

（2）浅层地基处理：根据《合肥市轨道交通3号线工程地质灾害危险性评估报告》（安徽省地质调查院，2014年3月），合肥地区大气影响急剧深度为1.44m，大气影响深度为3.20m，同时结合合肥浅基础设计经验，基础埋置深度不小于1.5m，膨胀土对其危害较小。3号线设计对出入口和安全疏散口前平台下部地基进行换填，换填深度不小于1.5m，采用掺6%石灰对黏土处治后作为回填料进行回填，如图21.1-3所示。

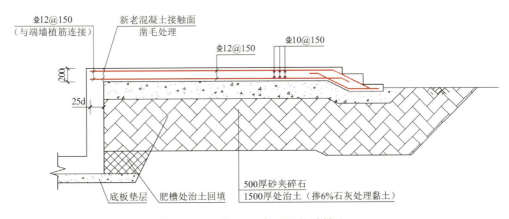

图 21.1-3　掺6%石灰黏土换填做法

4. 经验总结

合肥地区普遍分布膨胀性黏土和风化岩，3 号线设计期间，在广泛调研合肥地区民用建筑设计、基坑支护设计及 1、2 号线设计经验基础上，提出并细化了在深基坑工程中"短开挖、快封闭、强措施、防渗入、留基土"的处治原则，并结合计算验证了膨胀力工况不控制主体结构配筋，简化了车站主体结构设计。在基坑回填及浅层地基处理方面，经综合比选，采用了掺6%石灰对黏土处治后作为回填料进行回填或换填，既消除了膨胀性影响，也实现了就地取材，节约了造价，效果良好。

21.1.2　大型雨水箱涵迁改预留出入口通道横穿条件设计

1. 概况

铜陵北路站沿二环快速路北侧布置，并与已有雨水箱涵冲突。车站主体围护施工前需将与主体结构纵向平行的既有雨水箱涵迁改至道路另一侧，但迁改后的雨水箱涵与过街出入口正交，需提前预留出入口通道横穿条件，避免出入口施工时对雨水箱涵二次迁改。

2. 情况说明

轨道交通车站一般沿道路平行布置，为实现过街条件，相应设置过街出入口，横穿出入口的普通管线可采用悬吊保护，重大管线或危险性管线一般采用迁改处理。

目前各地极端天气较多，地下雨水排水系统要求越来越高，主要市政道路一般均设置了大型雨水箱涵，断面尺寸一般在 4000mm（宽）× 2000mm（高）甚至更大，而该类箱涵一次迁改费用高，工期长，不宜重复迁改。为避免对主体基坑施工影响，一次永久迁改至主体结构范围外，势必与后续施工的附属过街出入口冲突。由于受限于交通疏解要求，过街出入口在主体结构实施时不具备围挡施工条件，如未提前考虑过街出入口施工要求，在过街出入口施工时，还需进行二次迁改，或置换悬吊保护，费用较高，且协调困难，如图 21.1-4 所示。

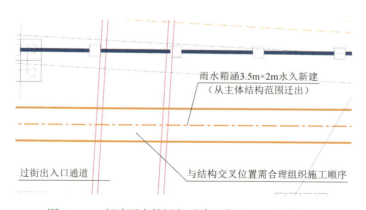

图 21.1-4　新建雨水箱涵与后建过街出入口通道关系

3. 解决方案

参考盖挖逆作工法的思路,在协调雨水箱涵与出入口顶板面标高不冲突的前提下(雨水箱涵底位于出入口通道顶板上方),利用雨水箱涵施工的围挡范围,提前实施重叠段的出入口通道围护桩和顶板结构,再在上方施工雨水箱涵。后期施工出入口结构时,该重叠段范围可不再从地面明挖,通过盖挖工法,利用其余非重叠区域工作面,进行底部水平开挖,然后重叠段底板、侧墙并与提前实施的顶板结构连接,如图 21.1-5 所示。

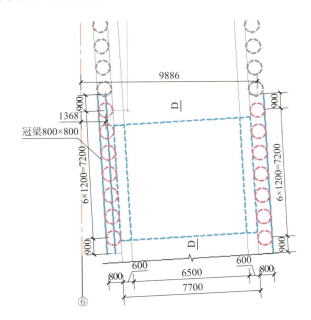

A 出口盖挖段围护结构平面图 1:100

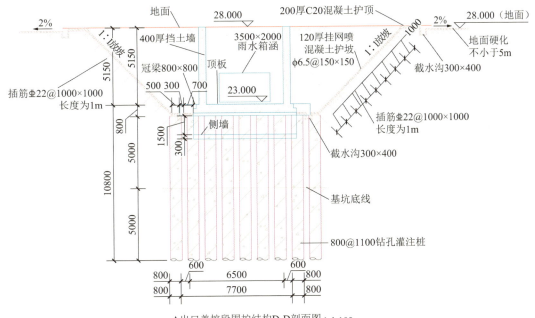

A 出口盖挖段围护结构 D-D 剖面图 1:100

图 21.1-5　新建雨水箱涵范围内出入口通道围护结构及顶板先期实施情况

该方案注意点：

1）逆作顶板按两阶段受力进行设计，第一阶段顶板以冠梁为支座，并预留侧墙钢筋接驳器，第二阶段为永久结构阶段受力，后期实施的侧墙钢筋通过预留的接驳器与顶板相连；

2）为保护雨水箱涵，提前实施顶板两端须设置挡墙；

3）前期施工的顶板与后期实施的侧墙接缝处防水设计须重点关注。

铜陵北路站出入口采用明挖施工，为避免雨水箱涵在出入口通道施工时对雨水箱涵二次迁改，采用本书提出的盖挖逆作方案，提前实施重叠区域围护结构和顶板，有效地解决了上述矛盾，既便于现场施工，也做到了结构设计安全、合理，实际实施效果较好。

4.经验总结

结构设计人员应统筹考虑和重视车站各阶段实施的控制因素，并在设计中采取针对性措施，避免前期考虑不足，后期被动发现问题后再行处理，不但补救困难，也造成工期延长及造价的增加。

21.1.3　非一般环境下结构耐久性设计

1.概况

根据 3 号线勘察报告化学分析试验成果，沿线场地水土环境中 SO_4^{2-}、Cl^-、侵蚀性 CO_2、pH 值等存在不同程度超标。按国家标准《混凝土结构耐久性设计规范》GB/T 50476—2008（3 号线设计阶段，GB/T 50476—2019 还未发布）环境作用等级划分，对于全线 67 个车站和区间，有 35 个车站、区间的化学分析实验检测值超过规范界限值，所处环境为非一般环境；其余 32 个车站区间未超标，为一般环境。

从量化数据来看，全线 14 个钻孔水中硫酸根离子超限，均在 200～780mg/L；全线 10 个钻孔土中硫酸根离子超限，均在 300～590mg/L，硫酸根离子浓度超限较少；全线 16 个钻孔水中氯离子超限，均在 100～172mg/kg；全线 3 个钻孔土中氯离子超限，均在 250～330mg/kg，氯离子浓度超限很少。

2. 情况说明

轨道交通耐久性设计所依据的规范主要有《混凝土结构耐久性设计规范》GB/T 50476—2008 和《铁路混凝土结构耐久性设计规范》TB 10005—2010（3号线设计阶段），根据全线化学分析实验实测值，耐久性设计依据不同规范，结果不同。

国家标准《混凝土结构耐久性设计规范》GB/T 50476—2008 共划分 5 类环境：一般环境、冻融环境、海洋氯化物环境、除冰盐等其他氯化物环境、化学腐蚀环境；同时，划分了 5 个环境作用等级。行业标准《铁路混凝土结构耐久性设计规范》TB 10005—2010 共划分 6 类环境：碳化环境、氯盐环境、化学侵蚀环境、盐类结晶破坏环境、冻融破坏环境、磨蚀环境；同时，划分了 3~4 个环境作用等级。

按照行业标准《铁路混凝土结构耐久性设计规范》TB 10005—2010，丹霞路站等 10 座车站、潜山路站—史河路站等 7 个区间环境类别为氯化环境作用等级 L1、氯化环境作用等级 L1 与化学侵蚀环境作用等级 H1、化学侵蚀环境作用等级 H2，满足混凝土耐久性的车站结构构件混凝土强度等级最低为 C40；锦绣大道站等 10 座车站、方兴大道站—紫云路站等 7 个区间环境类别为 H1，满足混凝土耐久性的车站结构构件混凝土强度等级最低为 C35，如表 21.1-1 所示。

按照行业标准《混凝土结构耐久性设计规范》GB/T 50476—2008，18 座地下车站和 1 座高架车站桩基与承台的混凝土结构最低强度等级为 C45，分别为：

环境作用等级为 V-C：锦绣大道站等 11 座车站；

环境作用等级为 V-C 和 Ⅳ-C：丹霞路站等 7 座车站；

环境作用等级为 Ⅳ-C：大众路站。

14 个地下区间的混凝土结构最低强度等级为 C45，分别为：

环境作用等级为 V-C：方兴大道站—紫云路站等 8 个区间；

环境作用等级为 V-C 和 Ⅳ-C：潜山路站—史河路站等 4 个区间；

环境作用等级为 Ⅳ-C：四里河路站—临泉西路站等 2 个区间；

非一般环境等级及相应最低混凝土等级如表 21.1-1 所示。

非一般环境等级及相应最低混凝土等级　　表 21.1-1

序号	名称	施工方法	GB/T 50476—2008		TB 10005—2010	
			环境等级	混凝土等级	环境等级	混凝土等级
1	方兴大道站—紫云路站	盾构	V-C	C45	H1	C35
2	紫云路站—锦绣大道站	盾构	V-C	C45	H1	C35
3	锦绣大道站	明挖	V-C	C45	—	—
4	丹霞路站	明挖	V-C、Ⅳ-C	C45	L1	C40
5	习友路站	明挖	V-C、Ⅳ-C	C45	L1、H1	C40

续表

序号	名称	施工方法	GB/T 50476—2008		TB 10005—2010	
			环境等级	混凝土等级	环境等级	混凝土等级
6	祁门路站	明挖	V-C	C45	—	—
7	望江西路站—黄山路站	盾构	V-C	C45	H1	C35
8	黄山路站	明挖	V-C	C45	H2	C40
9	潜山路站—史河路站	矿山法+盾构	V-C、Ⅳ-C	C45	L1、H2	C40
10	史河路站	明挖	V-C、Ⅳ-C	C45	L1、H1	C40
11	史河路站—清溪路站	盾构	V-C	C45	—	—
12	清溪路站	明挖	V-C、Ⅳ-C	C45	L1、H1	C40
13	清溪路站—四里河路站	盾构	V-C、Ⅳ-C	C45	L1	C40
14	四里河路站	明挖	V-C、Ⅳ-C	C45	L1、H1	C40
15	四里河路站—临泉西路站	盾构	Ⅳ-C	C45	L1	C40
16	临泉西路站	明挖	V-C、Ⅳ-C	C45	L1	C40
17	临泉西路站—界首路站	盾构	V-C	C45	H1	C35
18	界首路站	明挖	V-C	C45	H1	C35
19	界首路站—蒙城路站	盾构	V-C	C45	H1	C35
20	蒙城路站	明挖	V-C	C45	H1	C35
21	阜阳路站	明挖	V-C	C45	H1	C35
22	阜阳路站—淮南路站	盾构	V-C、Ⅳ-C	C45	L1、H1	C40
23	淮南路站	明挖	V-C	C45	H1	C35
24	新蚌埠路站	明挖	—	—	H1	C35
25	合肥站—铜陵北路站	盾构	Ⅳ-C	C45	L1	C40
26	铜陵北路站	明挖	—	—	H1	C35
27	北二环站	明挖	V-C	C45	H1	C35
28	经三路站—新海大道站	盾构	V-C、Ⅳ-C	C45	L1、H2	C40
29	天水路站	明挖	V-C、Ⅳ-C	C45	L1、H1	C40
30	天水路站—岱河路站	盾构	V-C	C45	H1	C35
31	岱河路站	明挖	V-C	C45	H1	C35
32	职教路站	高架	V-C	C45	H2	C40
33	职教路站—大众路站	高架	V-C	C45	H1	C35
34	大众路站	高架	Ⅳ-C	C45	L1	C40

基于以上分析，主要发现以下问题：

1）对于非一般环境下地下车站、盾构区间联络通道、高架车站及高架区间等与水土直接接触的永久混凝土构件混凝土强度等级,依据行业标准《铁路混凝土结构耐久性设计规范》TB 10005—2010 还是国家标准《混凝土结构耐久性设计规范》GB/T 50476—2008 进行设计,需要进行考虑。

2)根据环境等级考虑,全线大量车站区间混凝土等级最低为 C45,混凝土强度等级越高,超长结构混凝土的收缩应力和温度应力越大,混凝土现浇施工养护要求就越高,混凝土构件易开裂,反而降低了结构的耐久性。

3. 解决方案

针对非一般环境下结构耐久性设计问题,3 号线在初步设计阶段开展了专题研究,主要结论为:考虑到合肥地区位于内陆,气候较好,远离海边,且 3 号全线沿线周边环境为文教、商业、居住区,基本上远离污染源;极端低温天气较少,冬季喷洒除冰盐的频度与用度较低,同时 SO_4^{2-}、Cl^- 超标均较少,结合合肥地区 1、2 号线建设经验,建议混凝土等级选取不高于 C40,并主要依据国家标准《混凝土结构耐久性设计规范》GB/T 50476—2008 进行耐久性设计。

以上专题研究通过专题专家咨询会予以审查认可。

4. 经验总结

3 号线设计针对非一般环境耐久性设计问题,进行了专题研究,并通过了专家审查,统一了设计标准,保证了后续设计工作的顺利进行。同时,考虑到合肥位于内陆地区,仍存在 SO_4^{2-}、Cl^- 等超标,提出了以下建议:

1)建议业主委托相关单位开展非一般环境下混凝土耐久性配合比试验,为混凝土结构设计和施工提供指导;

2)建议业主委托相关单位开展轨道交通线网沿线地下水和土壤污染源调查、非一般环境下混凝土耐久性等相关问题的专题科研课题。

21.1.4 基底验槽出现地基承载力不足问题及处理

1. 概况

紫云路站位于翡翠路和紫云路十字交叉口处,沿翡翠路路中布设。本工程地基基础设计等级为甲级。主要持力层黏土层地基承载力特征值为 220kPa。设计文件中在基坑开挖注意事项中要求:基坑挖土接近基底标高时,在其上部预留 300mm 土层,待下一工序开始前用人工挖除整平。验槽后,应及时做垫层或采取封闭坑底措施,封闭措施可选用喷水泥砂浆和土工塑料膜覆盖。

2. 情况说明

现场施工过程中,往往存在用机械直接开挖到底而又不及时封闭情况,遇到雨水天气,基底被水浸泡后,导致地基承载力不满足设计要求,如图 21.1-6 所示。

图 21.1-6 基底被水浸泡

3. 解决方案

对被水浸泡范围,要求及时排水、清表后,现场用钎探试验进行承载力检测。对于超挖部分,采用加厚垫层的方式处理。

4. 经验总结

结构设计人员应提醒施工单位在基坑进行最后一层土方开挖时,要结合天气和混凝土材料供应情况,合理确定开挖时间,确保开挖到底后能及时封闭坑底,尽可能地避免坑底浸水后地基承载力不足的情况。

21.1.5 封堵桩倒边施工变更顶板逆作方案

1. 概况

锦绣大道站位于翡翠路与锦绣大道丁字交叉口处,沿翡翠路路中布设。车站中心里程附近有一条现状 3.0m × 1.8m 混凝土雨水箱涵横穿车站,施工图设计车站采用明挖顺作法施工,主体基坑分两期施工,在车站主体 11~12 轴中间设置临时封堵墙,一期施工临时封堵墙北侧(大里程端),施工完成后将雨水箱涵迁移到已完结构顶板上,再进行南侧二期施工,如图 21.1-7 所示。

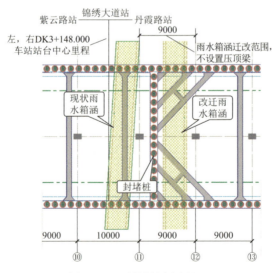

图 21.1-7 封堵桩倒边施工

2. 情况说明

因本站招标和开工日期较原设计工筹滞后,为确保锦绣大道站工筹满足全线总体工筹要求,施工单位提出取消因迁改雨水箱涵加设隔离桩的倒边施工方案,变更为逆作顶板施工方案。

3. 解决方案

11~13 轴局部采用盖挖逆作法施工,逆作顶板纵向长度 12.4m;盖挖段开挖深度约 5m,采用拉森Ⅳ型钢板桩围护,竖向设置一道 $\phi 609mm \times 16mm$ 钢管撑;逆作段顶板暂不回填覆土,待完成车站整体结构后,分层回填覆土并压实;顶板下设置 1 排(共 3 根)500mm×500mm 的临时格构柱,中间格构柱避开永久梁柱,立柱桩采用 $\phi 1000mm$ 钻孔灌注桩,如图 21.1-8 所示。

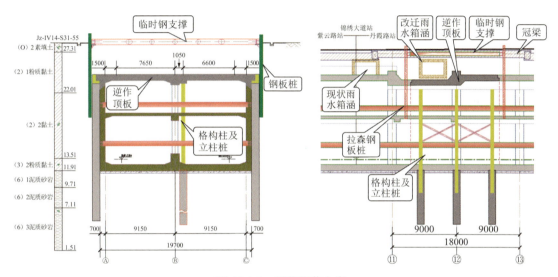

图 21.1-8 顶板逆作方案

4. 经验总结

1)由于管线迁改、交通疏解等需要进行分期施工的主体基坑工程,对一个标准车站,设置封堵桩倒边施工后,分期施工围挡范围较小,不利于施工,建议优先考虑顶板逆作方案,相对设置封堵桩倒边方案,更加方便后续施工,有利于节约工期。

2)顶板逆作方案中,建议两侧顶板直接支撑在两侧围护桩上,可取消两侧临时立柱,节约造价;同时,有条件时,中间立柱建议与永久柱分开设置,更有利于施工质量的控制。

21.1.6 习友路站 B 号出入口大直径管道悬吊保护设计

1. 概况

习友路站位于经开区翡翠路与习友路交叉口,沿翡翠路南北向布置,为地下两层车站。

2. 情况说明

习友路站 B 号出入口与现状 DN1600 源水管(材质为球墨铸铁管)斜向相交,斜交角度49°，斜向跨度14.5m，埋深5.0m；管线无迁改路径。

3. 解决方案

将现状DN1600球墨铸铁管更换为钢管（约25m），出入口施工期间对管线进行悬吊保护。源水管斜交出入口范围内顶部架设混凝土支撑梁，利用与管道平行的上方混凝土梁作为源水管悬吊支承构件，采用钢托架对管线进行悬吊保护，如图21.1-9所示。

4. 经验总结

设计前期及时与产权单位对接，明确产权单位对管线保护的要求，确定管线保护方案。

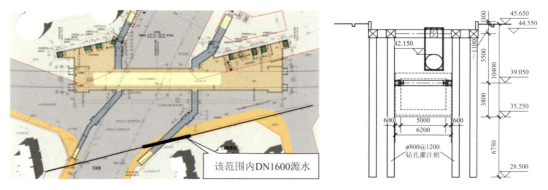

图21.1-9　总平面图及管线悬吊保护剖面图

21.1.7　繁华大道站F号出入口变更方案设计

1. 概况

繁华大道站为3、7号线换乘站，预留远期7号线。繁华大道站位于经开区繁华大道与翡翠路交叉口，沿翡翠路南北向布置，为地下两层车站，繁华大道站F号出入口设置在翡翠路与石门路交口东南象限。

2. 情况说明

招标图阶段，繁华大道站F号出入口沿翡翠路设置，位于合肥海关主入口一侧，邻近合肥海关大楼。招标图于2015年3月出图。

施工图阶段，经与相关部门协商，建议将F出入口向北移至翡翠路与石门路交口，沿石门路设置，设计单位据此完成施工图设计，如图21.1-10所示。

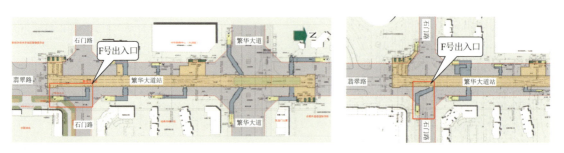

图21.1-10　繁华大道站总图及F号出入口招标图方案（左）及施工图方案（右）

2018年8月，F号出入口施工前，发现石门路南侧有一根DN1000给水管侵占围护桩施工范围，影响区域长约15m。经核查，该给水管为2016年8月车站主体结构施工前临时迁改。因同一路由紧邻电力排管，考虑避让实际迁改施工供水管与设计路由存在偏差。

2018年12月，产权单位对该DN1000给水管进行了回迁施工，但在节点位置设置了DN1000碟阀，正好位于F出入口通道上方中心位置，且无法悬吊保护。以上两重原因，导致施工图阶段F号出入口方案无法实施，如图21.1-11所示。

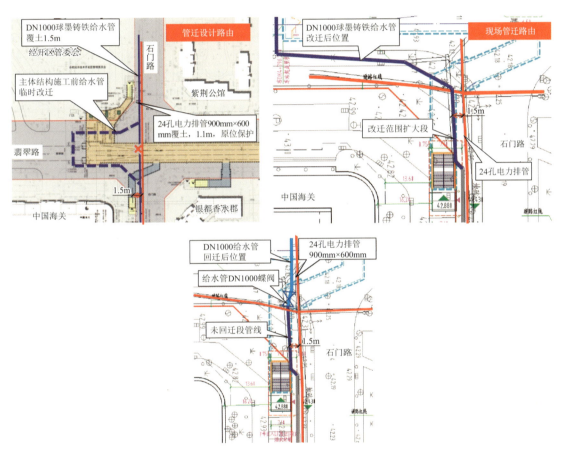

图21.1-11 供水管临时迁改设计路由与施工路由以及回迁路由图

3. 解决方案

结合现场实际情况，经实测现场管线条件后，对F号出入口方案调整如下：

1）出入口通道宽度由6.5m调整为5m，保证通道结构外墙与给水管之间围护施工距离。

2）出入口接主体位置向南侧调整28.8m，使通道顺直，避开DN1000碟阀位置。如图21.1-12所示。

3）调整后方案，出入口接主体位置向南侧调整28.8m，因主体结构已完成施工，需对接口框架处主体结构侧墙进行破除。施工步骤如下：分段凿除接口范围侧墙混凝土；先凿除左右两侧 1/3～1/4 跨混凝土，浇筑边框架，预留钢筋接驳器，达到强度后架设临时支撑；再凿除中间跨混凝土，浇筑剩余框架，完成本跨框架结构。原侧墙和顶板钢筋应锚入新建框架中。

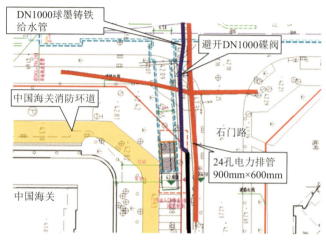

图 21.1-12　避让供水管后 F 出入口调整方案

4）出入口通道宽度由 6.5m 调整为 5m 后，为满足消防疏散要求，需相应地调整主体物业开发区建筑布置。

4. 经验总结

招标图阶段，设计方案已报规划确认征地事宜；施工图阶段，根据相关部门意见对附属方案进行优化，后期受管线影响，再次调整附属方案。因此做好前期的对接工作，对可优化的设计内容前期向总体和产权单位等有关部门提出建议，方案设计时对周边可能影响的因素充分排查，稳定方案后开展设计工作。

21.1.8　祁门路站风亭与出版集团合建时序差异的处理措施

1. 概况

祁门路站位于合肥市翡翠路与祁门路交叉口，为 3、4 号线同步实施换乘站。3 号线车站沿翡翠路布置，为地下二层 14m 岛式车站。车站东南象限设置 A 号出入口与 1 号风亭，并与出版集团新建附属整合设计建设，其中出入口和风亭与出版集团附属楼合建，由出版集团进行代建，剩余部分由轨道集团建设。如图 21.1-13 所示。

2. 情况说明

3 号线计划于 2019 年 12 月开通试运营。截至 2019 年 8 月初，轨道交通建设范围的风道部分已完成底板和侧墙浇筑，出版集团附属楼工程进展较慢，现场正在进行桩基施工，根据附属楼工程计划，于 2019 年 10 月 11 日桩基施工完毕，地下两层结构于 2020 年 3 月 26 日施工完毕，代建风亭部分于 2020 年 4 月 26 日施工完毕，无法满足祁门路站按期开通条件。

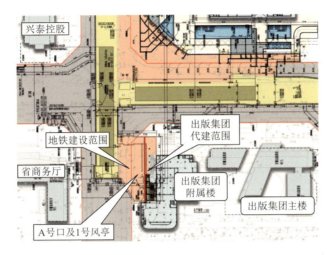

图 21.1-13　祁门路站 A 出入口 1 号风亭与出版集团附属楼相互关系图

3. 解决方案

为确保祁门路站按期运营开通，采取在已施工的风道结构主体上方增设临时排风井，出版集团代建部分施工完毕后再对临时排风井进行破除及封堵。

4. 经验总结

出入口或风亭等车站附属与周边物业整合设计并共建，可有效改观城市景观，降低车站附属修建对周边环境的影响，也更有利于吸引轨道交通周边客流。代建工程受双方合同签订、工程投资分劈、建设协调进度等多方面影响，进度不受控，本工程即为典型的案例，后续建设若存在合建工程，应及早沟通协调，提早开展双方合同签订、工程投资分劈等争议性较大的项目谈判，从而保障同步建设实施，创造良好社会经济效益。

21.1.9　黄山路站车站主体基坑邻近高压线处理

1. 概况

黄山站位于潜山路与黄山路交叉口，沿潜山路布置，为地下二层 12m 岛式车站。车站主体基坑邻近 110kV 高压电塔，距离约 5.5m；附属 1 号出入口距离邻近高压电塔 4.3m，如图 21.1-14 所示。

2. 情况说明

黄山路站主体基坑邻近 110kV 高压电塔，距离约 5.5m；附属 1 号出入口距离高压电塔 4.3m，高压电塔采用长 10m，直径 2.2m 桩基础，桩底持力层为硬塑黏土，为一级风险源。

3. 解决方案

为确保基坑施工期间高压电塔安全，设计采用在桩侧及桩底进行注浆加固，如图 21.1-15 所示。本站主体基坑于 2017 年 2 月封顶，附属 1 号出入口于 2019 年 7 月封顶，施工期间高压电塔最大沉降1.2mm，水平位移1.4mm，安全状况良好。

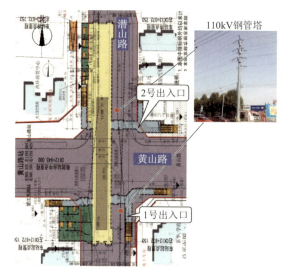

图21.1-14 黄山路站附属1号出入口与高压电塔关系图

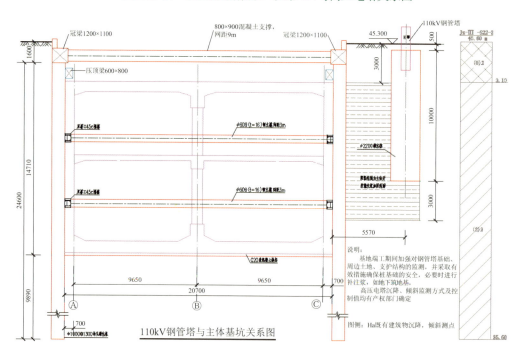

图21.1-15 高压电塔加固方案

4. 经验总结

本工程基坑紧邻110kV高压电塔，通过采用主动加固措施，确保了基坑开挖对电塔的影响处于安全可控范围，但实施过程中报批流程时间较长，对工期具有一定的延误，后续线路设计建议考虑适当调整站位，尽量远离高压电塔，或协调电力公司将高压电塔改造入地敷设，从而进一步控制风险，并可改善城市景观。

21.1.10 史河路站受 110kV 高压电缆迁改滞后影响及设计对策

1. 概况

史河路站位于潜山路与史河路交叉口，沿潜山路敷设，为地下两层车站。车站设置 2 组风亭（低风亭），4 个出入口。

2. 情况说明

沿史河路横跨车站主体现状有 3 排电力排管，分别为 8 根 10kV 电缆管、2 根 10kV 电缆管和 6 根 110kV 电缆排管，原方案对影响车站施工的高压电缆进行迁改，如图 21.1-16、图 21.1-17 所示。现因 110kV 电缆迁改费用高、时间长、造成的社会影响大，经建设、设计、施工等单位会同电力公司对现场电缆管线进行调查后，建议采取电缆抬升方案，将电缆抬升至主体顶板上方，避开车站主体结构，并将受影响的附属结构 B 号出入口、2 号风亭及 C 号出入口的位置、大小进行调整，以避开高压电缆。由于受 110kV 高压电缆迁改方案调整的影响，导致史河路站主体结构封顶全线最晚。

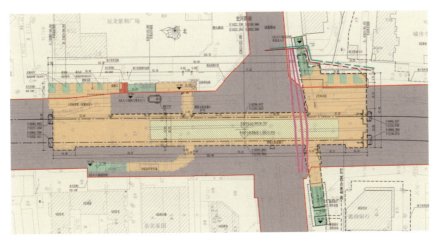

图 21.1-16 横跨史河路的 110kV 高压电缆与车站附属的平面关系图

图 21.1-17 110kV 高压电缆与史河路站关系图

3. 解决方案

1）将 C 号出入口轮廓向北移动，避让高压电缆，同时压缩 2 号风亭，将新风井向西侧移动，面积减少约 $101m^2$，如图 21.1-18 所示。

2）2 号风亭西侧现状管径 600mm 雨水管、管径 500mm 污水管与变更后附属冲突，需进行局部迁改。

3）将 B 号出入口与主体接口向北移动 3m，同时旋转 B 号出入口角度，避让高压电缆，如图 21.1-19 所示。

图 21.1-18　C 号出入口及 2 号风亭原方案、变更方案与高压电缆平面关系图

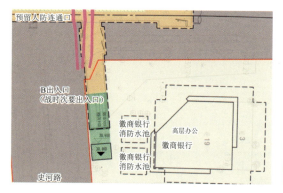

图 21.1-19　B 号出入口原方案、变更方案与高压电缆平面关系图

4. 经验总结

1）控制性管线应提前谋划，尽早协调或避让

史河路站因 110kV、10kV 高压线缆迁改协调，仅方案（永久迁改和上抬水平拨移）反复调整 4 次，现场协调、核查、专家评审等会议 20 余次，制约后续附属和机电施工。

合肥轨道建设整个过程中，电力管线迁改（保护）制约设计方案稳定和地铁建设进度，后续设计方案宜将高压电力管线作为关键性控制因素，尽量避开，如需迁改，应尽早协调迁改。

2）在与外部单位配合需要留有会议纪要或是外部单位出具的函件或书面联系单，形成正式对接成果。

21.1.11　预埋套管招标数量与施工数量差异分析及对策

1. 概况

各专业管道穿越混凝土墙体时应根据需要预埋套管，实现车站各阶段功能要求。

2.问题描述

在招标设计时,各工点预埋套管数量根据经验在初步设计阶段基础上进行放量预估。随着后期设计深化,根据风水电施工图工作展开以及各个系统设备招标,预埋套管规格和数量调整,存在较大差异。另外站后施工单位进场后现场理解图纸不到位,类似小管径管线占用大直径套管、一孔多缆情况时有发生,最终现场预埋套管仅有约 1/3 穿管,其余需进行封堵处理。

3.解决方案

鉴于此类情况,建议前期从两个方面入手:第一,套管招标包含在土建招标内,以项记、以预估重量为单位不补差,标书内提示投标人注意风险;第二,各系统前期提资时根据以往经验综合考虑,招标图设计阶段尽可能地把各专业各类管线需要穿越结构的预埋套管标注明确并集成到孔口图上,且控制预埋套管的冗余量,最终提资以正式文件出具,确保提资严肃性。设备招标后系统提资时应根据前期已提资料,在不影响安全和使用的情况下与招标设计阶段提资一致。

同类多根弱电电缆(人防)合穿一根套管时,穿管率不应超过截面积 20%。除环网电缆可采用"三线一管"外,其余套管应严格执行"一线一管"。

4.经验总结

在招标阶段,各专业应加强沟通和配合,确保预埋套管提资准确性,留痕管理。施工图阶段,在不影响安全和使用的情况下提资尽量与招标设计阶段提资一致,调整范围满足相关要求。针对现场管线乱穿问题,各单位应加强现场管理,持续监督和配合。

21.1.12 淮南路站 A 号出入口暗挖段加固设计

1.概况

淮南路站位于临泉路与淮南路交叉口西北侧,避开临泉路上跨淮南线铁路立交桥桥桩偏临泉路北侧布置。车站共设 3 个出入口和两组风亭,另预留一个通向淮南路的通道,均为单层结构。1 号风亭及 C 号出入口位于车站主体结构内侧,从车站内顶出,B 号出入口及 2 号风亭一起合建,位于车站东北角待拆迁的用地内,A 号出入口下穿临泉路跨淮南路桥,从临泉路南侧出地面。附属结构中 A 号出入口除下穿临泉路跨淮南路桥采用暗挖法施工外,其余部分采用明挖法施工。

A 号(A1 和 A2)出入口与主体结构连接暗挖通道为拱顶直墙断面,采用暗挖法施工(CRD 法)。暗挖段长约 37.45m,初支净高约 5.2m、净跨约 7.7m,拱顶覆土厚度原设计为 3.2~5.2m,拱顶位于①$_1$杂填土、①$_2$素填土、②$_1$黏土。

结构采用拱顶直墙断面复合式衬砌结构,初期支护采用喷射混凝土+格栅钢架措施,二次衬砌采用模筑钢筋混凝土,两次衬砌之间设柔性防水层。辅助工程措施采用超前小导管注浆等,施工喷混凝土前应在围岩与钢格栅之间铺设单层钢筋网。

2. 情况说明

1）招标图阶段车站方案相对初步设计车站方案发生变化，施工图阶段根据详勘报告对设计进行深化设计。淮南路站施工图、招标图主体结构站位相对初步设计方案（勘察布点）向西偏移 77m；初勘（招标图）阶段 A 号出入口暗挖段无具体布点，招标图采用邻近钻孔及地质参数进行设计，无法体现暗挖通道地质纵剖面地层变化；施工图阶段 A 号出入口暗挖通道按详勘地质钻孔和纵剖面进行设计。

2）暗挖段原覆土为①$_1$ 杂填土、①$_2$ 素填土、②$_1$ 黏土，后在施工图设计阶段发现现场地面堆积了很厚的建筑垃圾，主要包括砖块、混凝土块等，经施工单位测定，深度为 2.7～4.2m。建筑垃圾会产生很大的附加荷载，影响暗挖段施工安全，如图 21.1-20 所示。

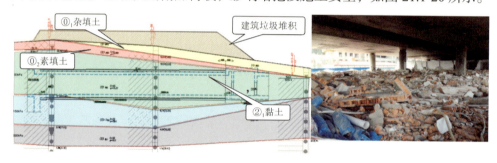

图 21.1-20　淮南路站暗挖通道地质纵剖及地面建筑垃圾

3）详勘报告地质纵断面图中显示地层存在较大的起伏，②$_1$ 黏土层标高从车站主体向附属不断降低，在暗挖出洞范围的拱顶②$_1$ 黏土层厚度不足 0.3m。杂填土、素填土自稳性差，②$_1$ 黏土层薄的范围难以形成有效的土拱抵抗上部覆土荷载。

4）根据邻近车站主体结构和 A 号出入口详勘揭示，结构施工范围内粉质黏土、粉土层均为富水地层，土体渗透性较大；根据主体结构现场施工实际情况，基坑施工范围内水量较大。考虑 A 号出入口暗挖拱顶土层及拱身范围内地层复杂性及地下水渗流通道不确定性，考虑进行地层加固，减少渗水的可能性。

3. 解决方案

针对现状覆土上方增加了较厚的建筑垃圾层、土层陡变造成部分暗挖段拱顶、拱身地质、水文条件复杂的不利情况，开展针对性处理措施：对暗挖段拱顶建筑垃圾等杂填层较厚地段一定范围的覆土采取φ800mm@500mm 高压旋喷桩加固处理，以利于形成有效的土拱，提高填土层（建筑垃圾清除时对填土层亦存在不利的扰动）的强度。

4. 经验总结

原因分析：施工图采用钻孔较招标图初勘（招标图）阶段采用地质钻孔不同，地层信息不同须进行处理。

经验总结：招标图阶段与施工图阶段方案尽量采用同一地质钻孔，避免地层信息发生较大变化。招标图阶段尽量采用包容性设计。采用矿山法等暗挖工艺，应加强地质和水文勘探工作，应有勘探点控制，加密勘探点，并布设剖面。

21.1.13 经三路站受管线迁改先施工附属后施工主体

1. 概况

经三路站位于包公大道与灵石路丁字交叉口处，车站沿包公大道路中布设，设有2组风亭、3个出入口和1个预留出入口。

车站西南象限为金水湾小区1号、2号楼，西北象限为实嘉原创生活小区3号楼裙房，东北象限为实嘉原创生活小区25号、26号楼，东南象限为文一集团总部办公楼。包公大道为东西向城市主干道，灵石路为南北向次干路。

包公大道与灵石路交口西侧正常路段快车道为双向8车道和双向2车道辅道，东侧正常路段快车道为双向7车道和双向6车道辅道。灵石路为双向4车道。

2. 情况说明

根据市政府对开工建设请示的批示，施工单位结合经三路站经与交警部门、公交集团协商，对经三路站原交通疏解方案进行调整，管线改迁方案据此同步调整。经三路站北侧附属先于主体施工，如图21.1-21所示。

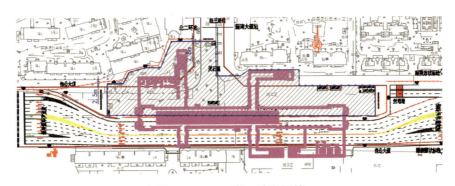

图21.1-21 一期一阶段围挡

3. 解决方案

结合施工场地及调整后的交通疏解、管线改迁方案，经三路站一期一阶段施工北侧附属C号出入口、2号风亭及D号出入口，在第一段顶板浇筑完成并且上方设置的临时道路放行后转入一期二阶段，北侧剩余附属与车站主体同步施工。

4. 经验总结

附属先于主体实施，虽然在本站成功完成施工，但是先施工附属浅基坑，再施工主体深基坑，存在极大的施工风险。不建议推广设计。

21.1.14 换乘车站随先期线路实施后轨顶风道预留钢筋缺失问题及处理

1. 概况

3号线合肥站、潜山路站分别与1、2号线换乘。1、2号线实施时，已同步建成3号线车站，并在车站中板预留了轨顶风道吊墙钢筋。1、2号线已分别于2016、2017年建成通车，2018年4月，3号线施工单位进场施工轨顶风道等二次结构时，原预留钢筋已历时2～3年，锈蚀较为严重，或存在缺失、间距、长度不满足要求等病害。针对上述病害，3号线施工单位采用除锈、植筋等措施，整改方案未经相关单位确认，程序不完善，存在风险。

经设计单位进行复核验算和专家论证后，认为结构安全可控，顺利解决了上述问题。

2. 情况说明

1）合肥站

3号线合肥站轨顶风道单线长131.6m，净宽为2950mm，净高为882～1082mm。轨顶风道近屏蔽门侧墙厚度250mm，远离屏蔽门侧墙厚度150mm，底板厚度为200mm。根据原1号线已出结构图纸：3号线轨顶风道近屏蔽门侧墙预留钢筋为⊥14@150，远离屏蔽门侧墙预留钢筋为⊥12@150。3号线施工单位于2018年4月与原合肥站1号线土建施工单位、监理单位现场移交合肥场地，发现原土建单位预留的部分轨顶风道钢筋锈蚀严重或缺失。通过对可利用的预留钢筋进行了除锈处理，对锈蚀严重无法利用及缺失部位钢筋进行了植筋，且连续植筋范围不超过1m，如图21.1-22、图21.1-23所示。

图21.1-22　合肥站轨顶风道预留钢筋情况

图21.1-23　合肥站现场植筋施工及抗拔试验

2）潜山路站

3号线潜山路站左、右线轨顶风道沿线路方向长度分别为186.75m、186.500m。轨顶风道近屏蔽门侧墙厚度250mm，远离屏蔽门侧墙厚度150mm，底板厚度为200mm。根据原2号线已出结构图纸：3号线轨顶风道近屏蔽门侧墙预留钢筋为$\Phi14@150$，远离屏蔽门侧墙预留钢筋为$\Phi12@150$，与合肥站相同。

3号线施工单位进场后，经过排查发现，3号线潜山路站轨顶风道原土建施工单位预留钢筋，存在钢筋间距不足、局部区段预留钢筋遗漏现象。针对上述现象，施工单位采取现场植筋加密措施，完成轨顶风道的浇筑。

（1）原土建单位预留3号线潜山路站轨顶风道钢筋时，整个区段轨顶风道普遍存在预留钢筋间距过大，大部分预留钢筋间距为250～270mm。

（2）轨顶风道局部区段存在1m左右范围预留钢筋遗漏，如图21.1-24所示。

图21.1-24 潜山路站轨顶风道预留钢筋遗漏或间距偏大情况

3. 解决方案

根据施工情况说明按最不利情况考虑，假设侧墙连续植筋范围为1m且植筋同时失效。通过计算，植筋区域两侧侧墙与中板连接处出现应力集中，侧墙竖向轴力向左右两侧逐渐减小，影响范围为植筋区域左右两侧各约2m。

基于施工单位及监理单位提供的施工情况说明、植筋分布图等施工资料，结合验算分析结果得出：3号线合肥站、潜山路站轨顶风道结构受力满足设计及规范要求。

针对该问题，2019年11月，市轨道集团组织了专家评审会，肯定了设计单位核算结果，认为结构安全可控。

4. 经验总结

1）对于后续线路车型和城市已有轨道交通相同车型列车运营的情况下，可考虑同期施工，后期根据开孔位置与厂家沟通。

2）对于后期较久远，同样建议预留插筋，直径可较常规适当增加，并严格做好防腐防锈处理（特别是与混凝土交界面，防止缩颈）；同时，在板上间隔2～3m预留浇筑孔，方便后期浇筑。

3）现浇轨顶风道预留插筋常出现锈蚀严重、长度不够、缺失等情况，满堂支架的现浇工法，施工空间狭小、工期长，建议采用预制装配式轨顶风道，中板预留定位安装孔洞，避免预留插筋各类问题，免模板、免脚手架，工期、质量可靠。

21.1.15　高架车站电缆槽与道床冲突问题及处理

1. 概况

高架站为岛式车站，中间为站台范围，两侧为轨行区。强、弱电电缆沿轨行区一侧敷设，其中弱电电缆敷设于轨行区侧电缆槽内。

2. 情况说明

车站范围内因供电电缆需下至站厅层，在轨行区一侧设置孔洞，导致电缆槽局部空间较为局促，在轨道道岔位置，电缆槽与轨道道床冲突，轨道无法铺设，如图 21.1-25 所示。

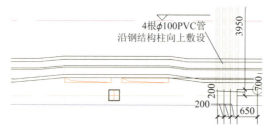

图 21.1-25　电缆槽敷设平面图

3. 解决方案

与弱电专业沟通，电缆槽在满足线缆敷设前提下调整电缆槽侧壁厚度，满足轨道道床施工，如图 21.1-26 所示。

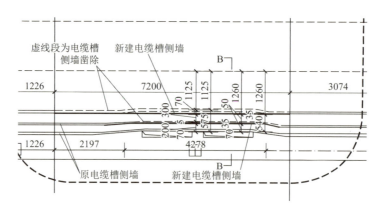

图 21.1-26　电缆槽改造设计图

4. 经验总结

电缆槽设计于轨行区一侧，其构件尺寸较小，侧墙厚度分别为 70mm、35mm，高度为 460mm，施工难度大，且施工质量不易控制。电缆槽上盖预制板与电缆槽凹凸不平，检修不便。建议研究将电缆槽进行分段预制设计，通过现场安装，便于控制电缆槽成品质量，如图 21.1-27 所示。

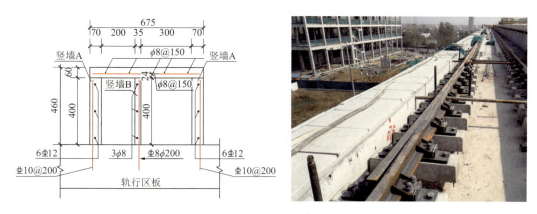

图 21.1-27　电缆槽设计图

21.2　区间隧道

21.2.1　盾构区间隧道联络通道防火门开启与泵房阀门冲突

1. 概况

当区间隧道长度大于 600m 时，需要设置联络通道用于事故工况下的乘客疏散，同时在联络通道中设置并列反向开启的防火门。如果联络通道位于区间最低点，需要在联络通道中设置泵房。

2. 情况说明

当盾构区间隧道联络通道设置泵房时，应注意防火门位置的设置。泵房排水管从下往上伸出中板后都会在联络通道中设置阀门，阀门横向伸入联络通道的净空约 60cm。如果防火门位置设置不合理或联络通道净宽不足，事故工况下乘客通过防火门后，容易直接撞上阀门引起二次事故，如图 21.2-1、图 21.2-2 所示。

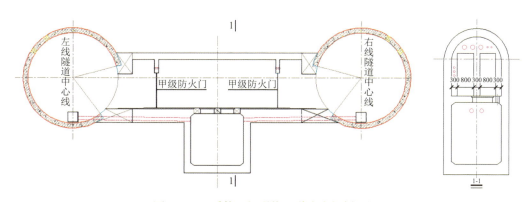

图 21.2-1　盾构区间联络通道防火门剖面图

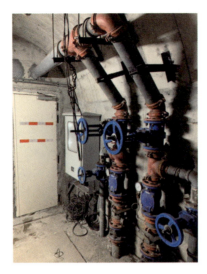

图 21.2-2 盾构区间隧道联络通道现场照片

3. 解决方案

1）当左右线线间距比较小时，设置一道防火门，减小乘客碰撞阀门的概率；

2）两扇防火门可以沿联络通道中心线偏向一侧布置，加大水管侧的门垛宽度；

3）防火门可以适当远离泵房位置，加大乘客通过防火门后的反应距离；

4）有条件的情况下，可以适当加大联络通道的宽度；

5）施工过程中，加大配施力度，建议施工单位优化阀门设置角度，尽量避免阀门侵占乘客的疏散空间。

21.2.2 蒙城路站—阜阳路站区间联络通道加固方案设计变更

1. 概况

蒙城路站—阜阳路站区间联络通道位于临泉路与合瓦路交口，联络通道拱顶埋深约 11.83m。根据详勘报告揭示，联络通道所处地层主要为②$_{2-2}$粉土层、⑦$_1$砂岩层、⑦$_2$砂岩层、⑦$_3$砂岩层，测得地下水位埋深 1.6～3.1mm，水量贫乏，②$_{2-2}$粉土层为微承压含水层，承压水位标高约为 14m。联络通道采用高压旋喷桩加固，加固范围为联络通道结构上下、左右各 3.0m。

受蒙城路站与阜阳路站施工围挡影响，临泉路上车流量较平稳，具备临时交通疏解条件，联络通道加固施工范围内主要是埋深 1～2m 的雨污水管和电力、路灯管线，现场具备施工避让或临时迁改的条件。

2. 情况说明

招标图阶段：由于蒙城路站—阜阳路站区间联络通道位于临泉路与合瓦路交口，为尽量避免临时占地、管线迁改、交通疏解，采用洞内注浆加固地层，如图 21.2-3 所示。

第 21 章 结构工程经验总结

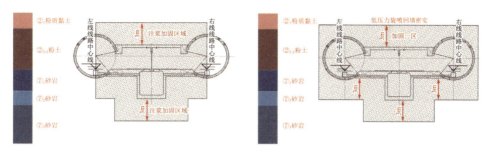

图 21.2-3　蒙城路站—阜阳路站区间联络通道洞内注浆加固剖面示意图

施工图阶段：蒙城路站、阜阳路站现场均已开挖施工，现场发现基坑开挖至粉土层区段土层含水量较大，现场渗（流）水较大，地下水与板桥河有一定的水力联系，如仅考虑洞内注浆加固，联络通道施工存在较大安全风险。

3. 解决方案

从安全角度出发，将联络通道加固方式由招标图阶段的"洞内注浆加固"调整为采取"地面高压旋喷桩加固"，及时规避了施工风险。

4. 经验总结

1）招标图阶段对地层性质认识不够深刻，采取常规加固措施，存在安全隐患；
2）对地质条件较差的复合地层，加固设计应采取包络设计；
3）针对地面加固设计，应提前与产权单位及管理部门对接，确定地面加固的可实施性。

21.3　区间桥梁

21.3.1　采用连续梁＋隐形盖梁的门式墩方案，建筑高度低，景观效果好

1. 概况

学林路站—职教路站区间线路在文忠路由路侧转路中和淮海大道由路中转路侧，由于斜交角度较小，大跨难以跨越，采用框架的形式跨越，如图 21.3-1 所示。

图 21.3-1　门式墩位置

2. 情况说明

下面以斜跨淮海大道为例进行阐述。

初步设计时，采用简支梁+门式墩方案，在施工图设计阶段，考虑景观效果，降低建筑高度，使桥下空间更大，让行驶人员感受更加敞亮，设计院进行调研和多方面研究，采用连续梁方案+隐形盖梁方案。由原设计30m标准跨，调整为（26+32+26）m连续梁+（30+36+30）m连续梁，尽量减少框架墩个数，如图21.3-2所示。

3. 解决方案

施工图设计具体方案：共设置三处门式墩，其中右线 DK34+229.010 处 B19 号墩为（26+32+26）m连续梁中墩，门式墩跨径14.5m；右线 DK34+259.010 处 B21 号墩及右线 DK34+295.010 处 B22 号墩为（30+36+30）m连续梁中墩，门式墩跨径15.2m。

此处将门式墩与连续梁横梁合并设计，将门式墩横梁隐藏入连续梁，与其融为一体，既可以满足下部布墩要求，又可以满足桥下净空要求，如图21.3-3所示。

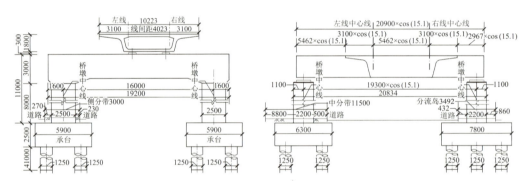

图21.3-2 初步设计方案：简支梁+门式墩方案及施工图设计方案：连续梁方案+隐形盖梁方案

图21.3-3 施工图设计平面图及现场照片

4. 经验总结

设计人员应统筹考虑线路平面、纵断面以及建筑结构高度之间的关系，考虑景观因素，进行相关研究、创新，为技术创新提供新动力，本处虽增加了设计难度和工作量，但也取得了较好的效果。

第 22 章

机电系统经验总结

22.1 采用节能、安全、可靠、灵活的隧道通风系统模式

隧道通风系统模式主要有：单活塞、双活塞模式，系统模式的选取不仅影响土建投资，对后期运行费用、人员舒适性和事故工况的灵活性、安全性影响较大。本设计采用模拟软件对多种系统模式进行了模拟研究。

22.1.1 温度控制

设计时对双活塞、进站端设单活塞和出站端设单活塞三种通风模拟的温度分布进行模拟分析。

在车站两端均设置活塞风道（双活塞风道）时全线温度最低，左右线最高温度分别为 36.9℃、36.9℃；只在出站端设置单活塞风道时温度约升高 1.3℃，两线最高温度分别为 38.2℃、38.2℃；只在进站端设置单活塞风道时温度最高，左右线最高温度分别为 39.2℃、39.2℃，与双活塞相比温度约升高 2.3℃。两种单活塞模式下的隧道内温度已接近标准中规定的温度上限，而双活塞模式具备一定的余量，为了达到相同的区间温度，单活塞模式需增开隧道风机，每天需开启 2h，每个站每天约 720kW·h，按 1 元/(kW·h)，每年 26.28 万元，3 号线共 29 座地下站，年运行费用约增加 762.1 万元。

22.1.2 车载空调器能耗比较

可以看出双活塞模式每年可节省车载空调器能耗 17.3 万元，如表 22.1-1 所示。电费按 1 元/(kW·h)，下同。

车载空调器的能耗比较表　　　　表 22.1-1

内容	标准工况	双活塞模式	出站端单活塞模式
隧道平均温度（℃）	40	34.8	35.3
能比	2.50	2.87	2.84
空调负荷（kW）	6 辆编组 B 型车：84kW/车 × 6 = 504kW		
电功率（kW）	201.6	175.5	177.5
电功率差额（kW）			2.0kW/列

续表

内容	标准工况	双活塞模式	出站端单活塞模式
运行时间	假设远期全天共 480 列运行，空调季 6 个月		
全线耗电量差额（kW·h/日）			960
全线年运行费用差额（万元）			17.28

22.1.3 新风量影响

初近期双活塞模式隧道内的新风换气次数为 3.2～3.6 次/h，人均新风量为 $218m^3/(h·人)$；单活塞模式隧道内的新风换气次数为 2.4～2.7 次/h，人均新风量为 $25.2m^3/(h·人)$，不能满足《城市轨道交通工程项目建设标准》建标 104—2008 中关于新风换气次数的规定，为了满足人员新风量的需要，需增开排热风机，每天开启时间为 2h，每个站每天约 200kW·h，按 1 元/(kW·h)，每年 7.3 万元，3 号线共 29 座地下站，年运行费用增加约 211.7 万元。

22.1.4 压力变化

下图为车站设置单、双活塞时，出站端活塞风井压力按行车间隔周期性变化的图示。从图中可看出，由于双活塞系统在车站进站端增设了一条活塞风道，增加了隧道与外界的连通面积，隧道内压力平衡情况较单活塞系统好，波动幅度较低。单活塞系统隧道内负压值比双活塞系统最大时约高 30Pa。

当车站隧道内负压值增大时，会直接影响到车站站台全封闭站台门漏风量的增加，使车站大系统空调能耗增加。负压绝对值每增加 30Pa 时，每座车站全封闭站台门漏风量大约会增加 $0.6m^3/s$，按每天小新风运行时间为 12h，每年空调季节为 6 个月考虑，每座车站每年增加耗电 1.6 万 kW·h，全线每年增加运行费用约 37.1 万元。

另外，由于隧道内的负压作用，单活塞通风模式的排热风机需比双活塞通风模式克服多 30Pa 的阻力。双活塞通风模式的排热风机可以以较低的频率运行，即可满足车站隧道排热需要，如图 22.1-1 所示。

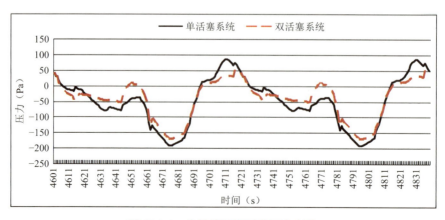

图 22.1-1　出站端活塞风井压力变化

对比单、双活塞模式下隧道内温度、车载空调器能耗、隧道内新风量及换气次数、全封闭站台门漏风量、排热风机的运行能耗等指标可知，双活塞模式优于单活塞，可大大节约年运行费用，节省约 800 万元。

22.2 优化排热风机运行控制策略，确保系统节能运行

得通风空调系统能耗是轨道交通机电设备能耗中的大户，约占总能耗的 50%以上，设计中采用了多种先进节能手段，确保系统的节能运行。排热风机采用了变频控制策略，由于列车散热是轨道交通热量的主要因素，设计中根据列车行车对数确定排热风机变频控制策略，排热风机采用变频运行，实际运行应根据初、近、远期线路实际运行情况以及运营管理经验，调节排热风机的运行状态，以达到环控设备节能经济运营的目的。当室外温度高于车站隧道温度时或室外温度低于 12℃时，应关闭排热风机。运行中还可根据行车对数确定排热风机的变频运行状态，如行车对数在 15~20 对/h 之间时，排热风量为额定风量的 60%，频率为 30Hz；当行车对数在 21~25 对/h 之间时，排热风量为额定风量的 80%，频率为 40Hz；当行车对数在 26~30 对/h 之间时，排热风机为额定风量的 100%，频率为 50Hz。如图 22.2-1 所示。以排热风机全天运行 10h 计，按每年 6 个月开启排热风机计算，与排热风机工频运行方案相比，全年可节省运行费用 435 万元。

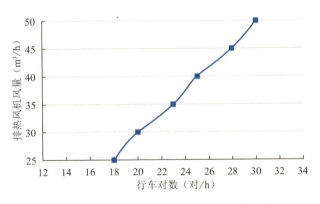

图 22.2-1　行车对数与排热风机风量曲线图

22.3 确定隧道内压力变化标准和区间设备承压，确保行车安全

列车高速在地铁运行时，会在隧道内产生一定的压力，合理确定区间设备承压将影响到列车的运营安全，设计中采用动网格对隧道内压力进行了模拟。

根据模拟结果当列车以最大行驶速度行驶在区间隧道内时，区间设备可能承受的最大压力值 2000Pa，全封闭站台门承压为 700Pa，该压力值的确定为设备选型提供了依据，确保了列车在区间高速运行时的安全，如图 22.3-1 所示。

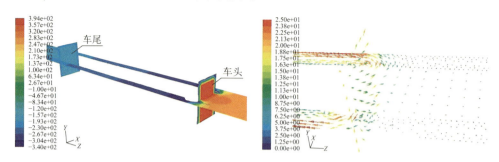

图 22.3-1　隧道压力模拟图

22.4　优化站台火灾模式，减少了全封闭站台门开启数量，确保人员安全疏散

当站台层着火时，规范要求楼梯口处必须有向下的 1.5m/s 的风速，楼梯口面积接近 30m²，因此从站厅流向站台的风量约有 45m³/s，而站台排风量仅约有 20m³/s，不能满足设计要求，因此必须开启全封闭站台门，利用轨顶排风系统协助站台排烟才能满足要求，为了确保人员安全疏散，全封闭站台门开启数量应尽可能少，设计中采用模拟软件进行了研究。

图 22.4-1 是典型岛式车站的模型，车站长度 120m，站厅层、站台层高度均为 4.5m，按照同时开启车站一侧全封闭站台门两端的各两扇滑动门计算，检验楼梯口风速是否达到要求。

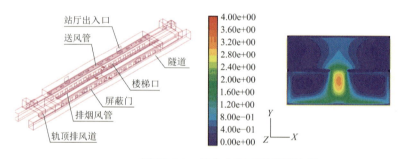

图 22.4-1　站台火灾工况模拟结果

从图 22.4-1 中可知，楼梯口速度为 2.5m/s，满足设计要求。经优化后，全封闭站台门开启数量最少，对人员安全疏散基本无影响。

22.5　人性化设计

22.5.1　气流组织

1.送风口的选取及布置

针对双层百叶送风口气流垂直吹向空调区域，容易产生吹风感，3 号线在公共区及人员房间采用散流器送风，避免采用双层百叶风口，且在送风口的设置方面提出了人性化设计要求，散流器避开乘客候车区域、避开工位、自动售票机、闸机布置，改善工作人员及乘客的体验。

2. 站厅公共区气流组织采用两送两排，均匀送、排风，温度场更均匀，人体舒适度更好。

22.5.2 便捷检修

1. 出入口排水阀门的整合布置

其他线路出入口集水坑的检修阀门一般布置在板下，检修人员难以到达，检修条件极差，3号线针对此问题，将出入口集水坑潜污泵排水阀门集中布置在结构凹槽内，安装高度充分考虑人员的检修的便捷，公共区装修设计在排水阀门整合处设置专门的阀门检修门，并喷涂阀门的信息。

2. 气灭控制盘设置在墙体凹槽内

其他线路一般明装在墙面，凸出墙面200mm，容易影响人员的通行，在消防紧急疏散时碰撞的危险。3号线针对此问题，在走道隔墙设置凹槽，将气灭控制盘、消防电话、风阀就地检修箱整合布置在凹槽内，方便检修，不影响走道的通行。

3. 取消设备区内走道吊顶

其他线路一般在设备区内走道设置吊顶，吊顶需占用空间，走道吊顶内布置大量的管线，设置吊顶之后不方便检修，3号线针对此问题，取消设备区内走道的吊顶，方便检修。

22.6 十字换乘站管线布置

合肥站、潜山路站均分别与1号线、2号线进行换乘，十字换乘方式，既有线的站厅层已实施完毕，为避免对已运营的站厅层吊顶进行拆改敷设管线，3号线进行了巧妙设计，站厅的管线尽量避免跨越已实施完毕的站厅层，采取端头厅布置管线的方式，水管（消防管、给水管、冷冻水管）、电缆桥架从站台层绕到另一端站厅，消防水管布置需考虑成环问题，站台层设置两根连通管，如图22.6-1所示。此方案布置，节省了工期，最大限度地减小对既有运营线路的影响。

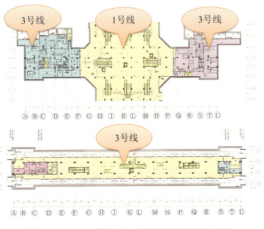

图22.6-1　3号线十字换乘车站管线布置

第 23 章
供电系统经验总结

23.1 电缆吊架设计方案

1. 概况

3 号线共设置合肥东、四里河及怀宁路 3 座 110/35kV 主变电所，每座主变电所均设置了电缆夹层，并将电缆及光缆集中优化敷设。

2. 情况说明

3 号线的怀宁路主变电所为全地下主所，对消防、供暖通风系统要求非常严格。消防水管、进出风管、排烟管等各层管线错综繁杂，与电缆层吊架布置路径交叉点和重叠位置较多且在平面图中不能很直观明了地看到交叉和碰撞点，导致局部管道或吊架无法安装，为电缆敷设的路径设计带来极大困扰。

3. 解决方案

经过与结构、暖通、给水排水及电气等相关专业多次沟通，利用三维技术把各专业管道、桥架、线缆生成三维布置模型，通过对总布置模型进行碰撞检查和数据一致性检查，逐一排查交叉碰撞点，及时解决设计中的"错、漏、碰、缺"等问题，有效规范地解决了上述问题，如图 23.1-1 所示。

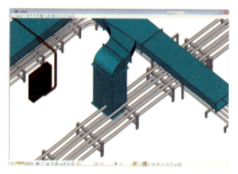

图 23.1-1 三维碰撞检查模型图及管线布置实景图

4. 经验总结

在电缆层吊架设计阶段需电气、暖通、给水排水、结构等专业密切沟通，加强信息反馈机制，提前发现问题、解决问题，并在设计过程中对某些特殊问题及时采取针对性的技术措施，在后续类似工程或方案中避免同类问题。

23.2 应急照明电源装置与 FAS 系统接口的问题

1. 概况

应急照明偶尔无法完成火灾强启动作。

2. 情况说明

在消防验收过程中，发现应急照明偶尔有无法强启的情况发生。经过分析，主要由于 FAS 系统为有源保持信号，当 FAS 执行火灾强启时，EPS 接口侧的继电器长期处于吸合状态。当强启时间足够长时，继电器电感储能达到上限值。此时，若 FAS 信号撤销，继电器电感内的能量无法瞬间释放，电感元件的电流会沿原方向流经 FAS 的输出模块，并产生一个跃变的高电压（可达 110V），超过了 FAS 模块的耐压范围，造成 FAS 模块烧毁。

3. 解决方案

在 EPS 的接口侧，将继电器并联一个反向二极管。当 FAS 信号撤销时，该反向二极管能与继电器形成一个释能回路，不会对 FAS 模块造成影响。

4. 经验总结

建议后续线路在接口谈判时，明确在 EPS 柜设置释能电路。

23.3 电动风量调节型阀门的选型问题

1. 概况

电动风量调节型阀门的选型问题。

2. 情况说明

合肥 3 号线电动风量调节阀在招标阶段选用的类型是无级调节型，该类型阀门若需进行远程开度控制，则需要采用模拟量类型的控制模块。然而，本工程电动风量调节阀由智能低压系统控制，该系统设备仅支持数字量类型的控制模块，因此无法实现对电动风量调节阀的远程开度控制。

3. 解决方案

施工阶段，经与通风工艺专业协商，在风阀执行器上增设一个行程开关，用以实现电动风阀全开、半开和全关的三挡调节功能，同时也可以满足通风专业的控制需求。

4. 经验总结

建议后续线路通风专业在风阀招标时，根据通风工艺要求，优先选择三挡型调节阀。

23.4 高架站电动排烟窗接口及配电问题

1. 概况

高架站电动排烟窗接口及配电问题。

2. 情况说明

由于电动排烟窗属于高架站特有的设备，前期各专业对电动排烟窗的接口界面、用电需求、控制模式等问题没有特别明确，导致后期施工阶段工程推进较慢。

3. 解决方案

施工阶段通过各方协调讨论后，明确了其用电容量，配电方式、控制模式及各方接口划分。同时，还为设置于站厅公共区内的电动排烟窗系统集中控制器设置了装修伪装门。

4. 经验总结

建议后续线路应在电动排烟窗招标阶段对其控制器的数量、功能及接口进行要求，以免造成 FAS 和动力及照明专业的方案调整。

23.5 通风空调机房的照明问题

1. 概况

通风空调机房的照明问题。

2. 情况说明

岱河路站小里程端通风空调机房内灯具多采用吊装式，待风机等设备安装后发现部分灯具被风机、风管等遮挡，照度偏低。

3. 解决方案

经过现场勘察，将被遮挡的灯具调整到合理的位置，对壁装灯具进行了照射角度调节，最终满足了照度要求。

4. 经验总结

建议后续线路在开展风管、风机设备较多的房间照明设计时，应考虑采用吊装式与壁装式灯具结合的方案（壁装式为主），灯具布置时应结合通风空调大型设备的安装位置考虑。

第24章
弱电系统经验总结

24.1 场段周界防范摄像机、振动探测光缆安装问题

1. 情况说明

通信专业按照传统场段周界防范方案进行设计,在场段围墙上每隔一定距离设置支架,安装摄像机及振动探测光缆,支架采用螺栓固定于墙体上,但在现场实际安装支架时,出现围墙开裂问题。导致周界防范系统摄像机、振动探测光缆无法继续安装。

2. 解决方案

由于场段围墙未考虑周界防范承重,通信专业改变周界防范系统安装方式,采用多抱箍方式安装,如图24.1-1所示。

图24.1-1 处理前现场照片及处理后现场

3. 经验总结

根据3号线经验,考虑现场施工的便捷性和方便性,建议后期建设线路在场段建设前提资输入相关周界设备的资料,以供场段围墙设计时考虑相关结构强度要求。

24.2 门禁锁具与门体类型不匹配问题

1. 情况说明

部分地下车站设备区至地面消防疏散通道门门禁锁具与门体类型不匹配,影响安装效

果。门禁与建筑在设计联络中签署了接口文件，接口文件中全线均为玻璃门，门禁系统在施工图中配套采用的是电插锁。

2. 解决方案

门禁专业根据现场实际门体，配置相应的锁具。

3. 经验总结

根据 3 号线经验，现提出几点建议与总结：

1）由于接口文件签署时，至地面消防疏散通道门厂家未招标完成，后期应及时跟踪接口文件，进行签署完善。

2）门禁施工单位应与门体厂家加强沟通、配合。门体厂家尽量选用有地铁实施经验的厂家。

3）后期出入口门体类型由于现场条件等方案调整的，应及时告知门禁专业。

4）为使门禁系统锁具与门体的适应性更强，后期线路此门可采用磁力锁。

5）施工单位在现场实施中发现问题的，应及时向设计等各方反馈问题。

6）设计交底中应补充要求：门体厂家在和门禁厂家对接后方可采购、加工、安装。

24.3　高架段漏缆设置问题

1. 情况说明

由于合肥 3 号线出入段线、高架段、地下段的土建条件不同，部分区段没有为 LTE 漏缆安装预留空间条件，对现场漏缆安装产生一定影响。

2. 解决方案

根据现场情况，在满足限界要求的情况下，根据土建结构，设置双层漏缆支架。建议在设计阶段与限界、土建等专业加强沟通预留安装条件，如图 24.3-1 所示。

图 24.3-1　漏缆安装完工后

3. 经验总结

漏缆作为信号系统车地无线通信的传输媒介，在全线沿轨道方向线性敷设，为保证车地无线通信良好效果，对漏缆的安装位置有一定要求，应关注在不同线路敷设方式下的漏缆安装位置、安装方式，以及与其他管线、设备的关系，尤其注意漏缆与接触网下锚坠砣和区间消防水管的位置关系，避免发生冲突。

24.4 个别设备用房面积偏小，设备布置空间紧张

1. 情况描述

专用通信电源机房预留面积偏小，而专用通信电源设备体积较大，导致部分车站电源机房电池设备维护空间较小。

2. 解决方案

结合机房实际面积及长宽尺寸，通过优化蓄电池架布置，满足设备安装及维护需求。

3. 经验总结

车站建筑实施时，系统设备往往尚未招标，无法准确提供室内设备尺寸及数量。在提出设备用房面积需求时，应充分考虑不同系统供货商提供的设备尺寸及数量差异，采取包容性设计，同时预留适当空间，以满足设备维护维修，及远期大修改造需求。

24.5 DCC 与消防控制室合设

1. 情况描述

根据运营要求，DCC 不兼做消防控制室，应在场段设置独立的消防控制室作为场段消防中心。

2. 解决方案

初步设计阶段，专家评审意见建议按照《地铁设计规范》GB 50157—2013 要求，将 DCC 与消防控制室合建。该方案的初衷的是为了节省运营部门人力成本，更高效完成运营和维护。后续线路设计建议按照运营部门要求将消防中心设置于场段综合楼消防控制室。

3. 经验总结

3 号线初步阶段未充分征求运营单位意见，导致设计方案与运营实际需求不一致。后续线路设计过程中应充分总结前序线路设计经验，在设计前期阶段广泛征求运营单位意见，使设计方案满足运营使用需求。

第 25 章

车辆基地经验总结

25.1 工艺

25.1.1 运用库设置 100%检修地沟

1. 概况

运用库检修地沟是在日常整备作业中，检修作业人员日常查看和检修地铁车辆走行部的关键设施。目前设置形式主要有 50%检修地沟和 100%检修地沟两种。

2. 情况说明

运用库招标图中为 50%列位为整体道床，运用库施工图优化为 100%列位为检修地沟。

3. 解决方案

根据国家标准《地铁设计规范》GB 50157—2013 第 27.3.4 条，"列检列位数设计不应大于停车列检库总列位数的 50%。"因此原设计 50%检修地沟满足规范要求。

根据调研，武汉、南宁采用的 50%地沟的布置方式，如图 25.1-1 所示。上海、杭州、福州、温州采用 100%地沟的布置方式，如图 25.1-2 所示。从发展来看，近些年很多车辆段、停车场的设计都偏向于选用 100%的检修地沟，减少移车作业，提高检修效率。

图 25.1-1　停车列检库 50%检修地沟现场

图 25.1-2　停车列检库 100%检修地沟

4. 经验总结

段场工艺设计是各专业设计的源头输入资料，为确保建成车辆基地满足检修需求，应提前与各部门对接，明确段场工艺方案和技术标准。

25.1.2　工艺设备招标滞后引起相关调整

1. 概述

工艺设备招标整体滞后于土建设计，前期招标设计均采用包容性设计，设备招标后，中标设备规格型号与施工图预留基础存在一定差异。

2. 情况说明

在招标图阶段，根据招标图及洗车机技术规格书完成洗车库设备招标。在施工图设计阶段，洗车机设备基础设计根据中标设备厂家要求进行调整。同时对洗车库水池盖板、水池侧壁装修做法提出相关修改要求，因此在施工图阶段按要求修改水池盖板，新增水池侧壁装修做法，如图 25.1-3、图 25.1-4 所示。

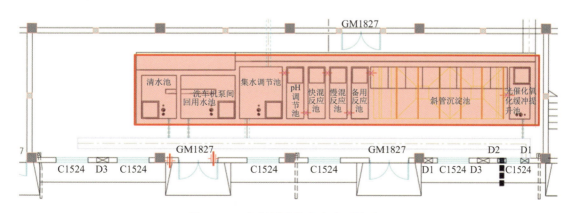

图 25.1-3　招标图洗车库边跨一层平面

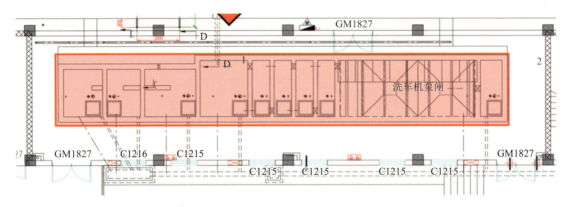

图 25.1-4　施工图洗车库边跨一层平面

3.经验总结

建议提前启动工艺设备招标,明确设备接口,作为稳定输入资料,减少后期建设过程中的设计方案调整。

25.2　站场

25.2.1　重点关注车辆段周边规划道路的规划及建设进度

磨店车辆段四周均为规划道路,南侧主出入口及派出所出入口与淮海大道衔接,东侧次出入口与祥和路衔接,西侧预留用地出入口与西山驿路衔接,如图25.2-1所示。由于周边道路规划及建设进度滞后,引起车辆段与市政道路、雨水接驳方案发生变更。

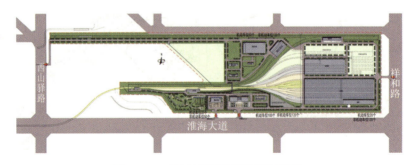

图 25.2-1　磨店车辆段周边规划道路

1.概况

车辆段北侧有一水塘,位于车辆段中部,水塘上游连通龚河湾河,下游贯穿车辆段往南流入龚河湾河,天晴时无流水,雨天时为流动贯通水系,如图25.2-2所示。

车辆段北侧为规划道路,拟与车辆段配套建设,水塘及北侧雨水可通过市政道路雨水管网收集。

图 25.2-2　磨店车辆段中部贯通水系示意及北侧低洼水域航拍图

2. 情况说明

车辆段场坪开始施工后，切断了水塘及北侧雨水的出口，而由于北侧规划道路建设进度滞后，造成北侧洼地积水，须解决北侧低洼水域的临时排水问题。

3. 解决方案

为了保证施工期和规划道路建成前车辆段的安全，在车辆段北侧增加一处临时排水设施，如图 25.2-3 所示。

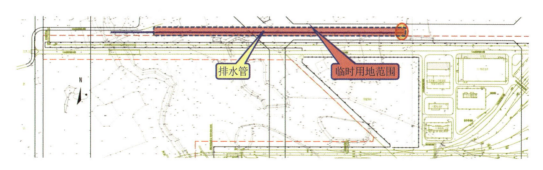

图 25.2-3　磨店车辆段北侧临时排水方案

考虑到车辆段北侧现状地面标高与水塘底标高高差较大（约 7.5m），设置临时水沟存在较大的安全隐患，因此，考虑在车辆段红线北侧设置一段东西向的排水管，将沟渠的水在车辆段红线外北侧，沿红线向西埋管引入西侧龚河湾河中。

4. 经验总结

周边道路与车辆段配套建设，保证车辆段道路及排水衔接顺畅，确保车辆段运营安全。

25.2.2　车辆段南侧规划道路建设滞后引起东出入口通段道路及涵洞临时排水变更

1. 概况

1）磨店车辆段主出入口位于车辆段南侧综合楼前，与南侧规划淮海大道接驳。车辆段新车装卸方案施工图设计为车辆由淮海大道经由主出入口进入卸车场地，如图 25.2-4 所示。

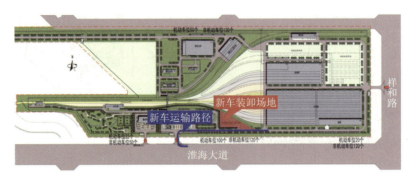

图 25.2-4　磨店车辆段新车运输方案

2）车辆段运用库库前平过道附近设计有南北向涵洞一座，汇集车辆段轨行区及部分围墙外边坡的雨水，涵洞流向由北向南，涵洞终点接入车辆段南侧淮海大道市政排水箱涵，如图 25.2-5 所示。

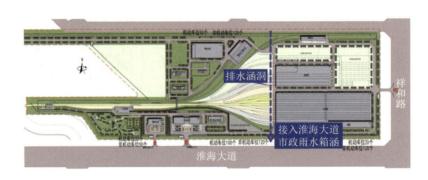

图 25.2-5　磨店车辆段涵洞出口雨水接驳方案

2. 情况说明

磨店车辆段新车计划于 2018 年底接入，但由于淮海大道建设进度滞后，无法满足接车条件。同时，涵洞出口雨水无法按计划接入淮海大道市政雨水箱涵，须考虑涵洞出口雨水临时排放措施。

3. 解决方案

为满足磨店车辆基地接车任务需求，调整接车路径，新车运输由东侧祥和路进入车辆段，同时通过临时铺设钢板增大场内道路转弯半径，新车运输由运用库东侧道路转弯进入运用库南侧道路，在材料堆场内完成新车吊装作业。

根据现场调查，车辆段综合楼附近红线范围外南侧有一水塘，水塘南侧边线外即为龚河湾河。因此，考虑在涵洞出口的车辆段红线位置新增一处临时排水管，将涵洞雨水由东向西引至综合楼附近后，变为临时土沟向南，接入既有水塘；同时，在池塘南侧与龚河湾河之间新增临时排水管，将水塘的水引入龚河湾河中，如图 25.2-6 所示。

4. 经验总结

车辆段周边道路与车辆段配套建设，确保新车吊装和运输路径需求，同时保证车辆段主次出入口道路及排水衔接顺畅。

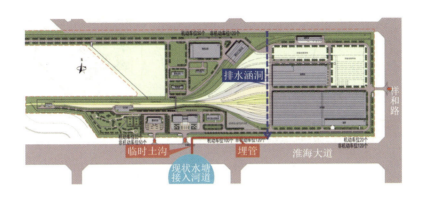

图 25.2-6　磨店车辆段涵洞出口雨水临时排放方案

25.3　建筑

25.3.1　招标设计应提前稳定规划方案、与运营对接稳定方案

1. 概况

磨店车辆段招标图设计之后因规划方案变化和运营需求调整，导致施工图与招标图产生差异。

2. 情况说明

根据 2017 年《合肥轨道交通 3 号线磨店车辆段规划及建筑方案设计》专家评审会意见、2018 年 3 月批复的磨店车辆段建筑规划方案，调整了建筑外立面及相关内容。同时根据运营需求调整了相关用房布局及功能，如图 25.3-1 所示。

以运用库为例，针对运用库辅跨通信、信号、综合监控等弱电设备用房布线要求，集中设备用房布置。为提高运营效率，调整工区办公用房分区布置。优化辅助用房布置，在运用库辅跨内增设一处卫生间，如图 25.3-2 所示。

图 25.3-1　规划方案评审车辆段鸟瞰图前后对比

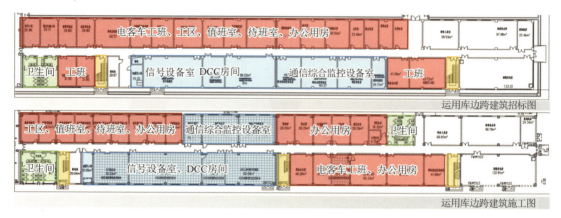

图 25.3-2　与运营对接前后运用库平面对比

3. 解决方案

梳理招标图与施工图开项及工程数量差异，完成设计方案调整。

4. 经验总结

提前对接、稳定、处理外部条件，以施工图作为招标图，减少设计方案变化和调整。

25.4　结构

25.4.1　桩基后注浆问题

1. 情况说明

合肥地质条件较好，基岩多为泥质砂岩或其他软质岩，上覆深厚老黏土层、粉土层、砂层或粉砂层、卵石层等对钻孔灌注桩成桩质量有影响的土层较少遇到。磨店综合楼设计 800mm 直径钻孔灌注桩，并采用后注浆工艺。根据现场反馈，合肥地区采用后注浆工艺的较少，后注浆并未实施。

2. 解决方案

桩基设计时非特殊情况不采用后注浆工艺，计算降低桩基的成桩系数，取低值，以确保桩基不受施工质量略有差异引起的桩基承载问题。

3. 经验总结及建议

合肥地区钻孔灌注桩基础设计，如无特殊要求（嵌岩桩布桩困难，且单桩承载力要求高）800mm 直径及以下钻孔灌注桩建议不采用后注浆工艺。

25.4.2　钢骨架轻型屋面板导致钢结构檩距问题

1. 情况说明

磨店检修库、运用库檩距 9m，直接采用单跨轻型屋面板可能出现挠度过大、振动明显、振幅较大等问题。

2.解决方案

增设一层屋面檩条体系，使得屋面板的跨度变为 3m，如图 25.4-1 所示。

图 25.4-1　9m 檩距增加檩条

3.经验总结及建议

9m 檩距为保证安全多增加一层屋面檩条体系，但是实际上不能充分发挥钢骨架轻型屋面板的性能。后期类似项目设计建议将檩距调整为 7.5m。

25.5　通风与空调系统

25.5.1　空调室外机等设备位置影响外立面效果

1.概况

建筑单体设置的多联空调室外机，部分安装在建筑室外地面上。

2.情况说明

车辆基地物资总库二层的多联机冷媒管从二层高度穿出外墙，冷媒管在外墙敷设，影响外立面效果，如图 25.5-1 所示。

图 25.5-1　物资总库前多联室外机现场

3. 解决方法

二层冷媒管从一层穿出外墙后贴地敷设，尽量避免影响外立面效果。

4. 经验总结

此类问题设计时，应充分考虑建筑的外观效果。

25.5.2　大库内壁装工业风扇安装高度不方便运营使用

1. 概况

运用库等大库为保证运营人员检修时的通风降温需求，在靠近检修地沟的柱子上设置壁挂式工业风扇。

2. 情况说明

运用库等大库壁装工业风扇的安装高度为2.7m，现场反馈安装位置过高，不方便地沟内的检修人员使用。

3. 解决方法

调整风扇安装高度。

4. 经验总结

设计应加强与使用部门的对接，确认风扇安装高度，并且要求风扇线控器具备转向控制的功能，不用去风扇背后调整风扇转向。

25.6　低压配电与动力照明

25.6.1　消防泵房的控制柜布置问题

1. 概述

磨店车辆段消防泵房内设置的消防泵、自喷泵、稳压泵、加压泵控制柜。但由于泵房内的水阀等设备的布置位置与控制柜检修空间冲突，导致部分柜体无法开门检修，需调整布置位置。

2. 情况说明

综合楼消防泵房设备众多，控制柜数量较多，主要包含室内消火栓泵、室外消火栓泵、自喷泵、稳压泵等，而消防泵房在前期多为给水排水专业考虑，未能预留消防泵控制柜的位置，导致现场一些阀体侵占了柜子的布置空间，无法开门或者无法布置。

3. 解决方案

结合消防泵房和加压泵房的现场实际空间将控制柜分散布置，能满足开门或预留检修空间。建议后续线路在消防泵房设计时，给排水专业考虑消防泵控制柜的布置位置。

4. 经验总结

在施工设计阶段，应提前与给水排水专业配合，协调水泵房内的水泵控制柜的布置方案，避免后期设备进场后，设备之间布置冲突或者造成检修空间不够等问题。

25.6.2 车辆段 0.4kV 开关柜的无故跳闸问题

1. 概述

磨店车辆段 0.4kV 开关柜室设置了剩余电流型接地故障保护器，该保护器容易造成弱电专业 UPS 电源回路在 0.4kV 开关柜内发生误动作跳闸，最终取消了对弱电采用 UPS 电源回路的接地故障保护功能。

2. 情况说明

车辆段 0.4kV 开关柜内的信号、EPS 等回路经常无故跳闸。如运行 5～8h 后发生跳闸。经分析主要由于 0.4kV 开关柜内设置了剩余电流型接地故障保护器，而弱电系统等设备由于普遍采用了 UPS 作为电源热备，其内部频繁切换时会造成剩余电流型接地故障保护器的误动作。

3. 解决方案

考虑到弱电系统自身负荷特点，且距离变电所较近，取消其剩余电流型接地故障保护器。

4. 经验总结

建议后续线路供变电专业考虑设置接地故障保护器时，应结合系统专业的用电方式，如其采用 UPS 时，0.4kV 柜采用零序电流保护型代替剩余电流保护型，这样既能完成接地故障保护功能，也不易引起弱电回路的误动作。

第 26 章
站台门与电扶梯经验总结

26.1 出入口垂直电梯钢结构与雨棚钢结构干涉问题

1. 概况

3 号线出入口电梯初设阶段采用钢筋混凝土井道，施工图阶段根据规划要求将电梯出地面部分改为钢结构玻璃幕墙形式，部分车站出入口土建施工图均已完成。

2. 问题描述

车站出入口与无障碍电梯合设出地面，出地面墙体 400～500mm 厚，不满足出入口地面钢结构及电梯支墩的安装宽度要求。垂直电梯与出入口结构距离不够，导致出入口屋面板和垂直电梯玻璃相冲突，如图 26.1-1 所示。

图 26.1-1　出入口垂直电梯幕墙与雨棚冲突问题整改后实景图

3. 解决方案

经相关专业研究，在无障碍电梯一侧补充支墩，电梯钢结构与雨棚钢结构紧贴施工，电梯与雨棚钢结构之间的装修石材安装在雨棚钢结构范围内，电梯玻璃落在雨棚上，玻璃与雨棚搭接面由电梯厂家进行打胶收口。

4. 经验总结

对于电梯井道与出入口合建的情况，在出入口电梯出地面部分井道形式尚未确定时，在土建条件允许的情况下尽量加大电梯井道与合建出入口结构内墙距离，建议该距离不小于 800mm。

26.2 站台门端门梁调整事宜

1. 概况

3 号线站台门进场时，部分车站端门梁已施工完成，多个车站端门梁位置与安装需求位置不符，须进行整改，如图 26.2-1 所示。

图 26.2-1　站台门端门结构安装

2. 问题描述

站台门对土建提资时提出，列车尚未招标，按照经验值提站台门全长，此数值比最终站台门全长略小。在会签土建施工图时已强调应在图纸中进一步明确：站台门端门梁应待列车招标后定再施工。土建施工时提前将端门梁施工完成，导致端门土建顶梁影响站台门安装。

3. 解决方案

对全线车站进行梳理，对涉及调整区域暂未施工的，全部按照站台门深化设计后的长度进行施工交底；涉及调整区域已施工完成的，尽量利用，无法利用的需对原有的端门梁柱进行凿除，并按站台门深化设计后的长度进行施工交底。

4. 经验总结

车辆招标后第一时间提站台门总长度等深化设计要求；土建专业在施工交底时，重点强调站台门端门顶梁只预留插筋，待站台门招标完成并深化设计确定后再行施工。

第 5 篇

思考与展望

书香之路

合肥市轨道交通 3 号线工程设计创新与实践

第27章

运营效果

27.1 客流、客运组织及效果

合肥轨道交通3号线于2019年12月26日正式开通初期运营。自开通以来，极大改善了市民出行条件，客流稳步上升，被亲切称为"开往幸福坝的地铁"，3号线南延线站名公布之后，有市民向政府部门反馈，希望保留"开往幸福坝站列车即将进站"的广播语。3号线虽然开通时间不长，但市民对本线已产生了深厚感情。

3号线开通运营后，幸福坝（方兴大道）开往相城路方向首班车从幸福坝站（方兴大道站）、安医大二附院站（芙蓉路站）、洪岗站（望江西路站）同时发出；相城路开往幸福坝（方兴大道）方向首班车从合肥火车站、勤劳村站（天水路站）、相城路站同时发出，两端站列车从幸福坝站（方兴大道站）与相城路发出末班车，周一至周四的首、末班车时间为06:00和23:23，周五至周日的首、末班车时间为06:00和23:33。

2023年12月31日，合肥轨道交通线网单日客运量达到253.22万人次，大幅刷新历史记录，其中3号线单日客运量为57.31万人次，为历史客流第一。2024年3月，合肥轨道交通线网完成旅客运输任务4762.73万人次，月度日均客运量达153.64万人次，首次突破150万人次大关，创历史新高，同比增长34.56%，环比增长28.40%。2024年4月3日单日客运量达196.09万人次，其中3号线单日客运量50.77万人次，为历史客流第二。

27.2 客流数据、运行交路及配线使用效果

27.2.1 客流预测

1.客流预测结果

设计阶段在核实研究范围内常住人口与岗位及各特征年各车站直接影响范围内人口与岗位数量的基础上，进一步加强分析各车站直接影响范围内人口、岗位数量与各车站全日及高峰时段上下客流量之间关系的合理性，得到初近远期各项指标，具体的预测结果如

表 27.2-1 所示。

初、近、远期轨道交通 3 号线承担客运量汇总表　　　　表 27.2-1

指标	单位	2022 年	2029 年	2044 年
公交出行总量	万人次/d	468.2	687.9	923.1
公交客运总量	万人次/d	613.3	949.3	1338.5
城市轨道出行量	万人次/d	138.7	272.5	380.5
城市轨道出行量占公交比例	%	32.1	42.9	43.8
轨道线网换乘系数		1.42	1.47	1.54
城市轨道客运量	万人次/d	197	407.4	586
轨道线网长度	km	166	337.3	337.3
3 号线线路长度	km	37.2	37.2	37.2
3 号线线路客流量	万人次/d	37.24	60.73	79.38
3 号线占轨道客流比	%	18.90%	14.91%	13.55%

远期轨道线网总客运量约 586 万人次/日，其中轨道交通 3 号线线路长度占全网的 11.1% 左右，客流量占全网的 13.55% 左右。3 号线为一条东北-西南走向的 L 形线路，覆盖主要客流走廊，快速联系职教园、合肥站地区、老城区、政务区、经济技术开发区和高校园区，支持城市向西北和东南方向发展。既承担这些组团的交换客流，也承担着合肥站的集散客流，符合 3 号线途经客流走廊出行的客流特征。

2. 主要客流指标

3 号线远期日客流量达到 79.38 万人次，高峰小时最大断面流量 3.58 万人，平均乘距 8.20km。3 号线总体客流指标见表 27.2-2。

轨道交通 3 号线主要客流指标表　　　　表 27.2-2

指标	初期	近期	远期
线路长度（km）	37.2	37.2	37.2
客运量（万人次/d）	37.24	60.73	79.38
周转量（万人 km/d）	307.25	499.29	651.14
平均乘距（km）	8.25	8.22	8.20
负荷强度［万人次/(km·d)］	1.00	1.63	2.13
最大单向断面流量（万人次/h）	1.83	2.79	3.58

3 号线全日总客运量从初期的 37.24 万人次/日增长到近期的 60.73 万人次/日，日客流量增长速度为 7.2%；远期全日客流量达到 79.38 万人/日，近、远期日客流量年增长率为 1.8%。

3. 各年度客流断面

3 号线客流断面呈鱼骨形分布，中间大两头小，最大断面位于高河东路～望江西路区间。各年度全日及早晚高峰客流断面见图 27.2-1～图 27.2-3。

4. 平均乘距

3 号线主要承担职教园、合肥站地区、老城区、政务区、经济技术开发区和高校园区的交通需求，乘客出行距离相对适中，初近远期出行距离分别为 8.25km、8.22km 和 8.20km。

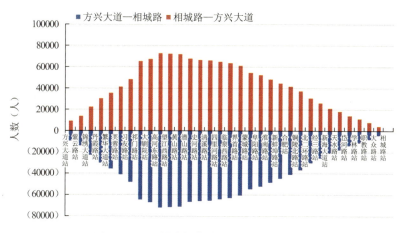

图 27.2-1 3 号线初期全日客流断面示意图

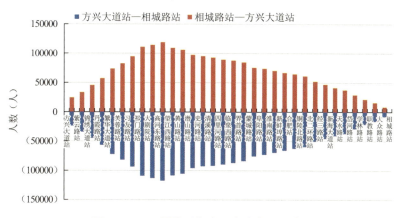

图 27.2-2 3 号线近期全日客流断面示意图

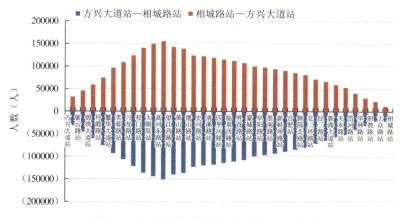

图 27.2-3 3 号线远期全日客流断面示意图

27.2.2 运营组织设计方案

1. 列车编组

合肥 3 号线采用地铁 B 型车，列车编组为四动两拖 6 辆编组。

2. 列车运行交路

合肥 3 号线各设计年限的列车运行交路如图 27.2-4 所示。

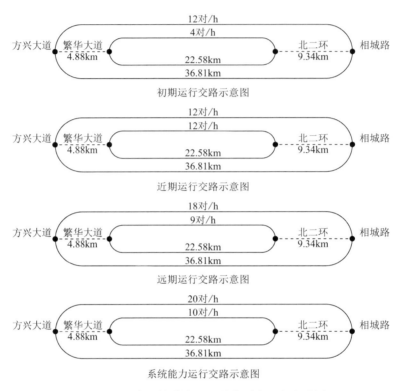

图 27.2-4 合肥轨道交通 3 号线列车运行交路图

3. 系统设计输送能力

本线系统设计输送能力如表 27.2-3 所示。

系统设计输送能力表　　表 27.2-3

项目		时期			系统
		初期 2022 年	近期 2029 年	远期 2044 年	
运营线范围及里程（km）		方兴大道—相城路 36.81km	方兴大道—相城路 36.81km	方兴大道—相城路 36.81km	方兴大道—相城路 36.81km
早高峰小时客流断面（人/h）		18324	27908	35812	35812
列车编组（辆）与定员（人）		6B-1460	6B-1460	6B-1460	6B-1460
运行交路	大交路（km）	方兴大道—相城路 36.81km	方兴大道—相城路 36.81km	方兴大道—相城路 36.81km	方兴大道—相城路 36.81km
	小交路（km）	繁华大道—北二环 22.58km	繁华大道—北二环 22.58km	繁华大道—北二环 22.58km	繁华大道—北二环 22.58km

续表

项目		时期			系统
		初期	近期	远期	
		2022年	2029年	2044年	
高峰小时开行列车对数	大交路（对/h）	12 / 16	12 / 24	18 / 27	20 / 30
	小交路（对/h）	4	12	9	10
最小行车间隔（min）		3.8	2.5	2.2	2.0
系统设计最大运能（万人/h）		2.34	3.50	3.94	4.38
运能裕量/储备（%）		21.6	20.4	9.2	18.2
车厢内最大拥挤度（人/m²）		4.4	4.5	5.3	4.7
旅行速度	大交路	33	35	35	35
	小交路	33	35	35	35
运用车	大交路	29 / 37	29 / 48	40 / 54	44 / 59
	小交路	8	19	14	15
检备用车（列）		8	9	12	11
配属车（列）		45	57	66	70
每正线公里配车		1.2列/km	1.5列/km	1.8列/km	1.9列/km

4. 车站配线

3号线配线设置情况如下：

1）折返线

本线折返站有相城路站、北二环路站、繁华大道站和方兴大道站。相城路站、方兴大道站为本线起、终点站，设站后双折返线，并分别衔接磨店车辆基地和翡翠湖停车场出入段（场）线；北二环路站、繁华大道站为中间折返站，设站后双折返线。

2）停车线

结合工程条件，为满足故障车和临时列车停放，蒙城路站、望江西路站设停车线，可组织临时运营交路。

3）渡线

为增加运营组织灵活性，同时满足列车临时折返和夜间工程车折返，结合工程条件和停车线、联络线的设置，在相城路站、岱河路站、新蚌埠路站、四里河路站、潜山路站、祁门路站、方兴大道站等7车站设单渡线。

4）出入段（场）线

相城路站、方兴大道站分别设置衔接磨店车辆段和翡翠湖停车场的出入段（场）线。

5）联络线

为了更好地实现资源共享，根据 3 号线与线网衔接情况、线网车辆检修设备配置情况并结合工程条件，在潜山站设置与一条 2 号线的联络线，在祁门路站设置一条与 4 号线的联络线。车站配线示意图见图 27.2-5。

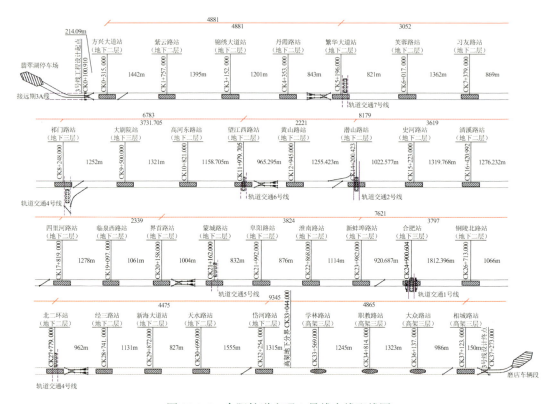

图 27.2-5　合肥轨道交通 3 号线全线配线图

5. 旅行速度

最大速度全线单程旅行时间约为 54.9min，旅行速度约为 40.2km/h；正常速度全线单程旅行时间约为 56.5min，旅行速度约为 39km/h。

配属车计算中的旅行速度初期按 33km/h、近远期按 35km/h 考虑。

6. 全日行车计划

列车运营时间为早 5:00 至晚 23:00，全日运营 18h，其余时间用于线路和设备维修。

27.2.3　现状运营客流对比分析

1. 现状运营客流概况

1）全日客流量分析

自 2019 年 12 月 26 开通后，截止至 2023 年 5 月，3 号线日均客运量约 27.5 万人次/日。3 号线客流增长情况如图 27.2-6 所示。

| 第 27 章 | 运营效果

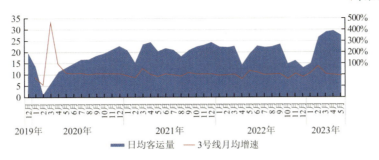

图 27.2-6　轨道交通 3 号线开通后客流增长情况

2）车站上下客量分析

3 号线上下客量最大的车站分别为合肥火车站（合肥站）、西七里塘站（潜山路站）、图书馆站（祁门路站）、海棠站（蒙城路站）等。图 27.2-7 为 2023 年 5 月 3 号线各车站上下车客流量。

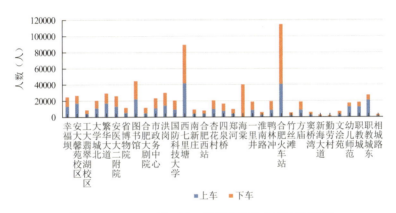

图 27.2-7　2023 年 5 月 3 号线各车站上下车客流量

3）客流断面分析

（1）全日客流断面

3 号线全日客流断面呈现出中间大、两端小的标准纺锤体形状，与线路的功能定位相符。幸福坝站（方兴大道站）—相城路站方向，单向最高断面出现在国防科技大学站（黄山路站）—西七里塘站（潜山路站）之间，单向最高断面达 7.23 万人次/日；相城路站—幸福坝站（方兴大道站）方向，单向最高断面出现在西七里塘站（潜山路站）—国防科技大学站（黄山路站）之间，断面量约 7.07 万人次/日。图 27.2-8 为 2023 年 5 月 3 号线全日客流断面情况。

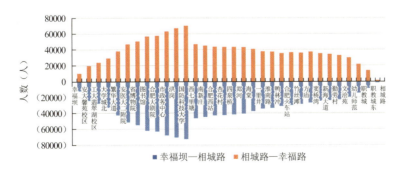

图 27.2-8　2023 年 5 月轨道交通 3 号线全日客流断面

(2)早高峰客流断面

早晚高峰时段，3号线有明显高峰不均衡性，换乘站周边区间断面出现明显波动变化。早高峰出现在8:00—9:00，早高峰断面系数约16.4%，最大断面出现在相城路站—幸福坝站（方兴大道站）方向南新庄站（史河路站）—西七里塘站（潜山路站）之间，早高峰最大客流断面量约1.18万人次/h，断面不均衡系数约1.74。图27.2-9为2023年5月3号线早高峰客流断面情况。

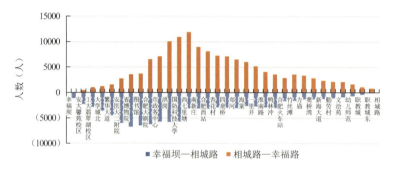

图27.2-9　2023年5月轨道交通3号线早高峰客流断面

(3)晚高峰客流断面

晚高峰出现在18:00—19:00，晚高峰断面系数约17.3%，最大断面出现在幸福坝站（方兴大道站）—相城路站方向国防科技大学站（黄山路站）—西七里塘站（潜山路站）之间，晚高峰最大客流断面量约1.25万人次/h，断面不均衡系数约1.62。图27.2-10为2023年5月3号线晚高峰客流断面情况。

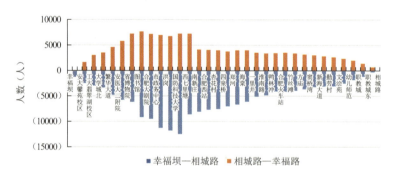

图27.2-10　2023年5月轨道交通3号线晚高峰客流断面

2.现状运营客流与设计客流对比

对比现状运营客流与设计客流，剔除疫情影响后，全日客运量、负荷强度、平均运距等指标的预测值与实际运营值相差不大，3号线运营客流与预测客流对比见表27.2-4。

3号线运营客流与预测客流比较分析表　　　　　　　　　　表27.2-4

指标	2022年预测	2023年5月运营	误差
长度（km）	37.28	37.20	持平
全日客运量（万人次）	37.24	27.50	−26%

续表

指标	2022年预测	2023年5月运营	误差
负荷强度（万人次/km·d）	1	0.74	−26%
高峰断面系数	25%	17%	−31%
全日断面（万人次/d）	7.2966	7.23	−1%
高峰断面（万人次/min）	1.8324	1.25	−32%
全日最大断面位置	望江西路站～高河东路站	国防科技大学～西七里塘	—
平均运距（km）	8.25	10.15	23%
运距占线路比例	22.13%	27.30%	23%

注：2022年为3号线工可预测初期年度。2022年受疫情影响，采用2023年5月数据进行对比。

3号线运营客流与预测客流差异产生原因分析：全日断面的预测值与实际运营值的误差约−1%，准确度较高；全日客运量、负荷强度、断面早高峰系数、高峰断面等指标的预测值比实际运营值偏高，一方面因为预测总体偏乐观，另一方面由于疫情影响，客流的培育成长期还不够，客流需求没有充分增长；平均运距的预测值比实际运营值偏低，可能原因是对出行OD分布预测存在偏差。

27.2.4 现状运营组织分析

3号线开通运营后，幸福坝（方兴大道）开往相城路方向首班车从幸福坝站（方兴大道站）、安医大二附院站（芙蓉路站）、洪岗站（望江西路站）同时发出；相城路开往幸福坝（方兴大道）方向首班车从合肥火车站、勤劳村站（天水路站）、相城路站同时发出，两端站列车从幸福坝站（方兴大道站）与相城路发出末班车，周一至周四的首、末班车时间为06:00和23:23，周五至周日的首、末班车时间为06:00和23:33。经与运营分公司回访，主要情况如下：

1. 既有正线的行车运营情况

1）3号线目前处于初期阶段，线路设计交路采用大小交路运行，目前实际采用幸福坝～相城路一个大交路运营，可满足实际运营需求。

2）线路实际运营最大满载率56%，最小行车间隔为3min53s，停站30~45s、旅行速度31.53km/h，9号道岔侧向通过速度为33km/h，折返时间为4min，与设计值基本吻合，可满足实际运营要求。

3）在实际运营中，高架线路大坡度地段雨雪冰冻天气列车运行目前没有出现严重空转打滑等问题。

4）在实际运营中，半径450m以下曲线养护维修量较小，噪声振动情况处于可控状态，沿线没有出现居民乘客投诉问题。

2. 既有线路的配线运营情况

1）在设计中，站前交叉渡线具备单边折返和双边交替折返功能，实际运营中仅采用单边折返，可满足实际运营要求，交叉渡线灵活性尚未体现。

2）设有站前及站后折返条件的终点站，站前单渡线使用频次较低，基本不用，可满足实际运营要求。

3）正线停车线基本不采用夜间停车，故障车有动力时使用停车线，无动力时推往车辆段进行维修。

第28章

沿线站点交通接驳及TOD开发

28.1 沿线站点交通接驳

轨道交通与其他交通方式衔接的目标是增加整个客运系统的功能和提高效率。首先应将交通衔接融入区域交通环境中。随着轨道交通的运营，以车站交通衔接为契机带动周边交通的完善，从完善区域道路网、公交系统和交通出行环境等角度出发，确定综合交通网络中的各具体衔接点。

由于各城市的交通出行结构、交通政策、交通发展目标等均不尽相同，交通衔接作为城市交通系统的一部分，也会根据具体情况制定不同的发展原则。例如，一个机动化水平较高的城市，交通衔接应强化建立停车换乘体系吸引小汽车使用者；而对于一个环境较舒适、自行车使用水平较高的城市，应重点考虑引导自行车向轨道交通换乘。无论交通衔接规划的原则如何变化，有一点是固定的，那就是交通衔接应体现城市的具体特点，切实地贯彻城市总体规划和综合交通规划的思想。

在城市外围区域当公交线网不发达的情况下，可以通过增加区域公交服务或自行车停车设施的设置和提高管理水平方便乘客换乘；而在中心城区，则应优先优化公交线路和站点鼓励常规公交换乘。同时，交通衔接应着眼于全线全网的衔接设施配置。以"P+R"小汽车停车场为例，通过对全网"P+R"小汽车停车场分布、对外交通走廊分布等的分析，选取合适的"P+R"小汽车停车场位置和规模拦截小汽车交通流。

3号线西起幸福坝站（方兴大道站），东至相城路站，全线覆盖了肥西县、经开区、政务区、蜀山区、庐阳区、瑶海区、新站区等重点区域的客流走廊，并串联起合肥火车站和规划中的合肥西站2大交通枢纽，为合肥市客运分流提供了有力保障。

1. 公交衔接

线路开通后，市公交集团实时完善了公交衔接，并调整部分重合公交线路，补充部分公交线路，进一步加强公交与地铁3号线的衔接。3号线部分站点公交衔接情况如表28.1-1所示。

3号线各站点公交衔接指南（节选） 表28.1-1

地铁站点	公交站点	公交线路	地铁站点	公交站点	公交线路
相城站 （相城路站）	—	—	合肥西站	望塘 （潜山路西侧）	16, 105, 116, 124, 232
职教城东站 （大众路站）	梦溪小城 （烈山路西侧）	301, 303, 304, 681		望塘 （清溪路南侧）	16, 114, 116, 232, 512

续表

地铁站点	公交站点	公交线路	地铁站点	公交站点	公交线路
职教城东站（大众路站）	职教城东（大众路西）	501	合肥西站	方大郢（潜山路东例）	16，105，116，124，232
	职教城东（淮海大道北）	501	南新庄站	南新庄（史河路北侧）	24
职教城站	柏仓房（相山路东侧）	304，501，681		南新庄（史河路南侧）	24，48
幼儿师范站	文忠苑（文忠路西侧）	302，京东方专线		南新庄（潜山路西侧）	48，105，124，232
	幼儿师范（文忠路西侧）	301，302，303，304，K301，K304		南新庄（潜山路东侧）	105，124，232
	幼儿师范（文忠路东侧）	302		七里塘（潜山路东侧）	48，105，124，232
文浍苑站	盘塘（文忠路西侧）	301，302，303，304，京东方专线	西七里塘	省电气学校（长江西路南）	51，119，128，232，300，518，652，653，T208
	盘塘（文忠路东侧）	301，302，303，304		三十四中（长江西路南）	22，51，76，113，708，B3，T18
勤劳村站	东站社区（文忠路西侧）	301，302，303，304		三十四中（长江西北）	8，22，48，51，76，108，232，708，B3路
	文天路口（文忠路西侧）	301，302，303，304		三十四中（潜山路东）	48，105，124，232
	文天路口（文忠路东侧）	301，302，303，304		三十四中（潜山路西）	105，108，113，119，124，518
竹丝滩站	生态公园（铜陵路东侧）	127，163，507，706	合肥大剧院	天鹅湖畔小区（东流路-北）	13，20，32，41，103，156，162，166，20，32，103，156，162，166
	生态公园东（芦岭路东侧）	12，304		天鹅湖畔小区（东流路-南）	
一里井站	一里井（临泉路北侧）	133，134，233，704	繁华大道	繁翡路口（翡翠路东）	20，32，52，149，604，605
	一里井（临泉路南侧）	133，134，233，532		繁翡路口（翡翠路西/路口南）	150，602，604，621，691
	一里井（临泉路西侧）	4，5，7，46，110，11，704，B9		繁翡口（翡翠路西/路口北）	32
	一里井（临泉路东侧）	4，5，7，46，110，B9		繁翡路口（繁华大道南）	52，80，150，226，602，621，T7

同时，为加强公交线路与3号线有效接驳，在前期充分调研的基础上，市公交集团新开501路、544路等公交线路，为3号线职教城、临泉路等区域众多小区居民就近乘车出行提供方便。图28.1-1显示了公交501路、544路走向示意图。

图 28.1-1　3号线沿线新增公交衔接

2. 小汽车衔接

小汽车衔接的"P+R"停车场车位占地规模较大,在空间布局上受土地供给条件制约最大,用地的供给能力是"P+R"停车场设置原则所要考虑的关键因素。通过对合肥市主要交通干道车流量的分析,对外交通廊道分布的理解,合肥市规划部门拟定了全网"P+R"小汽车停车场分布,结合场地条件、建设条件等有序开展"P+R"停车场的建设。

3号线工程在幸福坝站(方兴大道站)、方庙站(北二环站)、职教城东站(大众路站)设"P+R"停车场与轨道交通接驳。合肥市P+R停车场布局如图28.1-2所示。

图 28.1-2 合肥市 P+R 停车场布局示意图(过程稿)

3. 非机动车衔接

非机动车是市民出行"最后一公里"的最佳解决方案,尤其是共享单车的迅速发展,极大地扩展了地铁客流的吸引范围。科学合理确定站点非机动车停车场服务范围,加强自行车、电动自行车等非机动车接驳,能进一步完善站点服务功能。3号线每个车站根据周边用地情况适当布置自行车停车场地。站点非机动车停车场布局如图28.1-3所示

随着共享单车的投运及快速发展,部分站点的非机动车停车场布局显得局促,同时共享单车的无序停放也影响乘客进出站。2022年,设计单位协同运营部门针对非机动车停车规模不够、乱停乱放等情况进行梳理,并结合场地条件联合辖区政府对地铁站点周边非机动车停车接驳进行提升改造,整治了市容,同时扩大和规范了非机动车停车,进一步加强了客流疏导。

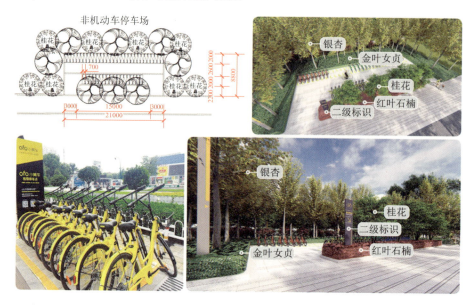

图 28.1-3　站点非机动车停车场布局示意图

以鸭林冲站（新蚌埠路站）为例。鸭林冲站（新蚌埠路站）位于线路的拐点。站点所在的新蚌埠路为城市南北向至主城区的城市干道，大量的客流通过自行车、电动车接驳至地铁鸭林冲站（新蚌埠路站）乘坐地铁网络，造成非机动车停放外溢出各出入口处的非机动车停车场，并占据人行道和出入口前集散广场，极大地影响市民乘降，并影响市容，给公共交通导流带来安全隐患。图 28.1-4 为鸭林冲站（新蚌埠路站）区位及出入口非机动车接驳提升改造前停车现状。

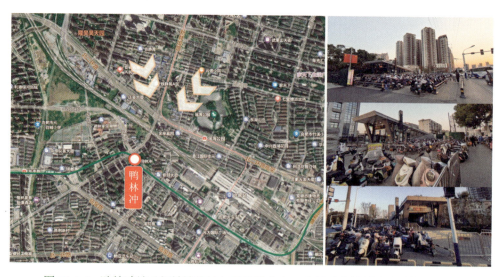

图 28.1-4　鸭林冲站（新蚌埠路站）区位及出入口非机动车接驳改造前停车现状

通过现场梳理，移植部分绿化树种并硬化地面，增补私人自行车/电动自行车的停车场地，同时通过在人行道边增补划线共享单车停车场，协调运营部门与城管部门联合，加强现场管理，保证非机动车的有序停放，强化了非机动车接驳需求。图 28.1-5 为鸭林冲站（新蚌埠路站）区位及出入口非机动车接驳提升改造效果。

图 28.1-5　鸭林冲站（新蚌埠路站）非机动车接驳提升改造

28.2　沿线 TOD 开发和站城一体化

TOD（Transit Oriented Development）模式，即以公共交通为导向的城市发展模式。公共交通主要是地铁、轻轨等轨道交通及巴士干线，然后以公交交通站点为中心、以 500～800m（5～10min 步行路程）为半径建立中心广场或城市中心，形成集工作、商业、文化、教育、居住等于一身的城市社区。

轨道交通是向多中心空间结构演变的必要条件。快速、便捷的交通方式，对于构建一个网络化完整的城市空间系统具有重要意义，也是促成多中心的大都市区空间结构成形的重要支撑条件。只有当大都市区多中心的空间布局和交通组织结构相合时，才能提高各级公共中心的时空可达性和城市的整体运行效率，从而达成城市空间利用最优化、城市效能最大化。

都市区经济的发展基本历经三个阶段，第一阶段以制造业为中心，第二阶段是在第一阶段的基础上发展多元化的服务业经济，第三阶段则是以服务业尤其是高端服务业为中心，以及多元化的制造业经济。而城市轨道交通的导入，对于促进产业结构的高级化发展具有重要意义。人流、物流、资金流、信息流等关键要素的流动，促进了新的生产方式和组织模式，促使各种资源在沿线地区的高效合理配置。而知识型经济、现代服务业创意休闲、都市型工业是轨道交通引导的重要产业方向，对于提升城市国际化水平和综合影响力具有重要作用。

充分利用轨道交通的网络性、可达性，在轨道站点周围开发商业办公等功能用地，并注重环境品质打造，以绿地、公园等用地提升区域吸引力。站点影响区域高密度住宅建设，在方便居民生活需求的同时，有力地支持新城的高密度开发，促进站点区用地功能的充分发挥。同时结合站点政府机关、学校、银行、企业、事务所、文化娱乐、商场等设施的集中建设,给居民提供多样化、稳定的就业机会,实现了居住和工作的相对平衡。同时充分利用轨道交通建设形成的拆迁用地、弃土用地,坚持以公共交通为导向的开发(TOD)模式和站城一体化设计理念,实现城市用地与轨道交通线路的有机结合,轨道交通引导城市开发,沿线用地开发为轨道交通培育稳定客流,形成客流反哺,进一步促进城市发展。

为预留轨道交通建设用地,并落实到城市用地规划与控制管理体系,3号线编制了沿线用地控规,一方面可有效地确保轨道交通线路的可实施性,另一方面充分利用轨道交通建设的引领作用,结合地铁建设对沿线的土地规划进行调整。在3号线建设过程中,部分站点待开发地块调整了用地性质和开发强度,并与3号线建设衔接,充分利用地铁带来的客流形成新商圈的同时,也利用商圈的凝聚效应增强了地铁客流。3号线沿线用地规划如图28.2-1所示。

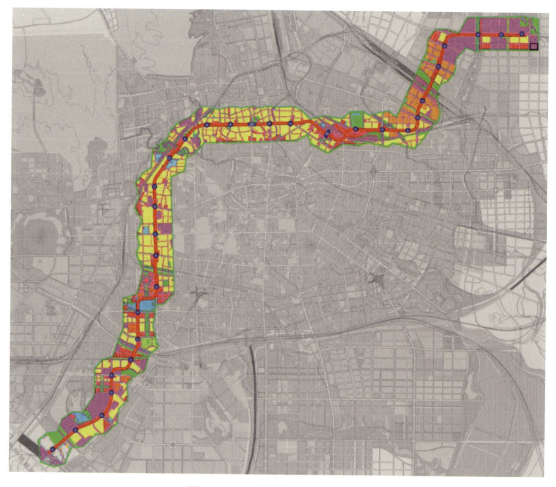

图28.2-1　3号线沿线用地规划图

1. 杏花村站(四里河路站)

杏花村站(四里河路站)位于临泉西路与四里河路交口,在道路交口的四个象限设置了 4 个出入口。西北象限为省农科院，西南象限为红星美凯龙，东北、东南象限为规划商住用地。

随着 3 号线的建设，东南象限的地块同步开发万科城市之光项目。项目总建筑面积约 55 万方，业态涵盖高层、洋房、别墅、主题商业和地标性商务办公，为低密度、高端城市级综合体楼盘，并通过地铁 2 号出入口连接万科美好荟城市综合体的地下室，引领都市全新的生活方式。杏花村站（四里河路站）和万科城市之光城市综合体布局如图 28.2-2 所示。

图 28.2-2　杏花村站（四里河路站）和万科城市之光城市综合体

2. 四泉桥站（临泉西路站）

四泉桥站（临泉西路站）位于临泉西路与桃花路交口，在道路交口的四个象限设置了 4 个出入口。东南象限为畅园小区，西南象限为在建广达商务中心，东北、西北象限为规划商住用地。

随着 3 号线的建设，东北、西北象限的地块同步开发朗峰大厦和华润万象汇项目。

朗峰大厦项目：总占地面积约 15 万 m^2，规划总建筑的面积约 7 万 m^2，其中地上的商业建筑面积约为 19 万 m^2，打造特色垂直商业综合体，并通过地铁 4 号出入口连接商业综合体，无缝衔接轨道。

华润万象汇：项目占地 433 亩，总建设面积 70 万 m^2。强调住宅品质，融合古典与现代建筑元素，布局错落有致，层次多变，是集 livingmall、商业风情街及高档住宅为一体的都市综合体，是安徽最具示范效应的复合型社区。华润万象汇项目建筑面积约 11 万 m^2，规划建成地下 2 层，地上 4 层。以"潮流 时尚 活力 健康"的定位精准入市，锁定潮流青年、时髦辣妈、运动达人、亲子家庭为主力客群，融入"运动＋自然＋艺术"的体验元素，打破固有的业态空间概念，打造美食、女性、运动、儿童等六大主题空间。并通过地铁1号出入口连接华润万象汇城市综合体的地下室，引领都市全新的生活方式。四泉桥站（临泉西路站）和华润万象汇城市综合体布局如图28.2-3所示。

图28.2-3　四泉桥站（临泉西路站）和华润万象汇城市综合体

3. 海棠站（蒙城路站）

海棠站（蒙城路站）位于临泉西路与蒙城路交口，在道路交口的四个象限设置了7个出入口。东北象限为香樟小区，东南象限为公交四公司生活小区，西南象限为和熙园小区，西北象限为规划商业用地。

随着3号线的建设，西北象限地块同步开发宜家项目。项目商场面积超1.8万 m^2，提供近9000种家具及家居用品，同时为顾客提供瑞典特色美食，场内还设有斯马兰儿童乐园。宜家合肥商场聚焦"高性价比的家居解决方案""储物与收纳""与孩子一同生活""可持续发展"四大特色，打造了45个颇具创意且主题鲜明的家居展间，真实还原家庭场景的同时，创意呈现针对性的家居解决方案。海棠站（蒙城路站）和宜家家居综合体布局如图28.2-4所示。

4. 职教城东站（大众路站）—相城路站

职教城东站（大众路站）、相城路站位于职教城区，沿淮海大道高架敷设，在道路两侧设置了天桥出入口。

3号线建设时，周边现状为村庄及农田。随着3号线的建设，周边规划进行调整，先后建成磨店家园、正荣悦都荟、保利罗兰家园、美科公馆、禹州嘉誉尚里等居住小区，形成了围绕3号线的大型居住社区。职教城东站（大众路站）、相城路站及周边新建小区布局如图28.2-5所示。

图 28.2-4　海棠站（蒙城路站）和宜家家居综合体

图 28.2-5　职教城东站（大众路站）、相城站（相城路站）及周边新建小区

　　TOD 模式提供了城市规划和发展的新思路，通过实施 TOD 综合开发，构建起以轨道交通为链条的多中心城市发展新格局，以站聚人，以人促城，以城兴产。TOD 项目依托轨道交通站点人流聚集效应，围绕站点打造商业、办公、居住、休闲、娱乐等功能复合型空间，通过植入新经济业态，营造新消费场景，提升城市生活品质和消费能级，同时高品质空间将吸引更多元、多层次的产业和人才等资源融入城市发展之中，形成良性循环。

　　从逐步创建 TOD 单体开发 1.0 到站城一体化 2.0 模式，将作为交通节点的车站公共空间的建设与站点周边城市空间的建设作为整体思考，通过车站空间与城市空间的融合，构建全新的城市空间形象。

3号线在站城一体化实践中完成了一次尝试。图书馆站位于祁门路与翡翠路交口,东北象限为待建图书馆、东南象限为规划的出版集团附属楼。图书馆站的风亭及冷却塔与图书馆下沉广场、出版集团附属楼结合设计,减少对城市景观的影响;更重要的是车站公共大厅与图书馆地下空间无缝连接,打造了一处优质开放的城市公共空间。图 28.2-6 为图书馆站与中心图书馆、出版集团融合设计布局及效果图。

后续设计中,应进一步贯彻站城一体化的设计理念,充分利用下沉广场、接驳通道等灰色空间完成车站公共区与相邻商业综合体的无缝开放空间,同时车站附属出入口、风亭与周边新建建筑应接尽接,实现地铁客流四通八达的地下互通网络脉搏,打造立体化的城市开放空间。

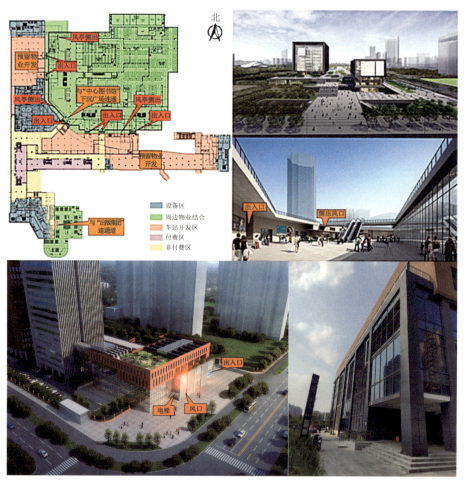

图 28.2-6　图书馆站与中心图书馆、出版集团融合设计

第29章

启示与展望

29.1 注重节能环保，践行绿色城轨行动方案

29.1.1 行稳致远，合肥轨道绿色发展概况

以习近平新时代中国特色社会主义思想和生态文明建设理念为指导，为贯彻落实国家有关碳达峰碳中和工作的指导意见和省、市的相关实施意见，合肥轨道积极落实国家、省市关于"双碳"目标的部署，坚定不移贯彻创新、协调、绿色、开放、共享的新发展理念，以推动高质量与创新发展为主题，围绕长三角一体化发展战略，聚焦"宜居、韧性、智慧"的城市定位，聚力提升乘客获得感和体验感，并结合中国城市轨道交通协会（以下简称：中城协）的《绿色城轨发展行动方案》和《智慧城轨发展纲要》相关要求，积极开展绿色城轨的探索和实践。

城市轨道交通能源消耗主要以电能为主，分为牵引电耗和动力照明电耗。据统计，地铁线路中牵引电耗一般占总电耗的40%~60%；动力照明电耗主要由通风空调系统、电扶梯系统、照明系统、给水排水系统、弱电系统、站台门系统等机电设备用电构成，其中通风空调系统的电耗占比较高，可达60%以上。2022年，全国城轨交通总电耗约227.92亿kW·h，其中，牵引能耗约113.15亿kW·h，占总电耗的比为49.65%。合肥轨道交通2022年全年耗电4.4亿kW·h，约占合肥市工业用电量的1.8%，属于城市用能大户。线网车公里牵引电耗1.77kW·h，低于全国平均值，较2019年下降4.5%。光伏发电装机容量2.41MW，年发电量242万kW·h，年均降碳约2023t。

城市轨道交通作为城市用能大户，实现绿色低碳发展是践行国家"双碳"目标、落实行业高质量发展的必经之路。以规划为引领，以标准化设计控制建设规模，以融合发展提高旅客出行占比，以绿色建造促进低碳建设，以多种节能技术手段提高能源利用率，多措并举优化能源结构，合肥轨道积极对标中城协提出的2025年、2030年、2060年分阶段目标，在节能降碳、出行提升、绿色能源、绿色建造等方向开展工作，努力实现绿色低碳高质量发展。

29.1.2 使命担当，合肥轨道绿色行动启示

1）标准设计，控制建设规模

合肥轨道通过对已开通线路的技术总结，在三期建设线路中积极推广标准化设计，并

在后续线路中继续深化设备及管理用房的整合设置，优化功能布局，从而有效地控制建设规模，节省工程投资，从设计源头上实现节能降碳。

2）绿智融合，赋能绿色转型

合肥轨道将新兴信息技术与城轨交通深度融合，积极应用信息科技行业新成果，秉承智慧赋能、绿智融合的核心思想，将"行动方案"与"发展纲要"相结合，结伴施行，相互促进，后续深入研究引进新型节能技术、智慧化手段和智能化装备融合应用技术，建设以智慧城轨为依托，以节能降碳、绿色出行为目标的合肥轨道。

3）运控节能，降低牵引能耗

根据1号线实际运营情况，通过优化列车运行图，降低牵引变电所总能耗，提高列车再生制动能量的利用率，经测算每年可节约牵引能耗约10%。该经验可在其余线路中扩大推广。

4）高效空调，降低车站能耗

合肥轨道采用高效空调系统，降低车站能耗。设备采用磁悬浮冷水机组，可实现单台设备平均节能约7%；应用节能控制系统，解决了风系统和水系统耦合控制难题，经估算空调系统节能率达27%。随着新型节能技术的发展，后续线路将进一步提升空调系统能效。

5）能源监管，实现线网管理

合肥线网级能源管理系统依托于云平台，初期接入9条线路，远期规划接入25条线路，融合城市轨道交通"能源流＋数据流＋业务流"，运用多元数据交互、数据挖掘、客流-能耗耦合分析等智能技术，构建灵活互动、数据共享和服务增值的智慧能源系统，为绿色城轨建设提供有力支撑。

6）光伏应用，优化能源结构

合肥轨道积极开展无闲置屋顶行动，编制并实施了太阳能光伏项目专项规划；按照"可装尽装，可用尽用"原则开展建设；同时推广光伏发电与建筑一体化同步设计。1号线珠江路车辆段已于2021年建成2.41MW光伏发电系统，该项目利用屋面约3.5万m^2铺设光伏板，年均发电量约为242万kW·h，降碳约2023t；在建工程中，高架站、停车场、车辆段、线网控制中心均设置了光伏发电系统，装机容量约6.5MW，年均发电量约652.2万kW·h，降碳约5442.6t。

7）绿色建造，低碳环保运行

在建线网控制及应急救援指挥中心，按照三星级绿色建筑标准设计，运用先进的绿色理念，构建垂直城市绿色生态系统，实现大楼低碳运行。办公区域采用市政区域能源站供冷供热，降低大楼供配电的装机容量，减少碳排放。

为提高轨道沿线声环境质量，在设计和建设过程中，在轨道交通高架线路安装多种形式声屏障，并在相应路段设置减振道床，采取综合减振降噪措施，将运营对沿线环境敏感目标的影响降到最小。

围绕绿色建造，合肥轨道新建线路将多措并举，深入实现低碳环保运行。

29.1.3 继往开来，合肥轨道绿色转型展望

根据合肥轨道最新线网规划修编成果，规划至2035年，将建成"环+放射"型线网结构，形成快线、普线、低运量多层次网络。为进一步加快合肥轨道绿色转型升级，如期实现"双碳"目标，对标《绿色城轨发展行动方案》要求，建议下阶段开展如下工作：

1）规划引领，开展合肥绿色城轨实施方案及绿色评价标准体系研究，规划绿色城轨发展蓝图，做好顶层设计。

2）全面推广成熟节能技术，扩大光伏应用，积极探索建设"光-储-直-柔"系统，研究光伏发电与城轨供电网相结合的稳定供电系统方案，推广节能运营模式。

3）进一步推进四网融合，站城融合，城轨站点与城市客运枢纽一体化，方便乘客出行，提高乘客城轨出行占比。

4）进一步优化能源结构，探索绿电增供源头，扩大绿色电力比重。

5）探索列车灵活编组、牵引能耗控制技术、高效空调、直流照明系统等绿色装备的示范应用，提升能源利用率，减少运营期间碳排放。

6）积极探索装配式建造技术在新建线路的试点应用，推动建造体系绿色转型，减少建设过程碳排放。

29.2 推进数字化转型，建立智慧城轨规划体系

现阶段合肥城市轨道交通在数字化、智慧化方面的探索多以项目试点方式开展，多项成熟的技术未得到大面积推广，智能化应用程度较低。同时，尚未制定城轨数字化顶层设计规划，总体上处于起步阶段。

城市轨道交通作为城市基础设施的重要组成部分，应当率先实现智慧化，进一步与新一代信息技术深度融合，加快推进城市轨道交通高水平、高质量、高标准建设，为构建轨道交通体系提供重要保障。

抓住新一轮智慧城市、交通强国、智慧地铁建设的契机，进一步强化数据驱动、集成创新、合作共赢等数字化转型理念，推进轨道数字化转型，推动企业管理创新和效率提升；立足当前、考虑长远，准确把握城市轨道交通建设及应用向数字化转型的趋势，继续大力开展信息系统建设，加快推动城轨云平台和大数据平台建设，尽快实现数据汇聚，开展数据治理和数据分析，让数据创造更大价值，让数字化转型成为合肥轨道高质量发展的"加速器"。

加快合肥轨道数字化转型，首先制定数字化转型顶层规划，按照"规划一张图、建设一盘棋、管理一体化"的原则，统筹开展工作，实现生产与管理相融合、业务板块全

覆盖。

同时，制定阶段发展目标，分步有序进行。

一是构建新一代数字底座。合肥轨道正在建设线网控制及应急救援指挥中心，采用云数融合"一片云"架构，践行"云、数、网、安、智"新一代信息技术与绿色低碳业务融合，应用云计算、大数据、物联网、人工智能等新一代信息技术，构建适应轨道业务特点和发展需求的"云平台""数据中台"和"业务中台"，构建新一代数字底座，建立数据治理体系，逐步开展智慧化应用，数字化转型初见成效。

二是补齐信息化短板。加快补齐各业务板块的信息化短板，持续完善既有系统功能，满足各业务的信息化需求迭代升级。

三是建设智慧地铁。合肥轨道第三期建设规划所有新建线路，综合监控系统、售检票系统、乘客信息系统、安防系统、视频监控系统、信号 ATS 系统等均按照上云方式部署，后续规划期新建地铁项目积极稳妥地推进生产系统上云。积极探索智慧乘客服务、智慧运输组织、智能列车运行、智能技术装备、智能基础设施、智能运维安全、智能网络管理等智慧化应用。远期根据信息技术的发展，全面开展智慧化应用。

四是加快数据治理。搭建数据治理体系，明确数据治理归口管理部门，加强数据标准化、元数据和主数据管理，建立覆盖全业务链条的数据采集、传输和汇聚体系，创新数据融合分析和共享交换机制。

数字化转型的最终目标，是构建更加完善、先进的数据治理体系；以乘客为对象，以数据为核心，打通建设、运营、资源开发、产业拓展等业务板块系统；通过数字化、智慧化驱动城轨全面业务创新；企业管理、地铁建设、乘客服务、地铁运行、设备运维、资源开发等业务全面实现智慧化应用；建成安全、便捷、高效、绿色、经济的智慧城轨，实现企业可持续、高质量发展。

29.3 推进韧性城轨建设，提升防灾减灾能力

在全球气候变化的大背景下，极端自然灾害（如地震、台风、洪涝、海啸）发生的频率越来越高，其频次的增加在全球范围内给城市发展和居民生命财产安全带来了巨大的威胁。城市轨道交通因为其特殊的地理位置，更容易受到自然灾害的影响。郑州"7.20"暴雨，地铁发生洪水倒灌，造成 14 人死亡、停运 2 个月；日本阪神大地震，大开车站进行了重建，六个月后才恢复通车，震后一年才恢复正常运营；美国纽约"3.27"地铁车站火灾，造成 1 人死亡、16 人受伤。

另外，各大城市在修建地铁线路的同时，也在其周围进行大规模城市建设，例如：上方或侧方基坑开挖、上方或侧方大面超载、盾构穿越等较为严重的不满足设计工况的极端扰动情况，导致运营地铁结构性能发生显著衰退，威胁列车运行安全和结构自身安全。

这些自然灾害和人为灾害虽然发生概率较低，但是一旦发生会给运营地铁线路带来极大的安全影响，造成重大经济损失和人员伤亡。这些风险的存在迫使研究人员和设计人员思索目前的设计理念存在什么问题：地铁线路如何抵抗极端荷载？如果扛不住，如何尽快修复恢复原有功能？

韧性（Resilience），又称可恢复性，是 20 世纪 70 年代在生态学领域出现的一个术语，用于描述系统在受到干扰后维持和恢复功能的能力。韧性的概念可以用于不同层次和不同的时间维度。在城市和建筑领域，韧性逐渐被用于量度和评判建筑物在重大自然灾害（如地震）后的功能恢复能力。由于地震的影响范围不会限于一个单体建筑，韧性的概念也延伸到城市的基础设施在突发事件之后城市功能恢复正常的能力。2020 年 11 月，建设韧性城市首次写入国家"十四五"规划和 2035 年远景目标纲要，上升为国家战略。

韧性城轨可定义为：轨道交通在发生预期破坏（或损伤）情况下能够承受灾害和快速恢复的能力。韧性曲线主要分为四个阶段即稳定阶段、抵抗阶段（破坏阶段）、恢复阶段以及适应阶段（新稳定阶段）。韧性的四维度主要为：技术性、组织性、社会性、经济性；韧性四指标主要为：鲁棒性、恢复性、快速性、适应性。鲁棒性是指系统在极端破坏或扰动下不至于完全失去使用性能的特性，其在韧性曲线中表现为极端扰动情况后结构的剩余性能，也可以被视为结构的强度，表示为系统在极端扰动情况下没有产生性能退化、损伤的特征。恢复性是指灾后（或极端扰动情况后）快速恢复的能力，系统能在灾后较短的时间恢复到一定的功能水平的能力。快速性是指灾害恢复的时间，是韧性的目标之一。适应性是指系统能够从过往的灾害事故中学习，提升对灾害（或极端扰动情况）的适应能力。

韧性城轨建设的主要目标就是要采用更加合理的性能设计目标和构造措施，提高城轨建筑抵抗灾害的能力，并实现灾后功能快速恢复，从而达到更加有效的减灾目标。所以，韧性城轨建设主要从以下三个方面进行推进：

1）建立城轨韧性评价标准

目前缺乏城轨韧性评价相关标准和方法，建设单位以一定经济代价来提升城轨韧性能力的意愿不强，因此，亟须提出相关的评价方法来引导社会相关行业主动提高城轨的韧性能力。韧性评价也为轨道交通韧性设计、韧性提升提供理论基础和评价准则。

洪涝、火灾下的城轨韧性评价很难全部定量化表述。可通过孕灾、成灾、受灾的灾变动力分析，获取防涝、防火韧性影响因素，建立三级指标评价体系，通过指标确定→权重计算→模糊综合评价法进行分级评判。

地震、施工扰动等作用下的城轨韧性评价可采用量化的评价方法。步骤一：结构分析、损伤分析、损失分析，考虑到荷载的不确定性，采用蒙特卡洛算法对工程需求参数进行扩充。步骤二：地下车站抗震韧性评级，基于抗震韧性指标频率分布，使用对数正态分布进行拟合,获取具有一定保证率的韧性指标值,然后根据韧性评级准则进行韧性评价。

2）提出城轨韧性结构设计方法

如何在设计阶段即考虑城轨结构的功能恢复能力,实现以韧性为导向的结构设计成为当前亟需解决的问题。

韧性设计就是基于韧性理念,结合建筑物在灾害作用下的受力和变形特征,确定建筑物的韧性设计目标,通过强度、变形等计算或验算,完成材料、几何、结构选型设计,使得建筑物满足韧性设计目标要求。

韧性设计的实现包含两方面内容,一是量化结构的韧性能力,使结构可根据预期韧性目标完成韧性设计,二是选取具有较高韧性恢复能力的结构体系。

韧性设计方法主要为:确定城轨韧性建筑设防类别→确定韧性水准目标→建筑韧性初步判别→损伤分析模型构建→基于损伤的弹塑性时程分析→结构和非结构损伤判定→韧性水准目标验核。

韧性结构体系主要是基于韧性设防目标和韧性计算方法,考虑鲁棒性、冗余性、可恢复性、功能损失与经济性,拟定适应不同灾害类别的不同类型地下车站结构体系方案,通过多目标优化决策策略进行韧性设计,确定合理的城轨建筑韧性结构体系。

3）研发城轨结构病害预防治理成套技术

研发标准化的病害整治成套技术,主要包括车站结构和区间隧道全生命周期病害预防与处理技术、运营线路盾构隧道变形及渗漏水整治技术等。

29.4 探索建立城轨 RAMS 标准体系及评价方法

城市轨道交通在城市交通系统中的作用越重要,一旦发生故障或事故造成的后果也越严重。但即使在全球范围内,也时常有新闻报道地铁因出现各种各样的故障而导致运营中断,其通常由管理维护不当或各种设备/设施故障等诸多原因造成。

城市轨道交通 RAMS 指标是实现长期运营、维修活动和系统稳定的主要衡量指标:可靠性指标是衡量设备或系统能够稳定工作的指标;平均无故障间隔时间(MTBF)越长,对系统稳定性越有利;维护性指标是要求设备能够尽快地得到修复并投入使用的指标;可用性与安全性有矛盾的一面,安全性指标要求越高,高可用性指标要求就难以同时满足,因此可用性与安全性指标需兼顾、平衡。

城市轨道交通系统由最初的人工驾驶、半自动驾驶发展为目前的有人值守的全自动运行,并最终向着实现无人值守的全自动运行方向发展。高度自动化的行车指挥控制系统可有效提高系统效率,增大线路运能,缓解交通压力,节省人力物力。城市轨道交通全自动运行系统采用机器取代人工驾驶,可有效避免或减少人工操作失误对行车安全性与可用性指标的影响。随着城市轨道交通自动化程度的不断提高，对系统设备可靠性、可用性要求也越高。

国内城市轨道交通行业在 RAMS 方面仍处于起步阶段，与欧美国家有着不小的差距，但国内轨道交通用户和设备系统制造商已经充分认识到了轨道交通行业 RAMS 工程的重要性。在 2008 年 11 月 1 日实施了《轨道交通可靠性、可用性、可维修性和安全性规范及示例》GB/T 21562—2008 指导性文件，虽等同采用了国际电工委员会的标准 IEC 62278：2002，但通用性不强。国内大部分 RAMS 规定参考的标准为国家军用标准，例如，《电子设备可靠性预计手册》GJB 299C、《故障报告、分析和纠正措施系统》GJB 841。国内目前只是局部建立了质量与可靠性信息系统，利用各研发单位、生产和使用单位提供的质量与可靠性信息进行分析和评价；重点产品已开始应用 RAMS 工程技术，例如基于安全系数的可靠性工程设计、故障模式影响分析（FEMA）、可靠性框图分析、故障树分析、GO 法、事件树分析法（ETA）、马尔科夫模型、Petri 网、可靠性试验等。这对提高轨道交通系统的安全性和可靠性起到了一定作用，但还不够系统，可靠性技术的应用范围还受到很大局限。由于在轨道交通行业不同的客户对产品的质量要求也不同，不同的客户有不同的标准规范，同样国内与国外的客户也不同，使得展开 RAMS 评估工作的难度相对更大，总的来讲，目前国内轨道交通 RAMS 标准的特点与缺陷主要表现在以下几个方面：

1）缺乏行业 RAMS 标准和指导性文件；
2）目前的 RAMS 工程技术尚不能完全满足行业需求，RAMS 专业人员相对缺乏；
3）没有建立完整的、系统的 RAMS 工程体系；
4）缺乏行业 RAMS 信息数据库。

根据 RAMS（Reliability、Availability、Maintainability、Safety）理论，设备的可靠性与可维护性对其可用性与安全性有某种程度上的影响，深入研究城市轨道交通系统的可靠性与可维护性刻不容缓。在运营阶段，我们常常通过保养、维护、更新及技术改造等活动，维持、重置或延长设备的可靠性，改善设备的可维护性。然而，不科学的设备维护次数、频度及维护方式，不仅会影响、降低设备的可靠性，而且会增加不必要的维护费用。

积极探索城市轨道交通 RAMS 指标及评判标准，找到一种科学的方法拟合、预测设备在某时刻后的可靠性，并动态评估关键系统的安全风险；根据设备的维护价值，并考虑技术进步与设备的关键度等因素，找出设备合理的维护频次与设备更新的最佳时机；运用新技术实现连续动态可视化监测、智能分析设备的运行状态、感知设备的运行态势，准确定位设备的故障点，改善设备的可维护性，保障地铁全自动运行模式下行车正点、安全运营指标，是一个亟待解决的重要工程课题。

工程站名与运营站名对应表

序号	工程站名	运营站名
1	方兴大道站	幸福坝站
2	紫云路站	安大磬苑校区站
3	锦绣大道站	工大翡翠湖校区站
4	丹霞路站	大学城北站
5	繁华大道站	繁华大道站
6	芙蓉路站	安医大二附院站
7	习友路站	省博物院站
8	祁门路站	图书馆站
9	大剧院站	合肥大剧院站
10	高河东路站	市政务中心站
11	望江西路站	洪岗站
12	黄山路站	国防科技大学站
13	潜山路站	西七里塘站
14	史河路站	南新庄站
15	清溪路站	合肥西站
16	四里河路站	杏花村站
17	临泉西路站	四泉桥站
18	界首路站	郑河站
19	蒙城路站	海棠站
20	阜阳路站	一里井站
21	淮南路站	淮南路站
22	新蚌埠路站	鸭林冲站
23	合肥站	合肥火车站
24	铜陵北路站	竹丝滩站
25	北二环站	方庙站
26	经三路站	窦桥湾站
27	新海大道站	新海大道站
28	天水路站	勤劳村站
29	岱河路站	文浍苑站
30	学林路站	幼儿师范站
31	职教路站	职教城站
32	大众路站	职教城东站
33	相城路站	相城路站

参考文献

[1] 中华人民共和国住房和城乡建设部. 地铁设计规范: GB 50157—2013[S]. 北京: 中国建筑工业出版社, 2013.

[2] 中华人民共和国住房和城乡建设部. 建筑设计防火规范: GB 50016—2014[S]. 北京: 中国计划出版社, 2014.

[3] 中华人民共和国住房和城乡建设部. 民用建筑设计统一标准 GB 50352—2019[S]. 北京: 中国建筑工业出版社, 2019.

[4] 中华人民共和国住房和城乡建设部. 无障碍设计规范: GB 50763—2012[S]. 北京: 中国建筑工业出版社, 2012.

[5] 中华人民共和国住房和城乡建设部. 建筑工程抗震设防分类标准: GB 50223—2008[S]. 北京: 中国建筑工业出版社, 2008.

[6] 中华人民共和国住房和城乡建设部. 城市轨道交通公共安全防范系统工程技术规范: GB 51151—2016[S]. 北京: 中国建筑工业出版社, 2016.

[7] 中华人民共和国住房和城乡建设部. 膨胀土地区建筑技术规范: GB 50112—2013[S]. 北京: 中国建筑工业出版社, 2012.

[8] 中华人民共和国住房和城乡建设部. 地铁设计防火标准: GB 51298—2018[S]. 北京: 中国计划出版社, 2018.

[9] 中华人民共和国住房和城乡建设部. 建筑给水排水设计标准: GB 50015—2019[S]. 北京: 中国计划出版社, 2019.

[10] 中华人民共和国住房和城乡建设部. 民用建筑供暖通风与空气调节设计规范: GB 50736—2012[S]. 北京: 中国建筑工业出版社, 2012.

[11] 中华人民共和国住房和城乡建设部. 民用建筑电气设计标准: GB 51348—2019[S]. 北京: 中国建筑出版社, 2012.

[12] 中华人民共和国环境保护部. 声环境质量标准: GB 3096—2008[S]. 北京: 中国环境科学出版社, 2008.

[13] 中华人民共和国住房和城乡建设部. 混凝土结构耐久性设计标准: GB/T 50476—2019[S]. 北京: 中国建筑工业出版社, 2019.

[14] 中华人民共和国住房和城乡建设部. 低压配电设计规范: GB 50054—2011[S]. 北京: 中国计划出版社, 2011.

[15] 中华人民共和国住房和城乡建设部. 35kV~110kV变电站设计规范: GB 50059—2011[S]. 北京: 中国计划出版社, 2011.

[16] 中华人民共和国住房和城乡建设部. 数据中心设计规范: GB 50174—2017[S]. 北京: 中国计划出版社, 2017.

[17] 中华人民共和国住房和城乡建设部. 建筑防烟排烟系统技术标准: GB 51251—2017[S]. 北京: 中国计划出版社, 2017.

[18] 中华人民共和国住房和城乡建设部. 火灾自动报警系统设计规范: GB 50116—2013[S]. 北京: 中国计划出版社, 2013.

[19] 中华人民共和国住房和城乡建设部. 城市轨道交通结构抗震设计规范: GB 50909—2014[S]. 北京: 中国标准出版社, 2014.

[20] 安徽省住房和城乡建设厅. 城市轨道交通设备及管理用房技术标准: DB/T 4759—2024[S]. 合肥: 安徽省市场监督管理局, 2024.

致 谢

历经一载有余，易稿十余次，本书得以顺利付梓，离不开合肥市轨道交通集团有限公司领导、同仁的信任和支持，在此表示衷心感谢！

中铁第四勘察设计院集团有限公司各级领导、同事对本书编写给予了大力支持，在篇章架构、选题选材、摄影指导方面提供了很多宝贵意见，在此表示衷心感谢！

本书编制过程中，中铁二院工程集团有限责任公司、中铁第五勘察设计院集团有限公司、北京城建设计发展集团股份有限公司、中铁第六勘察设计院集团有限公司、中交第二公路勘察设计研究院有限公司、上海市城市建设设计研究总院、苏交科集团股份有限公司、中铁第一勘察设计院集团有限公司、上海市隧道工程轨道交通设计研究院为本书提供了翔实的基础资料，感谢以上单位对本书编写的大力支持！

以下同志也为本工程建设做出了重要贡献，在此一并致谢。

杨辉、杨卫东、华晓滨、曾友金、宾兴旺、刘钧、戚洪伟、胡显鹏、鲍涛尔、沈洪波、代迎立、印震、陶临生、杜斌、汤书明、尚挺、张桦楠、谢轶熙、雷铎、赵飞阳、邰家醉、沈修建、陈敦惠、边涛、曾琼、徐彪、刘子良、耿明、许勇、刘毅、温志勇、吴芳、张运华、朱跃、李振振、周翔、彭美华、何娜、蒋春生、曹跃、程兵、陈扬勋、王明光、付婷、林昶隆、刘浩、杨亚、罗会平、胡祖翰、陈志为。